机械法联络通道工程技术研究与应用

朱瑶宏 主 编
张付林 副主编

中国建筑工业出版社

图书在版编目（CIP）数据

机械法联络通道工程技术研究与应用 / 朱瑶宏主编；张付林副主编. — 北京：中国建筑工业出版社，2021.12
ISBN 978-7-112-26810-8

Ⅰ.①机… Ⅱ.①朱… ②张… Ⅲ.①隧道施工—机械化施工—研究 Ⅳ.①U455

中国版本图书馆CIP数据核字(2021)第226364号

本书以近几年来机械法地铁联络通道工法研究和工程实践应用成果为基础，系统地介绍了机械法联络通道和主隧道衬砌结构设计、内置式泵房设计、结构防水设计、管片拼装技术、施工成套设备设计与研制，以及盾构机始发、接收套筒，管片切削、掘进、拼装，高精度导向技术等施工关键技术及配套措施，评估分析了机械法施工对隧道结构及周围环境的影响，以及相比传统施工方法的技术经济优势，可以为机械法联络通道隧道施工技术研究和工程实践应用提供参考。

本书内容翔实、资料丰富，可供从事地铁隧道工程建设、设计、施工、监理等相关方面的人员和高等院校相关专业师生参考。

责任编辑：杨　允
责任校对：姜小莲

机械法联络通道工程技术研究与应用

朱瑶宏　主　编
张付林　副主编

*

中国建筑工业出版社出版、发行（北京海淀三里河路9号）
各地新华书店、建筑书店经销
北京红光制版公司制版
北京盛通印刷股份有限公司印刷

*

开本：787毫米×1092毫米 1/16 印张：16¾ 字数：415千字
2021年12月第一版　2021年12月第一次印刷
定价：80.00元
ISBN 978-7-112-26810-8
（38643）

版权所有　翻印必究
如有印装质量问题，可寄本社图书出版中心退换
（邮政编码 100037）

本书编委会

主编单位：宁波大学

宁波市轨道交通集团有限公司

参编单位：中铁上海工程局集团有限公司

中铁工程装备集团有限公司

上海市隧道工程轨道交通设计研究院

同济大学

宁波用躬科技有限公司

主　　编：朱瑶宏

副 主 编：张付林

编　　委：（排名不分前后）

姚燕明	夏汉庸	肖广良	董子博	黄　毅
马永正	刘新科	汤继新	周俊宏	柳　献
高一民	黄　新	丁修恒	文毅然	王杜娟
叶　蕾	程永龙	杨志豪	沈张勇	张　旭
朱　寰				

前　言

地铁联络通道是城市地铁工程重要附属设施，发挥着消防、安全疏散以及集排水等重要功能。近年来我国城市地铁规划建设规模不断扩展，《地铁设计规范》GB 50157—2013 中明确规定："在城市轨道交通建设中，两条单线区间隧道之间，当隧道连贯长度大于 600m 时，应设联络通道"，参照上述地铁设计规范要求，联络通道建设需求量相当可观。除了地铁主区间隧道连接、出入口及风井，其他如公路区间隧道间、市政管廊检修井、长隧道中间风井、水务隧道连接线等，也需要建设大量旁通道工程。

传统上联络通道工程大多采用矿山法开挖等隧道施工技术，同时辅以注浆或冻结加固保证隧道开挖时围岩稳定。近年快速发展的机械法联络通道施工技术，则以盾构法和顶管法为基础，实现了对地下联络通道工程的机械化和自动化施工，即通过隧道掘进机等成套设备，在主隧道内横向切削和顶推，装配形成联络通道衬砌结构。采用机械法挖掘联络通道技术，可大幅度缩短工期、提高开挖效率，减小掘进施工对周围环境造成的不良影响，工程风险也大为降低。尤其是在极软、破碎等不良地层内施工时，其优越性更加得到体现。同时，机械设备使用寿命长，可周转使用，施工过程投入相对较低，所以联络通道越多，施工成本越低，经济效益愈加明显。由于机械法地铁联络通道施工技术比较传统施工方法的优越性，符合行业机械化自动化发展总趋势，近年来得到了大量应用，2018 年 2 月，中铁上海工程局在宁波地铁 3 号线鄞南区间联络通道首次采用盾构法施工；同年 12 月，无锡地铁 3 号线尝试了国内首次顶管机械法联络通道施工，截至 2021 年 5 月，全国多个城市已经完成机械法地铁联络通道施工 47 条。

本书以近几年来机械法地铁联络通道工法研究和工程实践应用成果为基础，系统地介绍了机械法联络通道和主隧道衬砌结构设计、内置式泵房设计、结构防水设计、管片拼装技术、施工成套设备设计与研制，以及盾构机始发、接收套筒，管片切削、掘进、拼装，高精度导向技术等施工关键技术及配套措施，评估分析了机械法施工对隧道结构及周围环境的影响，以及相比传统施工方法的技术经济优势，可以为机械法联络通道隧道施工技术研究和工程实践应用提供参考。

本书共 15 章，第 1 章阐述工程背景及不同施工工法发展现况，第 2 章分析机械法联络通道断面及结构选型，第 3 章为联络通道盾构隧道管片结构设计计算，第 4 章为机械法联络通道主隧道受力及管片弱化分析，第 5 章为机械法联络通道结构防水设计，第 6 章讲述了主隧道内置式泵房的设计以及联络通道洞门尺寸设计等，第 7 章介绍小型盾构机设备系统设计，第 8 章概述了机械法联络通道总体施工流程，介绍了系列施工关键技术，第 9 章研究了机械法联络通道切削施工相关参数指标，以及分析了切削施工影响，第 10 章则进一步介绍了基于全环境足尺模型试验平台的现场切削施工模拟，第 11 章讲述机械法联络通道掘进始发施工准备、掘进机接收及撤场技术，

第 12 章介绍了通过数值试验与现场监测，分析研究施工对周围环境的影响，第 13 章对比机械法与传统矿山冻结法技术经济指标的不同，阐明了机械法地铁联络通道施工优势，第 14 章列举了盾构法和顶管法两类机械法地铁联络通道施工的典型案例，第 15 章对机械法联络通道施工技术进行总结并提出发展展望。

本书的撰写得到了宁波市轨道交通集团有限公司、上海市隧道工程轨道交通设计研究院、中铁工程装备集团有限公司、宁波大学、同济大学、宁波工程学院等单位和个人的支持和帮助，在此一并表示感谢。

由于撰写时间紧张，书中欠妥之处难免，恳请读者批评指正。

本书编委会
2021 年 10 月于宁波

目　　录

第1章　绪论 ··· 1
1.1　工程背景 ··· 1
1.2　联络通道工程技术发展现状 ··· 1
1.3　联络通道工程技术难点分析 ··· 4
1.4　联络通道现有施工工法类比分析 ··································· 4
1.5　本章小结 ··· 8

第2章　机械法联络通道与主隧道断面选型设计 ························· 9
2.1　概述 ··· 9
2.2　联络通道断面选型 ·· 9
2.3　盾构法联络通道结构选型 ·· 10
2.4　联络通道衬砌制作精度要求 ··· 14
2.5　联络通道影响范围内主隧道结构选型 ···························· 14
2.6　本章小结 ·· 17

第3章　联络通道管片结构设计计算 ·· 18
3.1　概述 ·· 18
3.2　管片-接缝系统力学模型 ·· 18
3.3　荷载计算 ·· 20
3.4　联络通道管片结构计算分析 ··· 25
3.5　本章小结 ·· 47

第4章　主隧道管环结构受力分析与弱化设计分析 ······················ 48
4.1　概述 ·· 48
4.2　主隧道顶推受力分析 ·· 48
4.3　主隧道地震作用分析 ·· 67
4.4　主隧道管片弱化设计分析 ·· 72
4.5　本章小结 ·· 76

第5章　机械法联络通道结构防水设计 ····································· 78
5.1　概述 ·· 78
5.2　密封垫防水设计 ·· 78
5.3　本章小结 ·· 83

第6章 新型内置式泵房与洞门设计 ... 84
6.1 概述 ... 84
6.2 内置式泵房设计 ... 85
6.3 物理试验 ... 94
6.4 工程应用 ... 99
6.5 洞门设计尺寸 ... 100
6.6 本章小结 ... 100

第7章 机械法联络通道盾构机系统 ... 101
7.1 概述 ... 101
7.2 整机功能匹配性设计 ... 101
7.3 联络通道掘进机整机系统 ... 103
7.4 本章小结 ... 108

第8章 机械法联络通道总体施工流程及关键技术 ... 109
8.1 概述 ... 109
8.2 总体施工流程 ... 109
8.3 始发接收密封系统 ... 111
8.4 适应凹凸弧形管片的刀盘切削技术 ... 117
8.5 狭小空间管片拼装技术 ... 121
8.6 物料运输技术 ... 125
8.7 移动式管片预应力支撑系统 ... 130
8.8 掘进施工测量导向 ... 136
8.9 壁后注浆技术 ... 138
8.10 本章小结 ... 139

第9章 机械法联络通道切削施工参数与影响分析 ... 140
9.1 概述 ... 140
9.2 混凝土切削试验与仿真优化 ... 140
9.3 管片凹凸弧面刀盘切削试验 ... 151
9.4 始发端混凝土管片掘进切削模拟 ... 157
9.5 本章小结 ... 164

第10章 全环境足尺模型切削模拟试验研究 ... 166
10.1 概述 ... 166
10.2 全环境足尺模型试验平台简介 ... 166
10.3 模型试验说明 ... 169
10.4 模型试验结果分析 ... 175

10.5 本章小结 ··· 190

第 11 章 机械法联络通道掘进始发与接收技术 ····················· 191

11.1 概述 ··· 191
11.2 通道掘进始发技术 ··· 191
11.3 通道掘进接收技术 ··· 202
11.4 本章小结 ·· 206

第 12 章 施工环境影响数值模拟与监测 ··································· 208

12.1 概述 ··· 208
12.2 联络通道掘进施工有限元模拟 ·· 208
12.3 联络通道掘进施工监测方案设计 ·· 213
12.4 监测结果分析 ··· 220
12.5 联络通道掘进机掘进实时监测 ·· 228
12.6 本章小结 ·· 231

第 13 章 不同工法经济指标对比分析 ······································· 232

13.1 冷冻法施工造价分析 ··· 232
13.2 机械法施工造价分析 ··· 232
13.3 造价对比 ·· 233
13.4 其他效益对比 ··· 234
13.5 本章小结 ·· 235

第 14 章 工程示范案例 ·· 236

14.1 概述 ··· 236
14.2 工程案例之盾构法施工 ··· 236
14.3 工程案例之顶管法施工 ··· 246
14.4 本章小结 ·· 252

第 15 章 结语与展望 ·· 254

参考文献 ··· 255

第1章 绪　　论

1.1 工程背景

随着我国城市化进程不断推进，城市人口密集而空间资源有限、交通拥堵等难题亟待缓解，城市交通建设与地下空间开发利用具有重要意义。城市轨道交通工程开发与应用逐渐成为现如今交通发展的主要方向，截至2021年8月，全国（不含港澳台）共有48个城市开通运营城市轨道交通线路247条，运营里程7970km，据不完全统计，仅2021年下半年预计新增地铁总里程超过1000km，未来全国规划建设地铁城市或达80个，总体规模迅速扩大。地铁联络通道是城市地铁重要辅助性工程，指设置在两个隧道之间的一条通道，一般起连通、排水及险情疏散等作用。若一条隧道整体出现问题，行人可通过联络通道转移到另外一条隧道，行人的安全系数也将大大增加，因此有"逃生通道"之称。同时，一条隧道出现问题的时候，可以保证救援人员从另一条隧道通过联络通道进入需要救援的地方，达到快速救援的目的。根据《地铁设计规范》GB 50157—2013中规定"在城市轨道交通建设中，两条单线区间隧道之间，当隧道连贯长度大于600m时，应设联络通道"，用作消防疏散，由此可见，地铁联络通道待建数量十分庞大。与此同时，目前城市地下空间开发逐步向多层次、网络化方向发展，为实现地下空间的互联互通，也需要建设大量的联络通道工程，如公路区间联络通道、地铁出入口及风井、市政管廊检修井、长隧道中间风井、水务隧道连接线等，因此各种联络通道工程建设数量相当可观。

1.2 联络通道工程技术发展现状

地铁联络通道建设需求的不断增大，促进了相应施工技术日新月异的变革。传统上地铁联络通道大多采用矿山法开挖等隧道施工技术，同时辅以注浆或冻结加固保证隧道开挖时围岩稳定，但该工法在加固施工或开挖施工等方面存在天然缺陷，常规冷冻法存在"工期长、造价高、质量隐患"等问题，常规注浆法加固存在"占用地面空间、安全隐患、工期长、质量隐患"等问题，城市轨道交通施工多在主干路下方，车流量较大，缺乏空间条件，矿山法施工主要利用天然的或加固处理后的土体自稳性保证开挖安全，工艺要求较高，施工过程管理要求更高，且应急保障措施繁琐，容易出现坍塌等事故，如上海地铁4号线渗水流砂事故等。

由于注浆或冷冻法工艺的局限性，机械法在国内外引起了高度的重视。机械法开挖联络通道技术主要采用包括盾构和顶管两种机械设备和工艺，实现集机械、电子、液压、激光和控制等技术于一体的高度机械化和自动化的掘进施工，可适用范围涵盖软土、粉细砂、高富水砂卵石、风化岩层、复合地层等各种不同的地质环境，极大提高了联络通道施工安全性，提高施工效率，减小因施工对环境造成的不良影响，尤其是在极软、破碎等不良地层内施工时,其优越性得到更为充分的体现。同时,机械设备使用寿命长,可周转使用,施工过程投入相对较低,所以联络通道越多,施工成本越低,经济效益愈加明显,安全、经济、环保效益显著。实际上,国内外早期已有部分工程采用机械法进行旁通道施工,以顶管法居多,且大多应用于较大隧道内的旁通道施工。

1999年,上海隧道工程股份有限公司在上海地铁2号线陆家嘴至东昌路区间联络通道工程中提出使用网格式顶管机进行联络通道开挖施工,这也是国内首次提出并成功应用联络通道施工工艺。2004年,上海隧道工程股份有限公司联合南京地下铁道有限责任公司在南京地铁1号线珠江路至新街口站区间联络通道施工中开展网格式顶管机施工工法的探索。该联络通道内净空宽2m,高2.14m,上部呈圆拱形,不设泵房,与两环钢管片相交处断面尺寸为1.4m×2.1m,钢管片厚350mm,宽1200mm,共两环,可拆卸处断面尺寸为(单环)0.85m×2.82m。管节采用钢管节,内墙填充C30混凝土,结构厚度200mm,单节长1.4m,施工主要地层③$_1$粉质黏土,微—不透水,自立性好,强度高。该工程是成功应用机械法施工的联络通道施工工程,为国内探索联络通道机械法施工提供了宝贵经验。

上述两项联络通道施工工程均采用格栅式顶管机施工工法,该工法在设备上研发难度大,在施工中对进出洞口和后座衬砌外侧均进行了大量的土体注浆加固,与传统的冷冻加固或注浆加固、矿山法开挖的施工工法相比,无法达到降低施工成本的目的,故未在国内推广应用。此外,中国香港屯门至赤鱲角连接线工程为香港特区政府规划的 ϕ17.6m 大直径公路隧道,隧道内径14m,两个隧道之间的44个连接横通道均采用海瑞克顶管机技术进行施工,为联络通道机械法施工的又一应用实例,但该工程正线隧道为大直径公路隧道,对目前普遍采用6m或6.2m直径管片建造的城市轨道交通中缺少实际的借鉴意义。

国外已有部分企业开展了机械法联络通道施工研发和工程实践,以顶管法居多,德国汉堡第四易北河隧道,采用海瑞克敞口盾构进行联络通道施工,主要穿越地层云母、砂、淤泥、黏土等地层。墨西哥城 Emisor Oriente 隧道联络通道工程,采用一台海瑞克顶管机施工。日本大阪御筋堂综合管廊采用了朝上顶进盾构工法与RSF(钢纤维增强钢筋混凝土)管片的设计施工,从既有的主体隧道内部出发,向上进行竖直盾构隧道修建,隧道始发在隧道内进行,在地上进行盾构机的回收,对周边环境影响较小。意大利Palmieri集团与SWS工程公司联合开发的联络通道智能掘进机用于轨道交通及公路隧道通道施工,目前尚属概念设计阶段,尚未取得实际应用。

国内外机械法联络通道工程实践统计详见表1.1。

工程案例情况　　　　　　　　　　　　　　　表1.1

案例名称	工程现场	施工方法	穿越地层	加固情况	工效
德国汉堡第四易北河救援通道		顶管法	云母、砂、淤泥黏土、泥灰	—	

1.2 联络通道工程技术发展现状

续表

案例名称	工程现场	施工方法	穿越地层	加固情况	工效
墨西哥Emisor Oriente污水隧道联络通道	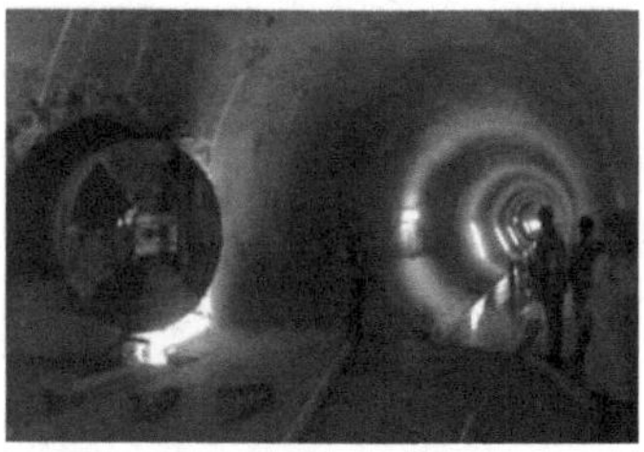	顶管法	砂土、黏土	—	11d掘进103m
香港屯门至赤鱲角连接线联络通道		顶管法	花岗岩、沉积岩砂砾层	未加固	20d
上海地铁2号线陆家嘴至东昌路区间		顶管法	灰色黏土、灰色粉质黏土	进出洞口、后座衬砌外侧土体注浆加固	—
南京地铁1号线珠江路站—新街口站		顶管法	粉质黏土	顶管出洞口、后顶进衬砌外侧土体注浆加固	14d完成12.76m
日本大阪御筋堂综合管廊		盾构法	砂土、黏土	—	

近年来，随着地铁联络通道结构设计、设备机械、施工工艺、安全评估等方面的技术的长足进步，机械法施工联络通道得到设计施工等各方人员普遍关注和重视，2018年2月，中铁上海工程局在宁波地铁3号线鄞南区间联络通道施工中，采用了国际首创的盾构法施工技术，将施工周期压缩到1个月以内，并逐步推进到宁波地铁2号线二期、3号线一期、4号线和宁波至奉化城际铁路工程的共计26座联络通道；2018年12月，在无锡地

3

铁 3 号线尝试了国内首次顶管机械法联络通道施工，取得相应工程应用成果。作为机械法地铁联络通道工程技术与设备唯一提供商的宁波用躬科技有限公司，与中铁装备、上海市隧道工程轨道交通设计研究院开展战略合作，与同济大学、宁波大学、宁波工程学院等单位建立协同创新关系，开展机械法地铁联络通道技术研发，积极开拓机械法地铁联络通道的应用市场，截至 2021 年 5 月，已经完成机械法地铁联络通道 47 条，在全国多个城市已展开研究与实施，如宁波、南京、杭州、青岛、北京、天津、广州、深圳、苏州、上海等，取得了优良的业绩，获得业内广泛好评。

1.3 联络通道工程技术难点分析

（1）城市轨道交通施工多在主干路下方，车流量较大，不适合采用明挖法，在暗挖技术方面，采用传统矿山法施工主要利用天然的或加固处理后的土体自稳性保证开挖安全，工艺要求较高，施工过程管理要求更高，且应急保障措施繁琐，容易发生安全事故。

（2）尽管地铁联络通道所需开挖的土方量较小，但是在既有隧道间施工，空间条件十分有限，需要通过在主隧道管环上所预留的开挖口进行开挖作业，相当于"洞中打洞"，作业面狭窄，大型设备施工条件受制约，对施工机械设备结构和电气化集约程度要求非常高。

（3）地铁联络通道施工对周围土体会产生二次扰动，施工稳定性大大降低，易发生流砂和隧道内渗水现象，从而造成地下空洞，以及地面不利沉降、坍塌，如上海地铁 4 号线渗水流砂事故等，因此对于联络通道施工所带来的风险以及应对措施越来越引起重视。

（4）对于深厚软土地层，具有含水量高、敏感度高、强度低等不利工程特性。采用传统矿山法结合冻结法施工，存在结构冻胀影响、地层工后冻融沉降等一系列问题，而采用机械法施工，施工设备在性能上需满足管片切削和施工防水性能，对设备的研发要求较高。

（5）地铁联络通道、主干线隧道结构及横向链接（T 接）处，受施工荷载等影响，存在特殊应力集中现象，对结构强度和防水要求严格。

基于以上分析，地铁联络通道施工难点在于，在高效安全的前提下，能适用不同周围地层条件下的狭小空间内的施工，同时尽量减少对周围环境和既有隧道结构的影响。

1.4 联络通道现有施工工法类比分析

目前应用于联络通道的施工工法包括矿山法（与冻结法或注浆法结合）和机械法，前者普遍采用冰冻法作为软土固化方法，机械法又包括顶管法、盾构法等。两类工法的适应环境条件、主要工艺步骤、工法安全性、工程质量以及造价等方面比较如下。

1.4.1 矿山—冻结法

在城市轨道交通中，由于线路多位于道路和建筑物下方，不具备明挖或地面加固条件，故而引入冻结法作为加固方法，采用矿山法暗挖进行联络通道的施工。冻结技术是利用液氮等人工制冷技术，使地层中的水结冰，把天然土体变成冻土，使具备一定强度，达到隔绝地下水和支撑围护的作用，然后利用矿山法人工或机械化开挖完成通道建设施工，待永久支护形成后，停止冻结，冻结壁融化，如图1.1所示。冻结法的优点是不受地层限制，使各种困难条件下的开挖成为可能，因此说在城市轨道交通建设中应用冻结技术是项创举。但在联络通道施工中该方法存在的主要问题如下。

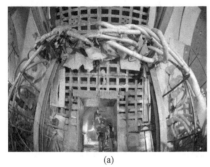
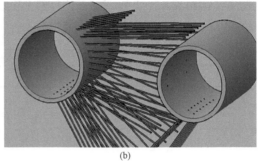

图1.1　冻结法工艺

（1）潜在安全性问题

由于其加固体的隐蔽特性，无法直接进行观测，只能通过温度的监测进行间接的冻结效果判断，而冻结效果与地层含水率、酸碱度、土的颗粒组成等密切相关，很难准确地判断；因此冷冻效果存在未达到设计要求的情况，易造成开挖过程中渗漏水甚至坍塌事故，如图1.2所示，上海地铁4号线发生联络通道塌方事故。

图1.2　上海地铁4号线越江段通道事故

（2）质量隐患

除了潜在安全风险，冻结法还存在对隧道结构的质量隐患，如可能造成冻结段的长期不均匀沉降。冻结法的基本原理，是通过低温在土中水分子之间缔结氢键，增强水分子之间的作用力，形成具有一定强度的"冻土"，为联络通道开挖施工提供支护。在冻土溶解的过程中，低温下的氢键断裂，水分子呈现不稳定的状态，土层会进行二次固结，这是一个漫长的过程，同时伴随着难以预测的沉降。根据华东软土地层中的统计数据，冻结造成的地层沉降往往会持续5～10年，最大沉降达到十几到几十厘米。根据宁波运营线路沉降监测显示，尽管总体上主隧道盾构管片整体沉降控制良好，但联络通道位置的沉降值普遍较大，而且有逐年增大的趋势，这种沉降会对隧道结构安全和运营行车安全造成潜在的危害。

(3) 施工工期长

联络通道施工阶段，是铺轨施工的前置工序，往往是线路工期的重要卡点。冻结法施工工期冗长，成为整体线路通车的重点影响因素。正常的联络通道施工（不含泵房），需要近160个工作日（表1.2），待隧道沉降相对稳定后，方可进入下一道工序施工；由于施工空间小，运距长，施工效率低下，且整个工期的制约因素很多，包括冻结质量、开挖效率、队伍水平等，一旦突发问题会带来返工等。

矿山—冻结法联络通道工期分析　　　　　　表1.2

序号	工序	工期（d）
1	施工准备	5
2	冻结孔施工	25
3	冻结站安装	25
4	冻结准备	5
5	积极冻结	50
6	冻结维护	25
7	开挖与构筑	25
	总工期	160

(4) 施工成本高

矿山法仍然是一种低效，耗能，经济性一般的施工工法；根据近年来施工造价部门的核算，10m的联络通道造价在330万～450万元，每米造价为35万～45万元，因此施工成本不低。而且通道越长，单价越高。

(5) 其他问题

如环境污染，冻结液为高浓度盐水，会对环境造成污染；大量冻结孔钻孔，破坏管片结构及内部钢筋，对管片有一定削弱作用，且会造成渗漏水，影响耐久性；目前采用的钢环加固补强措施，成本高昂；作业环境差。空间狭小，开挖环境差，影响作业人员身体健康。

1.4.2　机械法

在地下隧道施工工法中，顶管法、盾构法等机械化施工工法，以其适应性强、自动化程度高、施工安全、施工进度快、污染小、成本低等优势，在城市地下铁路施工中得到广泛应用。对于联络通道机械法施工，其难点主要有：作业空间狭小受控、施工控制严格、对新设备进场使用要求高，由于工期短，需要前期通过试验工程的经验总结，可形成特有的快速施工管理模式，方便推广。

1. 顶管法

顶管法适合短距离隧道结构施工，具有造价低、施工工期短、隧道安全性高等优点，顶管施工多用于直线顶推，曲线顶管施工转弯半径较大，曲线顶推较难掌控，因此对工程的适应性较差，在穿越河道、桩基和需要小曲率转弯的工程中难以应用。在地铁联络通道建设中，线间距较短的联络通道采用顶管法具有施工的优越性，受到了业内关注。国内外有相应工程实践，如上海、南京地铁线部分通道施工；德国汉堡，第四易北河隧道；墨西哥的墨西哥城 Emisor Oriente 隧道联络通道工程等。特别是近年来发展的联络通道全机械顶管施工，已经成为联络通道施工的主要方式如杭州、无锡、苏州等地的地铁项目。

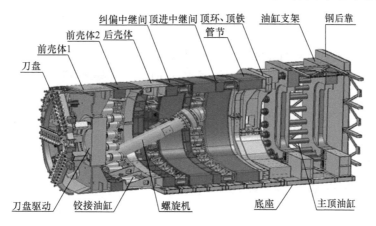

图 1.3 顶管法施工设备构造

2. 盾构法

盾构法是集开挖切削土体、输送土渣、拼装衬砌管片、测量导向纠偏等功能于一体的隧道工程施工技术，其构造体系包括处于隧道前段的盾构机和后续喷浆、管片拼装装置等，盾构法对施工地质适应性较好、机械化自动化程度高、施工安全、周围环境影响小等，并且在开挖过程中可以采用超挖、欠挖、主动转弯等措施进行较小曲率转弯隧道线路的挖掘，因此相比顶管法，盾构法掘进具有更大的优势。地铁联络通道盾构法施工对推进技术、始发到达技术、高精度测量技术、结构变形控制技术都有较高要求，施工过程中需要密切关注掘进参数及盾构姿态控制、紧跟同步注浆，其科学的施工组织和先进的施工技术，对联络通道顺利施工十分关键。

图 1.4 盾构法施工设备构造图

机械法联络通道施工期为 30～45d，相比传统冻结法可大大降低工期，从而提高工效。总之，机械法提高联络通道施工安全性与效率，减小施工对环境造成的不良影响，尤其是在极软、破碎等不良地层内施工时，其优越性更加得到充分的体现。同时，机械设备使用寿命长，可周转使用，施工过程投入相对较低，所以联络通道越多，施工成本越低，经济效益愈加明显，安全、经济、环保效益显著。综上所述，从各技术优劣以及今后发展趋势看，采用机械法施工相比传统矿山法更具有技术优势。

1.5 本章小结

城市轨道交通工程的快速发展带来地铁隧道工程建设日新月异的变化，地铁联络通道施工具有施工空间狭小、周围环境影响控制要求高等特点，为适应高安全性高效率施工的原则需求，地铁联络通道工程施工面临机械化自动化发展变革的机遇。本章介绍了地铁联络通道施工传统矿山法＋冻结法（固结法）的施工技术，以及近几年来快速发展的机械法短通道施工技术，介绍了国内外相关工程案例和技术细节。通过详细对比传统工法和新型的全机械施工工法，并从各技术优劣以及今后发展趋势看，机械法地铁联络通道施工具有技术优势。随着城市地下空间开发的深入，带来类似旁通道建设需求增长，机械法联络通道施工技术发展前景广阔。

第 2 章 机械法联络通道与主隧道断面选型设计

2.1 概述

常规联络通道断面形式为直墙无仰拱式，显然该断面形式较难应用盾构法施工。为此，本章结合宁波市轨道交通工程第一条采用机械法施工的联络通道，通过分析联络通道疏散净空要求，并考虑施工误差、测量误差、设计拟合误差、不均匀沉降等因素，推选出特定条件下的最优盾构法联络通道断面形式及结构形式。

2.2 联络通道断面选型

2.2.1 断面形式选择

常见的隧道断面形式可分为圆形断面、矩形断面、直墙式断面、曲墙式断面等4种类型，隧道断面形式的选择受到来自主、客观两个方面多种因素的制约，如建筑限界、使用功能、周围介质、支护结构、初始应力场等。

实践经验表明，隧道开挖空间越大，围岩受力的稳定性就越差，应力分布也就越不均匀，整个工程对支护结构的要求就越高，因此对隧道断面形状的选择以及对不同断面形状隧洞围岩稳定性的评价是整个隧道工程设计必不可少的环节，同时也是最重要的内容，理论上圆形断面是最优断面形状。

传统的盾构多以圆形断面为主，这是因为圆形隧道衬砌结构具有受力均匀，内力较小，设备制造简单，推进轴线容易控制，施工方便等优点。结合设备切削能力，首个盾构法联络通道选用常规单圆盾构。

机械法联络通道施工根据机械设备设计条件、隧道受力分析结果和联络通道空间限界要求，选定联络通道开挖断面为圆形，开挖直径3310mm，管片外径3150mm，管片内径2650mm。参照宁波地区1.2m环宽的传统管片选择联络通道开口位置，则至少需连续破坏4环主隧道管片的原有稳定结构，对主隧道主体结构受力产生较大影响。因此，减少主隧道破坏数量，降低因联络隧道开孔对主隧道主体结构受力产生的影响。

2.2.2 疏散净空分析

我国现行标准《地铁设计规范》GB 50157—2013第28.2.4条第2款规定，"两条单线区间隧道应设联络通道，相邻两个联络通道之间的距离不应大于600m，联络通道内应设并列反向开启的甲级防火门，门扇的开启不得侵入限界"。在条文说明中对该条文进行说明，"列车在两条单线区间隧道内发生火灾时，首先应使列车开进车站，进行疏散。两条单线区间隧道之间规定设置联络通道,且相邻联络通道之间的距离不应大于600m,是考虑当列车失去动力无法驶向站台而被迫停留在区间隧道内时,乘客可就近通过联络通道进入非火灾区间隧道,再疏散至安全地区。"即,联络通道主要作为疏散通道而发挥作用,并须安装防火门。

针对城市轨道交通的疏散通道尺寸,《建筑设计防火规范》GB 50016—2014 第12.1.7条第4款有明确规定,"人行横通道或人形疏散通道的净宽度不应小于1.2m,净高度不应小于2.1m。"在中德合作的《中国地铁与轻轨技术标准研究》中规定了乘客的安全疏散空间:"安全空间的尺寸必须达到0.7m宽,2m高,隧道断面非矩形断面时,安全空间的顶部和底部的宽度允许稍微紧缩一些;横断面不是直角形的隧道,安全空间的宽度在站立面上方0.3~1.5m范围内至少必须为0.7m,其宽度在下部容许限制至0.6m,上面限制至0.5m。"浙江省标准《建筑工程消防验收规范》DB 33/1067—2010中未对疏散通道尺寸进行特殊要求。

综合以上标准和文件规定,初步选定联络通道疏散通道净空尺寸为1.4m宽,2.1m高。

2.2.3 防火门尺寸选择

《建筑设计防火规范》GB 50016—2014 第4.5.3条规定,"防火门规格用洞口尺寸表示,洞口尺寸应符合GB/T 5824的相关规定,特殊洞口尺寸可由生产厂方和使用方按需要协商确定"。根据《建筑门窗洞口尺寸系列》GB/T 5824—2008 第4.1条表1规定,通过市场调查防火门尺寸,选择中装扇宽尺寸为0.7m的双开防火门,其门洞尺寸需求为宽1.6m,高2.1m,即联络通道断面净空尺寸为1.6m×2.1m。原联络通道多为直墙无仰拱式断面形式,综合考虑疏散净空、防火门尺寸需求、盾构法联络通道施工的特殊性及施工便利性等原因,选定联络通道断面为圆形断面,内径为$\sqrt{1.6^2+2.1^2}\approx2.65\text{m}$,如图2.1所示。

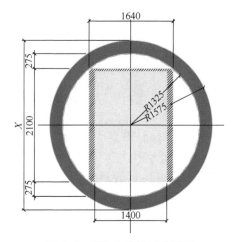

图 2.1 盾构法联络通道断面

2.3 盾构法联络通道结构选型

2.3.1 单双层衬砌比较

试验段联络通道隧道所穿越的土层为松软含水地层,与宁波市轨道交通1号线、2号线地铁区间穿越地层类似。根据上述区间隧道的施工经验,采用有一定接头刚度的单层柔性衬砌具有合理性。衬砌环的变形、接缝张开及混凝土裂缝开展等,均控制在预期的要求内,完全满足了联络通道隧道的设计要求,且采用单层衬砌,施工工艺单一、工程实施周期短、投资省,可确保工程如期贯通的目标。因此,联络通道隧道亦选用拼装式单层衬砌。

2.3.2 管片拼装形式比较

衬砌环的拼装形式有错缝、通缝两种。从设计角度看，错缝拼装能使衬砌圆环接缝刚度分布趋于均匀，减少结构变形，可取得较好的空间刚度。采用通缝拼装其变形相对较大，环向螺栓受力较大。

从施工角度看，错缝拼装对管片制作精度及施工中管片拼装要求较高，但拼装质量较好，相对来说，通缝拼装施工难度小。而目前深圳、广州、南京等地的施工经验表明，错缝拼装技术已日臻成熟，其管片制作精度及拼装要求是完全可以达到的。

错缝拼装条件下，环、纵缝相交处呈丁字形，而通缝拼装时则为十字形，在接缝防水上丁字缝比十字缝较易处理。

2.3.3 衬砌环分块、环宽及厚度

1. 管片分块

常规盾构衬砌环由6块组成（1块封顶块、2块邻接块、3块标准块）。联络通道盾构机共有10组推进油缸，其中双缸5组，单缸5组，适用于10个拼装点位的管片，同时考虑到管片直径较小，选用4+1分块形式，分别由1块$(F)^G$，2块$(L_1)^G$、$(L_2)^G$，2块$(B_1)^G$、$(B_2)^G$组成。各分块角度均依据盾构推进油缸分布设计，同时考虑拼装机抓取极限高度430mm，避免单块管片运输进拼装区后无法被拼装机抓取。选用管片的分块为$2\times80°+2\times68°+64°$。因联络通道盾构机受主隧道空间限制，推进缸最大伸长量为700mm，而管片环宽550mm，为减小推进缸行程，缩短盾构机长度，减小封顶块楔形角，使封顶块可实现先搭接450mm环宽，径向推上，再行纵向插入，如图2.2所示。

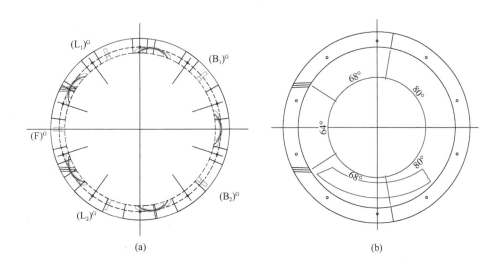

图 2.2 管片模拟

(a) 管片与推进缸模拟；(b) 管片与拼装抓取模拟

2. 管片的宽度

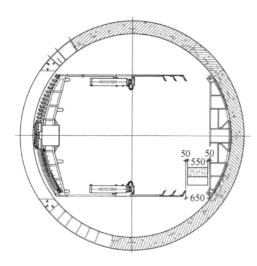

图 2.3 盾构法联络通道管片宽度选择

从管片搬运、拼装以及曲线段的施工角度出发，管片宽度应取较小值，但是从结构防水、加快施工进度角度考虑，则应取较大值。国内地铁盾构隧道的管片宽度经历了一个长期的发展过程，从上海地铁的 1m 宽逐步加宽到广州地铁 2 号线的 1.5m 宽。其中南京地铁 1 号线、广州地铁 1 号线、深圳地铁和北京地铁 5 号线等又均采用了 1.2m 的宽度。国内地铁盾构隧道管片宽度与直径的比值基本维持在 0.2～0.25，按照比例相似原则，外径 3.15m 管片宽度应为 0.63～0.78m。考虑到联络通道长度较短，兼顾在内径 5.5m 的主隧道中采用的联络通道盾构掘进机主机长度、管片运输空间及施工安全间隙，管片宽度选用 0.55m。在环宽上，由于主隧道空间有限，在主隧道内径变大的条件下，管片的宽度可以适当增大，如图 2.3 所示。

3. 管片的厚度

结合联络通道断面净空尺寸 1.6m×2.1m，将联络通道衬砌内径确定为 2.65m。管片厚度与隧道直径的比值取决于覆土深度、周围环境、工程地质条件，如果管片的厚度设计得过小，则导致盾构隧道的变形量很大，对施工中的拼装和竣工后的使用都有影响，同时对结构的防水也有影响。如果管片的厚度设计得过大，则导致隧道开挖洞径增大，结构不经济，总体上说会增加工程造价。国内地铁盾构隧道的内径与厚度情况如表 2.1 所示。

国内地铁盾构隧道的内径与厚度情况分析　　　表 2.1

城市	管片外径（m）	管片厚度（m）	厚度与内径比值（%）
上海	5.5	0.35	6.36
天津	5.5	0.35	6.36
杭州	5.5	0.35	6.36
宁波	5.5	0.35	6.36
北京	5.4	0.3	5.56
广州	5.4	0.3	5.56

管片厚度与其内径比值为 5.56%～6.36%，根据比例相似原则，2.65m 内径管片厚度应为 0.147～0.169m。根据《地下工程防水技术规范》GB 50108—2008 第 4.1.7 条第 1 款规定，防水混凝土结构厚度不应小于 0.25m，故盾构法联络通道衬砌厚度暂定为 0.25m。

2.3.4 衬砌环类型

根据目前轨道交通联络通道设置现状，存在长度约 30m 的联络通道，为满足线路线形及施工需要，采用通用楔形衬砌环来满足联络通道曲线段及施工纠偏之需。按其功能用途、材质不同又可分为钢筋混凝土标准环、钢管片进出洞环两大类，如表 2.2 所示。

2.3 盾构法联络通道结构选型

衬砌环类型 表 2.2

衬砌环类型	用途	设计说明
钢筋混凝土标准楔形环	用于直线、平曲线段、竖曲线段及施工纠偏	通过采用施工轴线拟合计算程序，必要时在衬砌环面粘贴不同厚度的腻子来进行线路的最佳拟合
钢管片进出洞环	分别用于盾构进、出工作井洞门	为适应盾构进出洞的防水及连接构造需要，采用钢管片方便与主隧道特殊管片连接

2.3.5 环、纵向螺栓及环、纵缝构造

管片采用螺栓连接时通常采用的有直螺栓、弯螺栓及斜螺栓等形式。这三种螺栓连接形式国内均有工程实例，而且使用的效果都比较好，其优缺点对比分析如表 2.3 所示。

常用管片螺栓连接优缺点对比分析表 表 2.3

螺栓形式	优点	缺点
弯螺栓连接	占用手孔较小	刚度小，较易变形，螺栓较长，材料消耗较大，且在螺栓预紧力、高水土压力和地震作用下对端头混凝土产生较大的挤压作用，易造成混凝土破坏，对结构的长期安全不利
直螺栓连接	抵抗弯矩的能力较大	手孔大，对管片的削弱也较大，并且施工中螺栓的安装工序较复杂
斜螺栓连接	在结构上加强了构件的连接，防止接头两边错动，可有效地承担接头处的剪力和弯矩	对管片厚度要求较高，对于小直径隧道，薄壁管片不适用

联络通道管片外弧侧设防水密封垫，内弧侧设嵌缝槽。整个环面及分块面密贴，环与环、块与块以弯螺栓连接，既能适应一定的环、纵向变形，又能将隧道环、纵向变形控制在满足列车运行及防水要求的范围内。便于施工中快速拼装，准确定位，提高施工效率。环、纵向螺栓均采用无铬锌铝片涂层及其复合涂层作防腐蚀处理。其环、纵缝构造如图 2.4 所示。

2.3.6 螺栓孔及手孔

常规螺栓孔孔径设计应考虑到脱模工艺及模具加工精度。螺栓孔预埋件脱模方法为从

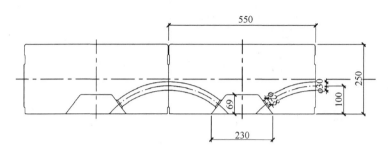

图 2.4 管片环、纵缝构造设计图

接缝处拔出，故接缝处螺栓孔径较手孔处螺栓孔径较大，形成楔形，便于脱模。同时考虑模具的加工精度与螺栓插入的可操作性，常规设计为，接缝处螺栓孔径较螺栓直径大 9mm，手孔处螺栓孔径较螺栓直径大 6mm，如图 2.5 所示。随着模具加工工艺的发展，目前的模具加工误差已可控制在毫米级以下。接缝处螺栓孔径确定为 30mm，手孔处螺栓孔径为 28mm，如图 2.6 所示。

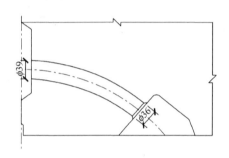

图 2.5 某地铁管片螺栓孔构造图

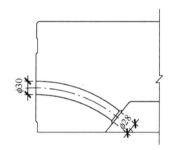

图 2.6 联络通道管片螺栓孔构造图

2.4 联络通道衬砌制作精度要求

为保证装配式结构良好的受力性能，提供符合计算假定的结构工作条件，衬砌制作和拼装须达到下列精度：

（1）单块管片制作的允许误差：宽度 ±0.4mm；弧、弦长 ±1.0mm；外半径 $^{+2}_{-0}$mm；内半径 ±1mm；环向螺栓孔孔径及孔位 ±1.0mm。

（2）整环拼装的允许误差：相邻环的环面间隙 ≤0.8mm；纵缝相邻块块间间隙为 ≤1.0mm；衬砌对应的环向螺栓孔不同轴度小于 1mm。

（3）推进时轴线误差 ≤50mm。

（4）衬砌拼装成环的水平、竖向直径偏差 ≤3‰D。

2.5 联络通道影响范围内主隧道结构选型

机械法联络通道施工主要采用盾构机或顶管机等机械方式开挖地铁隧道间联络通道土体，配合预制钢筋混凝土结构衬砌快速拼装，完成联络通道主体结构施工。采用传统矿山

2.5 联络通道影响范围内主隧道结构选型

法开挖需人工破除主隧道钢筋混凝土管片的施工方式，改为机械设备顶进破除，则可以提高主隧道管片破除效率，保证施工安全。

依据中国中车B型列车的设计，地铁隧道设计考虑到地质条件因素、区间隧道线型、地铁运行限界和施工效率等问题，统一设计采用外径6200mm、内径5500mm、环宽1200mm的钢筋混凝土管片，管片拼装方式采用整体刚度大的错缝拼装形式，并在管片块与块之间设置凹凸榫，以进一步提高隧道的整体性和管片连接的刚度，该种设计使隧道在淤泥质土层中具有良好的稳定性。

机械法联络通道施工根据机械设备设计条件、隧道受力分析结果和联络通道空间限界要求，选定联络通道开挖断面为圆形，开挖直径3310mm，管片外径3150mm，管片内径2650mm。若依据宁波地区1.2m环宽的传统管片选择联络通道开口位置，则至少需连续破坏4环主隧道管片原有稳定结构，对主隧道主体结构受力产生较大影响，如图2.7所示。因此，减少主隧道破坏数量，降低因联络隧道开孔对主隧道主体结构受力产生的影响，为首要解决的问题。

基于上述论述，经过初步计算分析，拟将联络通道开口处主隧道摒弃宁波地区原有1.2m管片拼装设计，改用1.5m管片拼装，螺栓孔布置、凹凸榫设计和防水设计等均遵循原设计理念，保证主隧道结构的统一性和受力的整体性，由原主隧道4环破坏改为3环破坏，确定上下行主隧道中间环管片径向中线为联络通道中线对应线，上下行隧道联络通道处中线水平，中点对应，此设计即降低因联络通道开挖对主隧道主体结构稳定的影响，又严格控制联络通道处管片拼装中的水平位置偏差，符合机械法联络通道当前设计和施工要求，如图2.8所示。

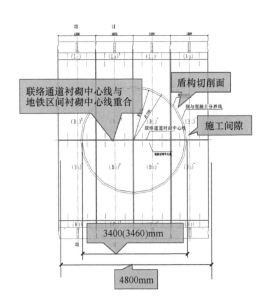

图2.7 1.2m管片开挖区域

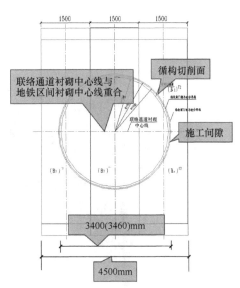

图2.8 1.5m管片开挖区域

为保证机械法联络通道施工始发与接收过程中洞门密封性，始发和接收过程均采用具有良好防渗水功能的套筒装置，该装置在始发端与机械设备一同安装加固，接收端于机械设备接收前安装定位，以保证施工安全性。

因套筒装置的适用和联络通道开口区域未进行地层土体强加固,使联络通道开口区域主隧道混凝土无法提前凿除,所以研发一种既满足可切削条件又能够保证主隧道整体受力的主隧道管片,是必然选择。

原主隧道管片采用钢筋混凝土结构设计,混凝土强度等级 C50,钢筋为热轧螺纹钢筋,且钢筋为切削区与非切削区整体连接布置,如图 2.9 所示,该种设计形式无论采用盾构法或顶管法施工,均无法由设备自带刀盘完成切削区管片破除工作。经过对特殊施工工艺下的材料特性要求分析,最终从三个方向解决切削区管片结构设计问题:一是将原有整体混凝土结构改为钢管片结合可切削、低强度混凝土的复合管片结构,保证切削区的易破坏性和非切削区的完整性,管片螺栓孔位置、凹凸榫设计和防水设计不作改变;二是将原热轧螺纹钢筋整体布置改为管片切削区采用易破坏、强度高的玻璃纤维筋布置,混凝土与钢管片间同样采用玻璃纤维筋连接,提高切削区混凝土与钢管片的整体性,保证管片运输、拼装和切削前的安全;三是改变原管片螺栓长度设计,使新设计的连接螺栓满足钢管片与主隧道管片结构的连接,如图 2.10 所示。

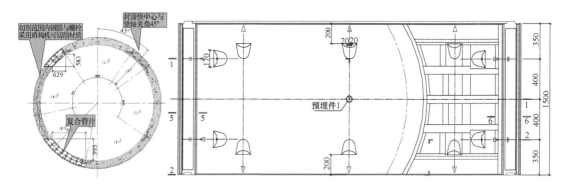

图 2.9　复合管片结构设计

图 2.10　复合管片结构图

玻璃纤维筋混凝土钢管片的复合管片结构设计从根本上解决了机械法联络通道施工中刀盘破除主隧道管片的难题,保证了施工的安全性和可操作性。

2.6 本章小结

本章结合宁波市轨道交通第一条采用机械法施工的联络通道，对联络通道断面进行了比选，并通过对单双层衬砌的比较、管片拼装形式的比较，初步确定了衬砌环分块、环宽及厚度、衬砌环类型、环/纵向螺栓及环/纵缝构造，螺栓孔及手孔等结构形式和尺寸，以及联络通道影响范围内主隧道复合管片的结构形式，并提出了联络通道衬砌制作精度要求。

第3章 联络通道管片结构设计计算

3.1 概述

目前采用的隧道结构设计模型分为四种：连续体或不连续体模型，作用-反作用模型（基础梁模型）、收敛-约束模型、工程类比法（经验方法）。本章根据国家标准运用结构力学理论与有限元程序进行模拟，以获得弹塑性状态下的应力和应变。本章主要介绍管片-接缝力学模型、管片接头设计计算、荷载计算、配筋计算和校核相关理论。

3.2 管片-接缝系统力学模型

在荷载结构法中，依据对管片接头力学上的处理方法，可以分为惯用计算法，修正惯用计算法，多铰圆环计算法，梁弹簧计算模型与梁接头计算模型。

3.2.1 修正惯用法

惯用计算法和修正惯用计算法的管片截面内力计算式如表 3.1 所示。

惯用计算法和修正惯用计算法的管片截面内力计算式　　表 3.1

荷载	弯矩	轴力	剪力
垂直荷载 $(P_{e1}+P_{w1})$	$M=\dfrac{1}{4}(1-2\sin^2\theta)(P_{e1}+P_{w1})R_c^2$	$(P_{e1}+P_{w1})R^2\sin^2\theta$	$Q=-(P_{e1}+P_{w1})R_c\sin\theta\cos\theta$
水平荷载 $(q_{e1}+q_{w1})$	$M=\dfrac{1}{4}(1-2\sin^2\theta)(q_{e1}+q_{w1})R_c^2$	$N=(q_{e1}+q_{w1})R_c\cos^2\theta$	$Q=(q_{e1}+q_{w1})R_c\sin\theta\cos\theta$
水平三角形荷载 $(q_{e2}+q_{w2}-q_{e1}-q_{w1})$	$M=\dfrac{1}{48}(6-3\cos\theta-12\cos^2\theta+4\cos^3\theta)(q_{e2}+q_{w2}-q_{e1}-q_{w1})R_c^2$	$N=\dfrac{1}{16}(\cos\theta+8\cos^2\theta-4\cos^3\theta)(q_{e2}+q_{w2}-q_{e1}-q_{w1})R_c$	$Q=\dfrac{1}{16}(\sin\theta+8\sin\theta\cos\theta-4\sin\theta\cos^2\theta)(q_{e2}+q_{w2}-q_{e1}-q_{w2})R_c$
地基抗力 $(q_r=k\delta)$	$0\leqslant\theta<\dfrac{\pi}{4}$ 时 $M=(0.2346-0.3536\cos\theta)k\delta R_c^2$ $\dfrac{\pi}{4}\leqslant\theta\leqslant\dfrac{\pi}{2}$ 时 $M=(-0.3487+0.5\sin^2\theta+0.2357\cos^3\theta)k\delta R_c^2$	$0\leqslant\theta<\dfrac{\pi}{4}$ 时 $N=0.3536k\delta R_c\cos\theta$ $\dfrac{\pi}{4}\leqslant\theta\leqslant\dfrac{\pi}{2}$ 时 $N=(-0.7071\cos\theta+\cos^2\theta+0.7071\sin^2\theta\cos\theta)k\delta R_c$	$0\leqslant\theta<\dfrac{\pi}{4}$ 时 $Q=0.3536k\delta R_c\sin\theta$ $\dfrac{\pi}{4}\leqslant\theta\leqslant\dfrac{\pi}{2}$ 时 $N=(\sin\theta\cos\theta-0.7071\cos^2\theta\sin\theta)k\delta R_c$

续表

荷载	弯矩	轴力	剪力
自重 ($P_{g1}=\pi g_1$)	$0 \leqslant \theta < \dfrac{\pi}{2}$ 时 $M=\left(\dfrac{3}{8}\pi-\theta\sin\theta-\dfrac{5}{6}\cos\theta\right)gR_c^2$ $\dfrac{\pi}{2} \leqslant \theta \leqslant \pi$ 时 $M=\left(-\dfrac{1}{8}\pi+(\pi-\theta)\sin\theta\right.$ $\left.-\dfrac{5}{6}\cos\theta-\dfrac{1}{2}\pi\sin^2\theta\right)gR_c^2$	$0 \leqslant \theta < \dfrac{\pi}{2}$ 时 $N=(\theta\sin\theta-\dfrac{1}{6}\cos\theta)gR_c$ $\dfrac{\pi}{2} \leqslant \theta \leqslant \pi$ 时 $N=(-\pi\sin\theta+\theta\sin\theta+\pi\sin^2\theta$ $-\dfrac{1}{6}\cos\theta)gR_c$	$0 \leqslant \theta < \dfrac{\pi}{2}$ 时 $Q=-(\theta\cos\theta+\dfrac{1}{6}\sin\theta)gR_c$ $\dfrac{\pi}{2} \leqslant \theta \leqslant \pi$ 时 $Q=(\pi-\theta)\cos\theta-\pi\sin\theta\cos\theta$ $-\dfrac{1}{6}\sin\theta)gR_c$
管片环的水平直径点的水平方向位移 (δ)	不考虑衬砌自重引起的地基抗力: $\delta=\dfrac{\|2(P_{e1}+P_{w1})-(q_{e1}+q_{w1})-(q_{e2}+q_{w2})\|R_c^4}{24(\eta \cdot EI+0.0454k \cdot R_c^4)}$ 考虑了衬砌自重引起的地基抗力: $\delta=\dfrac{\|2(P_{e1}+P_{w1})-(q_{e1}+q_{w1})-(q_{e2}+q_{w2})+\pi g\|R_c^4}{24(\eta \cdot EI+0.0454k \cdot R_c^4)}$ EI 为单位宽度的弯曲刚度			

3.2.2 梁弹簧模型

使用梁弹簧计算模型,如图 3.1 所示,可通缝拼装(B-B-B)、错缝拼装(A-B-A)、错缝拼装(A-B-C)。A 环与 B 环相对转角:输入 A 环与 B 环相对转动几个螺栓。C 环与 B 环相对转角:输入 C 环与 B 环相对转动几个螺栓。

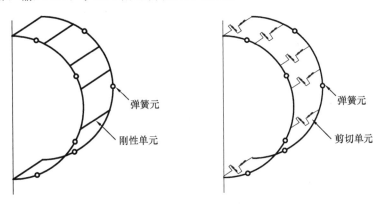

图 3.1 梁弹簧两种计算模型

如图 3.1 所示的曲梁-弹簧模型系统,考虑其上任意点 A 的内力可以表示为:

$$\begin{cases} N = N_1\cos\varphi + Q_1\sin\varphi \\ Q = -N_1\sin\varphi + Q_1\cos\varphi \\ M = M_1 + N_1R(1-\cos\varphi) - Q_1R\sin\varphi \end{cases} \quad (3.1)$$

式中,R 为半径;φ 为任意点 A 与结点的圆心夹角;β 为曲梁的圆心角。

同理可建立结点 $\{F_1\}$、$\{F_2\}$ 与结点位移 $\{\delta_1\}$ 的关系式:

$$\{F_1\} = [k_{11}]\{\delta_1\}, \quad \{F_2\} = [k_{21}]\{\delta_1\} \quad (3.2)$$

对于结点固定的情形，类似地有：
$$\{F_2\} = [k_{22}]\{\delta_2\}, \{F_1\} = [k_{12}]\{\delta_2\} \tag{3.3}$$

式中，$[k_{11}] = [C_{11}]^{-1}$；$[k_{22}] = [C_{22}]^{-1}$；$[k_{12}] = [A][k_{11}]$ 或 $[k_{12}] = [A]^{-1}[k_{22}]$，$[C_{11}]$、$[C_{22}]$ 为柔度矩阵，分别表示成：$[C_{11}] = [\delta_{ij}^1]_{3\times3}$，$[C_{22}] = [\delta_{ij}^2]_{3\times3}$，而且，

$$[A] = \begin{bmatrix} -\cos\beta & -\sin\beta & 0 \\ \sin\beta & \cos\beta & 0 \\ R(\cos\beta-1) & R\sin\beta & 1 \end{bmatrix}。$$

3.3 荷载计算

3.3.1 围岩压力

1. 太沙基松弛土压力

因地层存在拱效应，故竖直土压选用松弛土压力。具体地讲，对砂性土或硬质黏土（标准贯击试验锤击数 $N \geq 8$），$H > D$ 的情况，竖直土压力应选用松弛土压力；对中等固结黏土（$4 \leq N \leq 8$）或比其更软的黏土而言，$H > D$ 时，竖直土压力应选用全部覆盖土的压力。

松弛土压力计算方法一般采用太沙基公式，如图 3.2 所示，计算公式如下：

$$\sigma_v = \frac{B_1(\gamma - c/B_1)}{K_0 \tan\varphi}(1 - e^{-K_0 \tan\varphi \cdot H/B_1}) + P_0 \cdot e^{-K_0 \tan\varphi \cdot H/B_1} \tag{3.4}$$

$$B_1 = R_0 \cdot \cot\left(\frac{\pi/4 + \varphi/2}{2}\right) \tag{3.5}$$

式中，σ_v 为太沙基的松弛土压力（kN/m^2）；B_1 为松动带宽度（m）；h_0 为松弛层的换算高度（m）；R_0 为隧道半径（m）；H 为上覆土层厚度（m）；K_0 为侧向土压力与垂直土压力之比（一般取 1.0，软件中固定为 1.0）；如选择分层计算时，采用每层土体侧压系数；φ 为土的内摩擦角（°），取各土层的加权平均值；如选择分层计算时，采用每层土体内摩擦角；P_0 为上覆荷载（kN/m^2）；γ 为土体重度（kN/m^3），取各土层的加权平均值，如选

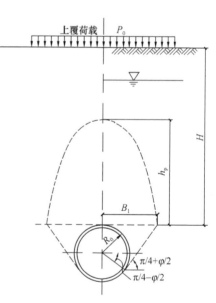

图 3.2 松弛土压力示意图

择分层计算时，采用每层土体重度；c 为土的黏聚力（kN/m^2），取各土层的加权平均值，如选择分层计算时，采用每层土体黏聚力；h_0 为松弛层的换算高度（m），计算如公式（3.6）所示：

$$h_0 = \frac{\sigma_v}{\gamma} = \frac{B_1(1 - c/B_1\gamma)}{K_0 \tan\varphi}(1 - e^{-K_0 \tan\varphi \cdot H/B_1}) + \frac{P_0 \cdot e^{-K_0 \tan\varphi \cdot H/B_1}}{\gamma} \tag{3.6}$$

但是，当 $P_0/\gamma < h_0$ 时可使用公式（3.7），即不考虑上覆荷载的影响。

$$\sigma_v = \frac{B_1(\gamma - c/B_1)}{K_0 \tan\varphi} \cdot (1 - e^{-K_0 \tan\varphi \cdot H/B_1}) \quad (3.7)$$

水平方向的侧向压力大小：

$$\sigma_h = \sigma_v \times K_0 \quad (3.8)$$

2. 土柱法

因地层无拱效应，其竖直土压力选用全部覆盖土的压力，其计算公式如下：

$$\sigma = P_0 + \sum h_i \gamma_i + \sum h_j \gamma_j \quad (3.9)$$

式中，σ 为竖直土压力（kN/m^2）；P_0 为地面超载，一般取 20（kN/m^2）；h_i 为处于地下水位以上第 i 层覆土的厚度（m）；γ_i 为处于地下水位以上第 i 层覆土的重度，取湿重度，也即天然重度（kN/m^3）；h_j 为处于地下水位以下第 j 层覆土的厚度（m）；γ_j 为处于地下水位以下第 j 层覆土的重度，合算时取饱和重度，分算时取浮重度（kN/m^3）。

3.3.2 注浆荷载

采用盾构施工时，在盾尾脱开阶段，管片和地层之间存在建筑间隙。为了填补间隙，通常采用壁后注浆的方法。壁后注浆的目的可以分为三类：(1) 防止隧道周围地基变位，主要由于盾尾空隙引起；(2) 提高隧道的止水性能；(3) 确保管片衬砌的早期稳定性，使外加荷载更均匀地作用在结构上。根据施工方法分为同时注浆、半同时注浆、即时注浆、后方注浆。向盾尾空隙进行注浆时，由于注浆压力在管片注浆孔周围形成一个暂时作用的偏心荷载，在此荷载作用下，容易出现管片面板的损伤、半径方向插入的 K 形管片会向隧道内错移、接头螺栓破损、管片环变形等现象。壁后注浆压力一般以根据隧道覆土厚度算出的土压力、水压力为基准，采用 $100\sim300kN/m^2$ 的压力。为了防止地表面下沉，有时在施工过程中采用高达 $500kN/m^2$ 的注浆压力。在此压力作用下，需要验算结构的承载力。

对单孔情况，假设单孔注浆压力对称分布在注浆孔的周围，呈等腰三角形或矩形分布形式作用于管片环的周围，如图 3.3 和图 3.4 所示。设计中根据实际注浆孔的位置和数量将荷载对应施加在结构上。

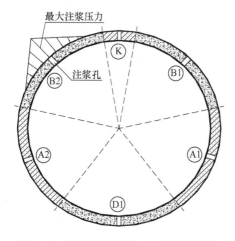

图 3.3 单孔注浆压力三角形分布简图

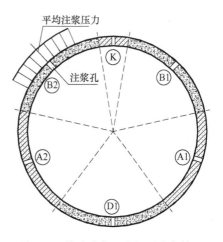

图 3.4 单孔注浆压力矩形分布简图

对于整环隧道断面的注浆压力分布可以假设为非均匀分布与均匀分布,对于非均匀分布隧道断面上有两个注浆孔,且关于 z 轴对称,任意点 A 的注浆压力为:

$$P(\theta) = P_S + (P_L - P_S)\frac{1 - \sin\theta}{2}(0 \leqslant \theta \leqslant 2\pi) \quad (3.10)$$

式中,P_S、P_L 为管片环最低点与最高点处注浆压力;θ 为 A 点径向与 x 轴的夹角。在计算中,假设任意两点 β_1,β_2 的注浆压力值分别为 P_1,P_2,通过线性分布,可以分别得到管片环在最高点、最低点的注浆压力值 P_L、P_S。

$$P_S = P_1 + \frac{P_2 - P_1}{\sin\beta_2 - \sin\beta_1}(1 - \sin\beta_1)$$
$$(\beta_1 \neq \beta_2 \text{ 且 } \beta_1 + \beta_2 \neq \pi) \quad (3.11)$$

$$P_L = P_1 - \frac{P_2 - P_1}{\sin\beta_2 - \sin\beta_1}(1 + \sin\beta_1)$$
$$(\beta_1 \neq \beta_2 \text{ 且 } \beta_1 + \beta_2 \neq \pi) \quad (3.12)$$

在式(3.11)与式(3.12)中的限定条件主要是保证线性插值能够顺利进行,要进行线性插值必须提供两个不同测点的压力值,且这两个测点不能位于对称位置上。通过管片单孔注浆压力与整环注浆压力的假设,可以实现在偏心荷载作用下管片内力的计算,如图 3.5、图 3.6 所示。

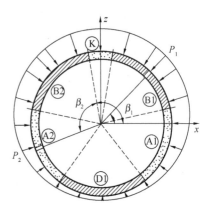

图 3.5 整环注浆压力非均匀分布

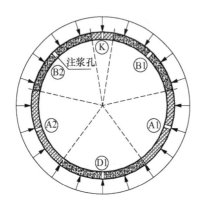

图 3.6 整环注浆压力均匀分布

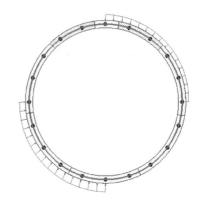

图 3.7 注浆压力任意分布

3.3.3 地层反力

在修正惯用计算方法中,假定垂直方向的地层反力与地基位移无关,取与垂直方向荷载相平衡的均布反力作为地层反力。在水平方向上,作用在隧道侧面的地层反力是伴随衬砌向围岩方向的变形而产生的。在衬砌水平直径上下各 45°中心角的范围内,采用以水平直径端点为顶点,三角形分布的地层反力如图 3.8 所示。

在分布范围内:

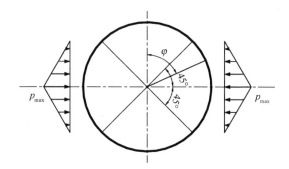

图 3.8 地层反力假设为三角形分布图

$$p_{\varphi} = p_{\max}(1-\sqrt{2}\,|\cos\varphi|)\left(\frac{\pi}{4} \leqslant \varphi \leqslant \frac{3\pi}{4}\right) \quad (3.13)$$

$$p_{\max} = k\delta \quad (3.14)$$

式中，k 为地层反力系数，取值如表 3.2 所示；δ 为管片环水平直径端点处变形（m），计算方法如下。

地层反力系数 k　　　　　　　　　　　表 3.2

土与水的考虑	土的种类	k（MN/m³）	N 值的大致范围
水土分离	非常密实的砂性土	30～50	$30 \leqslant N$
	密实的砂性土	10～30	$15 \leqslant N < 30$
	松散的砂性土	10～30	$N < 15$
	固结黏性土	30～50	$25 \leqslant N$
	硬的黏性土	10～30	$8 \leqslant N < 25$
	中硬黏性土	0～10	$4 \leqslant N < 25$
水土一体	中硬黏性土	5～50	$4 \leqslant N < 8$
	软黏土	0～5	$2 \leqslant N < 4$
	超软性土	0	$N < 2$

不考虑衬砌自重引起的地层反力：

$$\delta = \frac{[2(P_{e1}+P_{w1})-(q_{e1}+q_{w1})-(q_{e2}+q_{w2})]R_c^4}{24(\eta \cdot EI + 0.0454k \cdot R_c^4)} \quad (3.15)$$

考虑了衬砌自重引起的地层反力：

$$\delta = \frac{[2(P_{e1}+P_{w1})-(q_{e1}+q_{w1})-(q_{e2}+q_{w2})+\pi g]R_c^4}{24(\eta \cdot EI + 0.0454k \cdot R_c^4)} \quad (3.16)$$

式中，g 取衬砌自重单位面积上的均布荷载（kN/m²），计算方法如下（隧道纵向为单位长度）：

$$g = \frac{W}{2\pi R_c} = \frac{\pi(R^2-r^2)\gamma}{2\pi R_c} = \frac{(R+r)h\gamma}{2R_c} = h\gamma \quad (3.17)$$

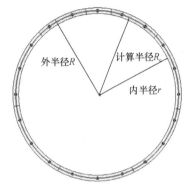

图 3.9 管片示意图

式中，h 为衬砌厚度（m）；π 为 3.1415926；R_c 为衬砌计算半径，如图 3.9 所示；E 为衬砌材料弹性模量（Pa）；I 为单位宽度的管片截面惯性矩（m^4）；η 为抗弯刚度有效率，惯用计算法中取 1，修正惯用法中取 $\eta<1$；P_{e1} 为管片环顶端垂直土压力（kN/m^2）；P_{w1} 为管片环顶端垂直水压力（kN/m^2）；q_{e1} 为衬砌计算外半径顶端处的侧向土压力（kN/m^2）；q_{e2} 为衬砌计算外半径底端处的侧向土压力（kN/m^2）；q_{w1} 为衬砌计算外半径顶端处的水平水压力（kN/m^2）；q_{w2} 为衬砌计算外半径底端处的水平水压力（kN/m^2）。

3.3.4 地层弹簧

用地层弹簧模拟围岩或土层对盾构隧道管片的抵抗作用。单一地层法：无论断面位置有几种土层，都使用一种地层弹簧，如图 3.10(a) 所示。复杂地层法：将会自动判断隧道断面位于哪些土层中，每一种土层都可以设置不同的地层弹簧，如图 3.10(b) 所示。

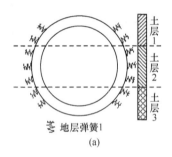
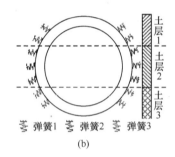

图 3.10 地层弹簧计算模型
(a) 单一地层法；(b) 复杂地层法

3.3.5 管片配筋计算

1. 配筋设计

管片配筋量的确定主要是通过荷载结构法计算的截面弯矩 M、轴力 N 和剪力值 Q，选取最不利截面，依据《混凝土结构设计规范》GB 50010—2010 进行配筋设计。

2. 抗浮验算

作用在隧道顶部的垂直荷载（不包括水压）与衬砌自重的和比浮力小时，在隧道的顶部地层会产生反向的土压力，由于浮力的作用隧道会发生自浮。在浅埋土高地下水位的情况下，由于浮力的作用容易受到损害。

考虑抵抗上浮的荷载包括隧道上部土荷载、隧道自重、内部荷载、永久常荷载以及可以预测的地面超载，浮力为隧道体积与水的重度之积。另外，在此情况下要对施工时及完成后地下水位及土重度的确定加以充分的注意。安全率处于 1 以下的情况时，隧道会发生上浮，需要采取防止隧道上浮的措施。

3.4 联络通道管片结构计算分析

机械法联络通道开挖直径 3310mm，管片外径 3150mm，管片内径 2650mm。根据第 2 章确定的衬砌环分块、环宽及厚度、衬砌环类型、环/纵向螺栓及环/纵缝构造，螺栓孔及手孔等结构形式和尺寸，并利用第 3.3 节中的相关理论，对机械法联络通道管片结构进行设计和计算分析。

在设计和计算中，荷载类型和计算取值按表 3.3 采用。结构设计时根据结构类型，按结构整体和单个构件可能出现的最不利组合，荷载组合按表 3.4 采用，依据相应的规范要求进行分析，并考虑施工过程中荷载变化情况分阶段计算。

结构荷载表　　　　　　　　　　　　　　　　　　　　　　　　　　　　表 3.3

荷载类型	荷载名称		荷载计算及取值
永久荷载	结构自重		按构件实际重量计算
	竖向地层压力		明挖隧道一般按计算截面以上全部土柱重量考虑；盾构隧道黏性土层中的竖向地层压力按全部覆土压力计算，砂性土中可根据具体情况（地层性质、隧道埋深等）按卸载拱理论或全部覆土压力计算
	隧道上部和破坏棱体范围内的设施及建筑物压力		根据实际情况计算
	侧向地层土压力		主、被动土压力按朗肯土压力公式计算
	静水压力及浮力		按最不利地下水位计算静水压力及浮力
	混凝土收缩及徐变影响力		混凝土收缩的影响按降低温度的方法计算，对整体浇筑的钢筋混凝土结构相当于降低温度 15℃。对于装配式钢筋混凝土相当于降低温度 5~10℃，混凝土徐变的影响按提高温度的方法计算
	设备荷载		设备荷载标准值不得小于 8kPa，对于重要设备按实际设备重量考虑，对动力设备考虑动力系数
	地基下沉影响力		考虑地基不均匀下沉引起的结构受力
	侧向地层抗力及地层反力		按结构形式及其在荷载作用下的变形、结构与地层刚度、施工方法等情况及土层性质，根据所采用的结构计算简图和计算方法加以确定
可变荷载	基本可变荷载	地面车载	按 20kPa 的均布荷载考虑
		地面车载引起的侧向力	按 20kPa 的均布荷载作用于地层上考虑
		地铁车辆荷载	按地铁车辆荷载所采用的车辆轴重、排列和制动力计算，并按通过重型设备车辆考虑
		人群荷载	按 4kPa 计算
	其他可变荷载	施工荷载	施工机具、地面堆材料堆载按 20kPa 考虑
		温度荷载	使用阶段温度变化根据宁波地区实际温度情况考虑。施工期间按混凝土内部峰值考虑
偶然荷载	地震作用		抗震设防烈度 7 度
	人防荷载		6 级人防荷载

第3章 联络通道管片结构设计计算

荷载组合表 表 3.4

荷载组合	基本组合	荷载系数 1.35×永久荷载+荷载系数 1.4×活荷载
	裂缝宽度验算	荷载系数 1.0×永久荷载+荷载系数 1.0×活荷载
	构件变形计算	荷载系数 1.0×永久荷载+荷载系数 1.0×活荷载
	抗震偶然组合	荷载系数 1.2×永久荷载+荷载系数 1.3×偶然荷载
	人防荷载组合	荷载系数 1.2×永久荷载+荷载系数 1.0×附加荷载
	抗浮稳定验算	荷载系数 1.1×永久荷载

3.4.1 修正惯用法计算

修正惯用法是在惯用法的基础上引入弯曲刚度有效率 η 和弯矩提高率 ζ，以小于 1 的刚度折减系数 η 来体现环向接头的影响，不具体考虑接头的位置，管片环为具有 ηEI 刚度的均质圆环。考虑到管片接头存在铰的部分功能，将向相邻管片传递部分弯矩，使错缝拼装管片间进行内力重分配，在计算过程中引入小于 1.0 的弯矩提高率 ζ 来表达错缝拼装引起的附加内力值。本节考虑施工工况和运营工况，采用修正惯用法对联络通道管片进行结构受力计算分析。根据本书第 2 章确定的机械法联络通道结构尺寸，分别按施工工况和运营工况进行结构设计和配筋计算、校核。

1. 施工工况

1) 计算参数

(1) 断面参数

根据联络通道开挖断面选择型结果，拟定的联络通道隧道断面形式如图 3.11 所示。衬砌外直径 D_1 为 3.150m，衬砌内直径 D_2 为 2.650m。

由图 3.11 可以得到管片纵向螺栓位置参数见表 3.5，隧道断面基本几何参数见表 3.6。其中管片总数为 5 片，第一管片块的右侧与 Y 轴的夹角 θ_0 为 10.00°，螺栓总数为 10，相邻螺栓（组）间夹角为 36.00°，顶部螺栓偏角 β 为 36.00°，隧道圆心坐标为 $X=0.000$m，$Y=0.000$m。

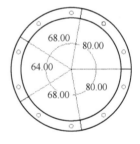

图 3.11 隧道断面示意图

管片纵向螺栓位置参数 表 3.5

编号	角度 (°)	X 坐标 (m)	Y 坐标 (m)	编号	角度 (°)	X 坐标 (m)	Y 坐标 (m)
1	54.00	0.852	1.173	6	234.00	−0.852	−1.173
2	90.00	0.000	1.450	7	270.00	−0.000	−1.450
3	126.00	−0.852	1.173	8	306.00	0.852	−1.173
4	162.00	−1.379	0.448	9	342.00	1.379	−0.448
5	198.00	−1.379	−0.448	10	18.00	1.379	0.448

3.4 联络通道管片结构计算分析

管片几何参数　　　　　　　表3.6

编号	起始角（°）	终止角（°）	夹角（°）
1	80.00	148.00	68.00
2	148.00	212.00	64.00
3	212.00	280.00	68.00
4	280.00	360.00	80.00
5	360.00	80.00	80.00

（2）土层参数

参照宁波轨道交通3号线一期工程南部商务区站—鄞州区政府站区间联络通道位置的岩土工程勘察报告，地表至联络通道隧道顶部的距离 H 为13.82m，地下水面至隧道顶部的距离 H_w 为11.53m，如图3.12所示。土层参数如表3.7所示，联络通道主要位于淤泥质黏土层。

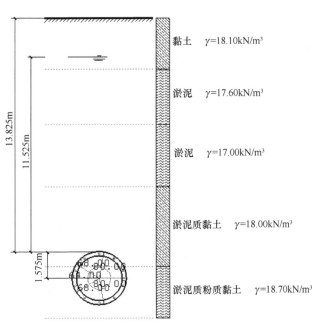

图3.12　地层分布图

土层参数表　　　　　　　表3.7

土层名称	厚度 (m)	天然重度 γ (kN/m³)	饱和重度 γ_{sat} (kN/m³)	黏聚力 c (kPa)	内摩擦角 φ (°)	侧压力系数 λ	水平基床系数 K (kPa/m)	计算方式	标贯试验锤击数 N	泊松比	弹性模量 (kPa)
①₂ 黏土	3.000	18.10	19.00	28.00	11.60	0.70	8600.00	合算	2	0.36	3400.00
①₃ 淤泥质黏土	3.300	17.60	18.00	18.60	9.30	0.70	5100.00	合算	1	0.40	2710.00
②₁ 淤泥	3.700	17.00	17.10	16.40	8.30	0.72	4000.00	合算	1	0.42	2300.00
②₂ 淤泥质黏土	4.700	18.00	18.50	18.80	10.00	0.40	7600.00	合算	1	0.35	3000.00

27

续表

土层名称	厚度 (m)	天然重度 γ (kN/m³)	饱和重度 γ_{sat} (kN/m³)	黏聚力 c (kPa)	内摩擦角 φ (°)	侧压力系数 λ	水平基床系数 K (kPa/m)	计算方式	标贯试验锤击数 N	泊松比	弹性模量 (kPa)
③₂ 粉质黏土	4.900	18.70	19.00	22.60	12.30	0.47	9500.00	合算	4	0.31	4400.00
④₁ 淤泥质粉质黏土	4.400	18.20	18.50	20.60	11.30	0.54	7200.00	合算	3	0.34	3500.00

依据《混凝土结构设计规范》GB 50010—2010，设计方法：极限状态法；计算模型：修正惯用法（有限元）。参照宁波市轨道交通1～5号线设计经验，弯曲刚度有效率 $\eta=0.70$，弯矩增加率 $\xi=0.30$，网格大小为0.18m。接头采用普通螺栓5.6级与盾构机千斤顶数量 $N=10$。

(3) 点位移约束

节点位移约束施加位置：水平右端为竖向点位移约束；水平左端为竖向点位移约束；竖向顶端为水平向点位移约束；竖向底端为水平向点位移约束。

(4) 地层压力——土柱法

利用本书第3.3节有关围岩压力计算中的土柱法理论及表3.8的有关参数，计算得到地层压力结果如图3.14所示。

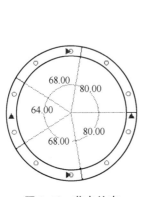

图 3.13 节点约束

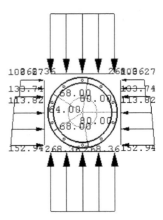

图 3.14 土柱法

计算参数表　　表 3.8

参数名	参数值	参数名	参数值
地面超载（kN/m²）	20.00	侧向土压力系数	0.50
是否考虑底部土压力	是	土压力计算方法	常规
水压力分布方式	规范分布	侧向水压力分布方式	梯形
是否考虑拱肩土压力	否		

(5) 地层抗力

按地层弹簧进行计算分析，地层抗力采用均一地层弹簧方式。地层弹簧的剪切刚度

k_s：5000.00kN/m²；弹性抗力系数法向 k_n（受压）：15000.00kN/m²；弹性抗力系数法向 k_n（受拉）：7500.00kN/m²，计算结果如图 3.15 所示。

（6）注浆荷载

注浆压力类型：均匀分布；注浆压力值：0.50×10^3 kN/m²，如图 3.16 所示。

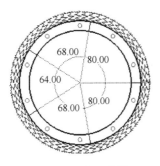

图 3.15 地层弹簧

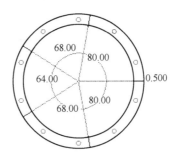

图 3.16 注浆荷载

（7）规范参数

管片结构采用钢筋混凝土结构，计算参数如表 3.9 所示，配筋计算参数如表 3.10 所示。

材料参数 表 3.9

参数名	参数值	折减系数
混凝土强度等级	C50	—
混凝土弹性模量（GPa）	34500.00	0.900
混凝土轴心抗压设计值（MPa）	23.10	0.900
混凝土轴心抗拉设计值（MPa）	1.89	0.900
混凝土轴心抗压标准值（MPa）	32.40	1.000
混凝土轴心抗拉标准值（MPa）	2.64	1.000
等效矩形应力图的强度折减系数	1.00	—
等效矩形应力图的高度折减系数	0.80	—
钢筋牌号	HRB400	—
钢筋弹性模量（GPa）	200000.00	0.900
抗压强度设计值（MPa）	360.00	1.000
抗拉强度设计值（MPa）	360.00	1.000
钢筋直径（mm）	20	—
钢筋类型	螺纹	—

配筋设计参数 表 3.10

参数名	参数值
受拉（远离围岩）钢筋保护层的厚度（mm）	35
受压（贴近围岩）钢筋保护层的厚度（mm）	35
荷载组合	永久荷载＋基本可变荷载
配筋方式	对称配筋
纵向弯曲计算长度	1.00m
是否考虑附加偏心矩	考虑

抗裂参数：最大允许裂缝宽度为 0.200mm。

2）计算结果

(1) 地层压力——土柱法

水土压力计算结果如表 3.11 所示。

水土压力计算结果　　表 3.11

参数名	参数值（kN/m²）	参数名	参数值（kN/m²）
顶部水土压力 P_1	268.36	底部水土压力 P_2	268.36
侧向顶部水土压力 Q_1	108.27	侧向底部水土压力 Q_2	152.94

(2) 抗浮验算计算结果

根据相关要求，盾构隧道在不考虑侧壁摩阻力时，其抗浮安全系数不得小于 1.050。按照受力平衡，只考虑向上浮力、向下的管片自重及上覆土重力（如果土在水位以下，须采用浮重），对每延米隧道进行抗浮验算。

上覆土重：$P = \left[\sum \gamma h_i + \sum (\gamma_{sat} - g) h_j\right] \times R_{out} = 845.342 \text{kN}$

结构自重：$G = \gamma_c \cdot \pi (R^2 - r^2) \cdot l = 52.386 \text{kN}$

水的浮力：$F' = \rho g V = 76.373 \text{kN}$

抗浮安全系数：$K = (P + G)/F' = 11.755 > 1.050$，满足抗浮要求。

(3) 内力位移

采用地层弹簧模式计算结果如图 3.17 和表 3.12 所示，最大轴力 217.13kN，剪力

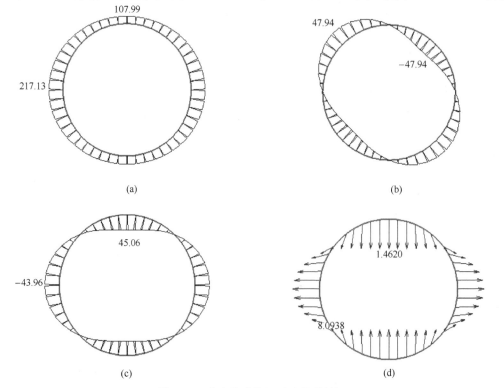

图 3.17　内力位移结果（地层弹簧）

(a) 轴力（N）图；(b) 剪力（Q）图；(c) 弯矩（M）图；(d) 位移矢量图

47.91kN，正弯矩 45.06kN·m，负弯矩 43.96kN·m，位移 1.462mm。接头张开角计算结果如表 3.13 所示，最大张开角 0.011°，最大张开量 0.044mm。

内力位移极值表　　　　　　　　　　　　　　　表 3.12

极值名	角度（°）	弯矩（kN·m）	轴力（kN）	剪力（kN）	位移（mm）	ID
轴力最大值	0.00	−43.96	217.13	2.12	1.297	0
轴力最小值	90.00	45.06	107.99	−0.57	1.462	12
剪力最大值	135.00	−1.79	164.10	47.89	0.703	18
剪力最小值	45.00	−1.79	164.46	−47.94	0.703	6
弯矩最大值	90.00	45.06	107.99	−0.57	1.462	12
弯矩最小值	180.00	−43.96	217.12	−0.09	1.297	24
位移最大值	90.00	45.06	107.99	−0.57	1.462	12
位移最小值	180.00	−0.21	170.47	45.79	0.694	42

接头张开角计算结果表　　　　　　　　　　　　表 3.13

编号	所处位置（°）	张开角（°）	张开量（mm）	编号	所处位置（°）	张开角（°）	张开量（mm）
1	80.00	0.011	0.046	4	280.00	0.010	0.044
2	148.00	−0.006	−0.024	5	360.00	−0.010	−0.046
3	212.00	−0.005	−0.022				

3）配筋验算结果

配筋计算极值表　　　　　　　　　　　　　　　表 3.14

极值名	节点编号	轴力 N（kN）	弯矩 M（kN·m）	宽度 b（mm）	厚度 h（mm）	受拉钢筋 A_g（mm²）	受压钢筋 A'_g（mm²）
弯矩最大值	12	108.982	44.244	550	250	565	565
剪力最大值	17	157.082	4.134	550	250	275	275
轴力最大值	23	216.086	−43.370	550	250	436	436

2. 运营工况

运营工况计算时，采用水土分算，同时不考虑注浆压力的作用。

（1）地层压力（土柱法）

地层压力采用土柱法计算，参数如表 3.15 所示，计算结果如图 3.18 和表 3.16 所示。

计算参数表　　　　　　　　　　　　　　　　　表 3.15

参数名	参数值	参数名	参数值
地面超载（kN/m²）	20.00	侧向土压力系数	0.50
是否考虑底部土压力	是	土压力计算方法	常规
水压力分布方式	规范分布	侧向水压力分布方式	梯形
是否考虑拱肩土压力	否		

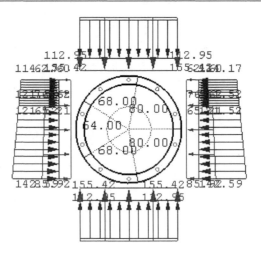

图 3.18 土压力分布

水土压力计算结果   表 3.16

参数名	参数值 (kN/m²)	参数名	参数值 (kN/m²)
顶部水土压力 P_1	155.42	底部水土压力 P_2	155.42
侧向顶部水土压力 Q_1	62.60	侧向底部水土压力 Q_2	85.92

(2) 抗浮验算计算结果

根据相关要求,盾构隧道在不考虑侧壁摩阻力时,其抗浮安全系数不得小于1.050。按照受力平衡,只考虑向上浮力、向下的管片自重及上覆土重力(如果土在水位以下,须采用浮重),对每延米隧道进行抗浮验算。

上覆土重:$P = \left[\sum \gamma h_i + \sum (\gamma_{sat} - g) h_j\right] \times R_{out} = 498.565 \text{kN}$

结构自重:$G = \gamma_c \pi (R^2 - r^2) l = 52.386 \text{kN}$

水的浮力:$F' = \rho g V = 76.373 \text{kN}$

抗浮安全系数:$K = (P+G)/F' = 7.096 > 1.050$,故满足抗浮要求。

(3) 内力位移

采用地层弹簧模式计算结果如图 3.19 和表 3.17 所示,可以看出:最大轴力 218.36kN,剪力 25.12kN,正弯矩 23.25kN·m,负弯矩 22.56kN·m,位移 0.798mm。接头张开角计算结果见表 3.18,最大张开角 0.005°,最大张开量 0.024mm。

内力位移极值表   表 3.17

极值名	角度 (°)	弯矩 (kN·m)	轴力 (kN)	剪力 (kN)	位移 (mm)	ID
轴力最大值	0.00	−22.56	218.36	2.05	0.610	0
轴力最小值	90.00	23.25	158.31	−0.31	0.798	12
剪力最大值	135.00	−1.71	189.72	25.02	0.366	18
剪力最小值	52.50	4.52	181.94	−25.12	0.434	7
弯矩最大值	90.00	23.25	158.31	−0.31	0.798	12
弯矩最小值	180.00	−22.56	218.35	−1.09	0.610	24
位移最大值	90.00	23.25	158.31	−0.31	0.798	12
位移最小值	180.00	−5.45	202.36	−22.00	0.346	29

3.4 联络通道管片结构计算分析

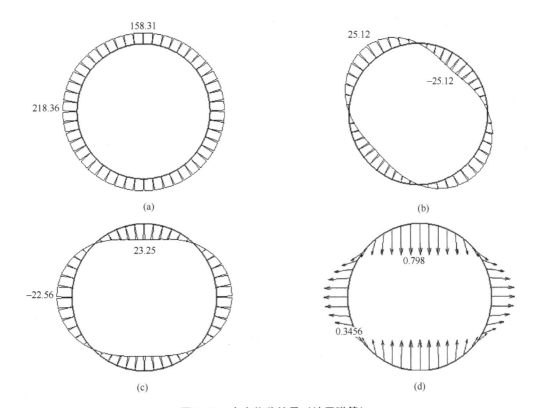

图 3.19 内力位移结果（地层弹簧）
(a) 轴力 (N) 图；(b) 剪力 (Q) 图；(c) 弯矩 (M) 图；(d) 位移矢量图

接头张开角计算结果表　　　　　　　　　　　　　　　　　　　　　表 3.18

编号	所处位置 (°)	张开角 (°)	张开量 (mm)	编号	所处位置 (°)	张开角 (°)	张开量 (mm)
1	80.00	0.005	0.024	4	280.00	0.005	0.022
2	148.00	−0.003	−0.013	5	360.00	−0.005	−0.023
3	212.00	−0.002	−0.011				

综上，对比施工工况，运营工况的计算轴力变化不大，剪力和弯矩减小接近50%，位移也有较大幅值的减小。

（4）配筋验算结果

配筋计算极值表　　　　　　　　　　　　　　　　　　　　　　　表 3.19

极值名	节点编号	轴力 N (kN)	弯矩 M (kN·m)	宽度 b (mm)	厚度 h (mm)	受拉钢筋 A_g (mm²)	受压钢筋 A'_g (mm²)
剪力最大值	7	178.080	7.500	550	250	275	275
弯矩最大值	12	158.875	22.811	550	250	275	275
轴力最大值	23	217.762	−22.387	550	250	275	275

3.4.2 梁弹簧模型计算

小泉淳等（1978）用梁单元对隧道管片结构进行模拟，研究了通过管片接头端面设置抗拉弹簧、径向和切向抗剪弹簧的变形对接头垫层材料和螺栓的相互作用效果进行模拟的计算模型即梁-弹簧模型。该计算模型采用将管片的主截面简化为圆弧梁或者直线梁、将管片接头和管片环接头分别考虑为旋转弹簧和剪切弹簧，在计算中考虑由接头引起的刚度降低和错缝拼接效应。朱合华等（1998，2019）在村上博智的研究基础上，考虑弹簧刚度的轴向、切向和转动效应，从卡氏（Castiglano）第二定理出发，推导了梁-弹簧模型的矩阵式。本节地层反力均采用地层弹簧进行计算，考虑管片间的通缝和错缝拼装形式。

1. 通缝拼装（B-B-B）

1）施工工况

（1）接头刚度

利用管片弯螺栓参数，计算得到接头的转动刚度，分离前转动 $K_{\theta(-)}$：292736.107kN·m/rad；分离前转动 $K_{\theta(+)}$：217584.246kN·m/rad；分离后转动 $K_{\theta(-)}$：10442.000kN·m/rad；分离后转动 $K_{\theta(+)}$：13821.000kN·m/rad；正弯矩下分离前最大回转角度 θ_{sep+}：0.057kN·m/rad；负弯矩下分离前最大回转角度 θ_{sep-}：0.057kN·m/rad。

管片接头平动刚度值，拉压 $K_{s(-)}$：1.0×10^9 kN/m；拉压 $K_{s(+)}$：1.0×10^9 kN/m；剪切 $K_{n(-)}$：1.0×10^9 kN/m；剪切 $K_{n(+)}$：1.0×10^9 kN/m。管片环接头刚度值：拉压 $K_{s(-)}$：100000.000kN/m，拉压 $K_{s(+)}$：132900.000kN/m，切向 K_{sz}：30000.000kN/m。径向 K_{sy}：30000.000kN/m。依据规范：《混凝土结构设计规范》GB 50010—2010；设计方法：极限状态法；计算模型：梁弹簧模型；管片拼装模式：通缝拼装；网格大小：0.18m。

地层抗力采用地层弹簧，地层压力采用土柱法，计算结果如表3.20所示。

水土压力计算结果　　　　　　　表3.20

参数名	参数值（kN/m²）	参数名	参数值（kN/m²）
顶部水土压力 P_1	60.24	底部水土压力 P_2	60.24
侧向顶部水土压力 Q_1	24.19	侧向底部水土压力 Q_2	29.48

（2）抗浮验算计算结果

根据相关要求，盾构隧道在不考虑侧壁摩阻力时，其抗浮安全系数不得小于1.050。按照受力平衡，只考虑向上浮力、向下的管片自重及上覆土重力（如果土在水位以下，须采用浮重度），对每延米隧道进行抗浮验算。

上覆土重：$P = \left[\sum \gamma h_i + \sum (\gamma_{sat} - g) h_j\right] \times R_{out} = 189.761$kN

结构自重：$G = \gamma_c \pi (R^2 - r^2) l = 52.386$kN

水的浮力：$F' = \rho g V = 76.373$kN

抗浮安全系数：$K = (P+G)/F' = 3.171 > 1.050$，故满足抗浮要求。

（3）内力位移计算结果

在施工工况，采用梁-弹簧模型计算结果如图3.20和表3.21所示，可以看出：最大

3.4 联络通道管片结构计算分析

轴力 153.72kN,剪力 29.22kN,正弯矩 10.26kN·m,负弯矩 10.26kN·m,位移 0.2408mm。接头张开角计算结果见表 3.22,最大张开角 0.002°,最大张开量 0.009mm。

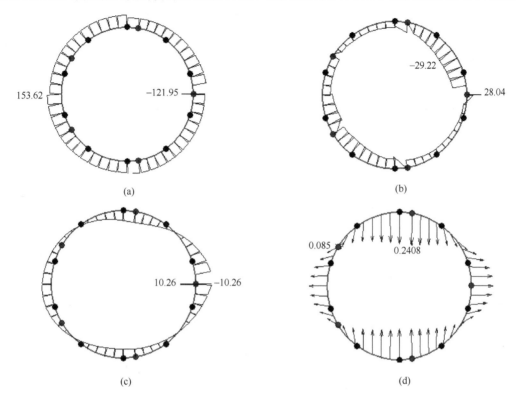

图 3.20 内力位移结果(地层弹簧)
(a) 轴力(N)图;(b) 剪力(Q)图;(c) 弯矩(M)图;(d) 位移矢量图

内力位移极值表　　　　　　　　　　　　　　　　　　表 3.21

极值名	角度(°)	弯矩(kN·m)	轴力(kN)	剪力(kN)	位移(mm)	ID
轴力最大值	180.00	−5.96	153.72	−18.65	0.137	23
轴力最小值	0.01	10.26	−121.95	12.20	0.175	48
剪力最大值	0.01	10.26	−121.95	12.20	0.175	48
剪力最小值	37.50	−2.35	124.62	−29.21	0.107	4
弯矩最大值	0.01	10.26	−121.95	12.20	0.175	48
弯矩最小值	0.00	−10.25	121.95	12.18	0.175	47
位移最大值	80.01	7.08	101.95	−18.45	0.241	12
位移最小值	0.00	−2.08	129.87	−8.88	0.088	20

环向接头张开角计算结果表　　　　　　　　　　　　　表 3.22

编号	所处位置(°)	张开角(°)	张开量(mm)	编号	所处位置(°)	张开角(°)	张开量(mm)
1	80.00	0.002	0.008	4	280.00	0.001	0.006
2	148.00	−0.001	−0.003	5	360.00	−0.002	−0.009
3	212.00	−0.001	−0.003				

(4) 配筋验算结果

配筋计算极值表　　　　　　　　　　　　表3.23

极值名	节点编号	轴力 N (kN)	弯矩 M (kN·m)	宽度 b (mm)	厚度 h (mm)	受拉钢筋 A_g (mm²)	受压钢筋 A'_g (mm²)
剪力最大值	3	127.246	−3.527	550	250	275	275
轴力最大值	23	152.322	−6.048	550	250	275	275
弯矩最大值	47	121.946	−10.254	550	250	275	275

2) 运营工况

(1) 荷载计算结果

水土压力计算如表3.24所示。

水土压力计算结果　　　　　　　　　　　　表3.24

参数名	参数值 (kN/m²)	参数名	参数值 (kN/m²)
顶部土压力 P_1	55.25	顶部水压力 P_{w1}	112.95
底部土压力 P_2	55.25	底部水压力 P_{w2}	112.95
侧向顶部土压力 Q_1	22.20	侧向顶部水压力 Q_{w1}	114.17
侧向底部土压力 Q_2	27.32	侧向底部水压力 Q_{w2}	142.59

(2) 抗浮验算计算结果

根据相关要求，盾构隧道在不考虑侧壁摩阻力时，其抗浮安全系数不得小于1.050。按照受力平衡，只考虑向上浮力、向下的管片自重及上覆土重力（如果土在水位以下，须采用浮重），对每延米隧道进行抗浮验算。

上覆土重：$P = \left[\sum \gamma h_i + \sum (\gamma_{sat} - g) h_j\right] \times R_{out} = 174.053 \text{kN}$

结构自重：$G = \gamma_c \pi (R^2 - r^2) l = 52.386 \text{kN}$

水的浮力：$F' = \rho g V = 76.373 \text{kN}$

抗浮安全系数：$K = (P + G)/F' = 2.965 > 1.050$，故满足抗浮要求。

(3) 内力位移计算结果

在运营工况，采用梁-弹簧模型计算结果如图3.21和表3.25所示，可以看出：最大轴力154.83kN，剪力30.55kN，正弯矩11.24kN·m，负弯矩11.24kN·m，位移0.269mm。接头张开角计算结果见表3.26，最大张开角0.002°，最大张开量0.009mm。

内力位移极值表　　　　　　　　　　　　表3.25

极值名	角度 (°)	弯矩 (kN·m)	轴力 (kN)	剪力 (kN)	位移 (mm)	ID
轴力最大值	180.00	−6.94	154.83	−18.77	0.166	23
轴力最小值	0.01	11.24	−122.86	12.06	0.203	48
剪力最大值	0.01	11.24	−122.86	12.06	0.203	48
剪力最小值	37.50	−2.66	124.61	−30.53	0.123	4
弯矩最大值	0.01	11.24	−122.86	12.06	0.203	48
弯矩最小值	7.50	−11.24	145.11	−25.86	0.203	0
位移最大值	90.00	7.44	127.31	−11.64	0.269	13
位移最小值	7.50	−2.29	129.72	−7.51	0.103	20

3.4 联络通道管片结构计算分析

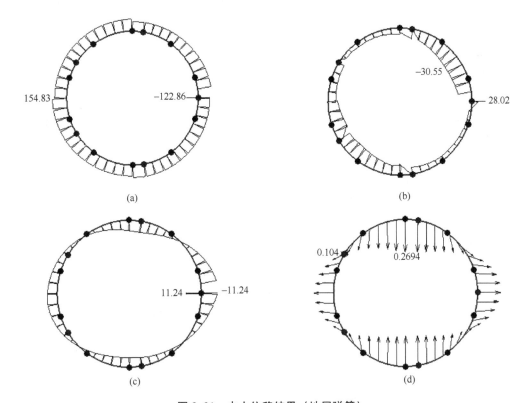

图 3.21 内力位移结果(地层弹簧)

(a) 轴力(N)图;(b) 剪力(Q)图;(c) 弯矩(M)图;(d) 位移矢量图

环向接头张开角计算结果表 表 3.26

编号	所处位置(°)	张开角(°)	张开量(mm)	编号	所处位置(°)	张开角(°)	张开量(mm)
1	80.00	0.002	0.009	4	280.00	0.002	0.007
2	148.00	−0.001	−0.003	5	360.00	−0.002	−0.010
3	212.00	−0.001	−0.003				

(4) 配筋验算结果

配筋计算极值表 表 3.27

极值名	节点编号	轴力 N (kN)	弯矩 M (kN·m)	宽度 b (mm)	厚度 h (mm)	受拉钢筋 A_g (mm²)	受压钢筋 A'_g (mm²)
剪力最大值	3	127.402	−3.957	550	250	275	275
轴力最大值	23	153.358	−7.010	550	250	275	275
弯矩最大值	47	122.861	−11.240	550	250	275	275

综上,采用梁-弹簧模型计算时,施工工况和运营工况计算相关较小,运营工况内力位移计算结果有一定有增大。对比修正惯用法和梁-弹簧模型计算结果,修正惯用法计算的最大轴力 218.36kN,剪力 25.12kN,正弯矩 23.25kN·m,负弯矩 22.56kN·m,位

移 0.798mm；梁-弹簧模型计算的最大轴力 153.72kN，剪力 29.22kN，正弯矩 10.26kN·m，负弯矩 10.26kN·m，位移 0.248mm，各变量的计算结果均有一定的减小。

2. 错缝拼装（A-B-A）

本节仅分析施工工况，采用梁-弹簧模型 A 环计算的内力位移计算结果如图 3.22 和表 3.28 所示，可以看出：最大轴力 128.07kN，剪力 30.49kN，正弯矩 21.88kN·m，负弯矩 21.83kN·m，位移 0.676mm。接头张开角计算结果见表 3.29，最大张开角 0.004°，最大张开量 0.018mm。

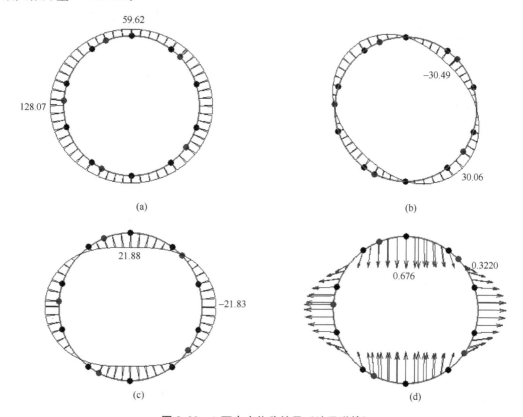

图 3.22　A 环内力位移结果（地层弹簧）

(a) 轴力（N）图；(b) 剪力（Q）图；(c) 弯矩（M）图；(d) 位移矢量图

A 环内力位移极值表　　　　　　　　　　　表 3.28

极值名	角度（°）	弯矩（kN·m）	轴力（kN）	剪力（kN）	位移（mm）	ID
轴力最大值	180.00	−21.37	128.07	0.72	0.637	27
轴力最小值	90.00	21.88	60.35	0.07	0.676	14
剪力最大值	315.00	0.04	97.81	30.03	0.323	46
剪力最小值	45.00	−0.74	94.35	−30.49	0.323	8
弯矩最大值	90.00	21.88	60.35	0.07	0.676	14
弯矩最小值	0.00	−21.83	127.90	0.87	0.602	0
位移最大值	90.00	21.88	60.35	0.07	0.676	15
位移最小值	0.00	−1.50	95.43	−30.38	0.322	7

3.4 联络通道管片结构计算分析

A 环接头张开角计算结果表　　　　　　　　　　　表 3.29

编号	所处位置(°)	张开角(°)	张开量(mm)	编号	所处位置(°)	张开角(°)	张开量(mm)
1	44.00	−0.000	−0.001	4	244.00	0.003	0.015
2	112.00	0.004	0.018	5	324.00	−0.001	−0.006
3	176.00	−0.004	−0.018				

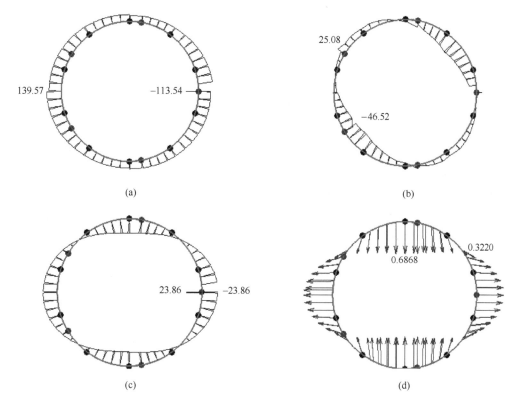

图 3.23　B 环内力位移结果（地层弹簧）

(a) 轴力（N）图；(b) 剪力（Q）图；(c) 弯矩（M）图；(d) 位移矢量图

在施工工况，采用梁-弹簧模型 B 环计算结果如图 3.23 和表 3.30 所示，可以看出：最大轴力 139.57kN，剪力 46.52kN，正弯矩 23.86kN·m，负弯矩 23.86kN·m，位移 0.687mm。接头张开角计算结果见表 3.31，最大张开角 0.005°，最大张开量 0.024mm。

B 环内力位移极值表　　　　　　　　　　　表 3.30

极值名	角度（°）	弯矩（kN·m）	轴力（kN）	剪力（kN）	位移（mm）	ID
轴力最大值	180.00	−21.55	139.57	−11.56	0.608	78
轴力最小值	0.01	23.86	−113.54	5.76	0.618	105
剪力最大值	148.00	−9.41	103.16	25.27	0.391	166
剪力最小值	225.00	0.24	94.09	−46.52	0.330	85
弯矩最大值	0.01	23.86	−113.54	5.76	0.618	105

第3章 联络通道管片结构设计计算

续表

极值名	角度（°）	弯矩（kN·m）	轴力（kN）	剪力（kN）	位移（mm）	ID
弯矩最小值	0.00	−23.86	113.55	5.72	0.618	104
位移最大值	90.00	21.53	62.39	−7.15	0.687	72
位移最小值	0.00	−0.35	93.08	18.61	0.326	78

B环接头张开角计算结果表　　表 3.31

编号	所处位置（°）	张开角（°）	张开量（mm）	编号	所处位置（°）	张开角（°）	张开量（mm）
1	80.00	0.005	0.024	4	280.00	0.005	0.022
2	148.00	−0.002	−0.008	5	360.00	−0.005	−0.020
3	212.00	−0.002	−0.008				

在施工工况，采用梁-弹簧模型 C 环计算结果如图 3.24 和表 3.32 所示，可以看出：最大轴力 128.07kN，剪力 30.49kN，正弯矩 21.88kN·m，负弯矩 21.83kN·m，位移 0.676mm。接头张开角计算结果见表 3.33，环间接头内力位移计算结果见表 3.34、表 3.35，最大张开角 0.004°，最大张开量 0.018mm。

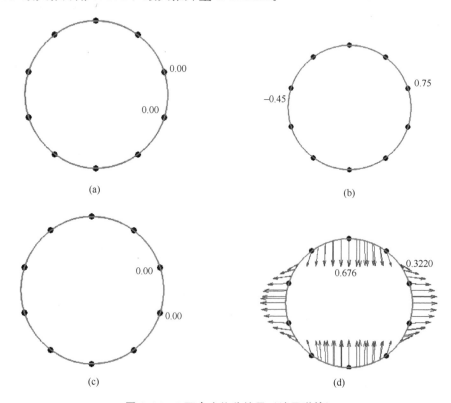

图 3.24　C 环内力位移结果（地层弹簧）
(a) 轴力（N）图；(b) 剪力（Q）图；(c) 弯矩（M）图；(d) 位移矢量图

3.4 联络通道管片结构计算分析

C 环内力位移极值表 表 3.32

极值名	角度（°）	弯矩（kN·m）	轴力（kN）	剪力（kN）	位移（mm）	ID
轴力最大值	180.00	−21.37	128.07	0.72	0.637	133
轴力最小值	90.00	21.88	60.35	0.07	0.676	120
剪力最大值	315.00	0.04	97.81	30.03	0.323	152
剪力最小值	45.00	−0.74	94.35	−30.49	0.323	114
弯矩最大值	90.00	21.88	60.35	0.07	0.676	120
弯矩最小值	0.00	−21.83	127.90	0.87	0.602	106
位移最大值	90.00	21.88	60.35	0.07	0.676	131
位移最小值	0.00	−1.50	95.43	−30.38	0.322	123

C 环接头张开角计算结果表 表 3.33

编号	所处位置（°）	张开角（°）	张开量（mm）	编号	所处位置（°）	张开角（°）	张开量（mm）
1	44.00	−0.000	−0.001	4	244.00	0.003	0.015
2	112.00	0.004	0.018	5	324.00	−0.001	−0.006
3	176.00	−0.004	−0.018				

AB 环间接头内力位移计算结果表 表 3.34

角度（°）	弯矩（kN·m）	轴力（kN）	剪力（kN）	位移（mm）	角度（°）	弯矩（kN·m）	轴力（kN）	剪力（kN）	位移（mm）
18.0	0.00	0.00	0.75	0.520	198.0	0.00	0.00	−0.19	0.535
54.0	0.00	0.00	−0.16	0.379	234.0	0.00	0.00	0.27	0.394
90.0	0.00	0.00	−0.34	0.676	270.0	0.00	0.00	−0.37	0.671
126.0	0.00	0.00	0.49	0.396	306.0	0.00	0.00	0.03	0.380
162.0	0.00	0.00	−0.45	0.542	342.0	0.00	0.00	0.40	0.518

BC 环间接头内力位移计算结果表 表 3.35

角度（°）	弯矩（kN·m）	轴力（kN）	剪力（kN）	位移（mm）	角度（°）	弯矩（kN·m）	轴力（kN）	剪力（kN）	位移（mm）
18.0	0.00	0.00	−0.75	0.545	198.0	0.00	0.00	0.19	0.527
54.0	0.00	0.00	0.16	0.391	234.0	0.00	0.00	−0.27	0.388
90.0	0.00	0.00	0.34	0.687	270.0	0.00	0.00	0.37	0.684
126.0	0.00	0.00	−0.49	0.380	306.0	0.00	0.00	−0.03	0.384
162.0	0.00	0.00	0.45	0.524	342.0	0.00	0.00	−0.40	0.532

配筋验算结果见表3.36。

配筋计算极值表 表3.36

极值名	节点编号	轴力 N (kN)	弯矩 M (kN·m)	宽度 b (mm)	厚度 h (mm)	受拉钢筋 A_g (mm²)	受压钢筋 A'_g (mm²)
轴力最大值	78	138.404	−21.483	550	250	275	275
剪力最大值	85	89.024	3.726	550	250	275	275
弯矩最大值	105	−112.933	23.863	550	250	667	667

采用梁-弹簧模型A-B-A计算时，A环和C环内力位移相同，B环内力位移较A、C环大。

3. 错缝拼装（A-B-C）

在施工工况，A环内力位移计算结果如图3.25和表3.37所示，可以看出：最大轴力128.07kN，剪力30.49kN，正弯矩21.88kN·m，负弯矩21.83kN·m，位移0.676mm。接头张开角计算结果见表3.38，最大张开角0.004°，最大张开量0.018mm。

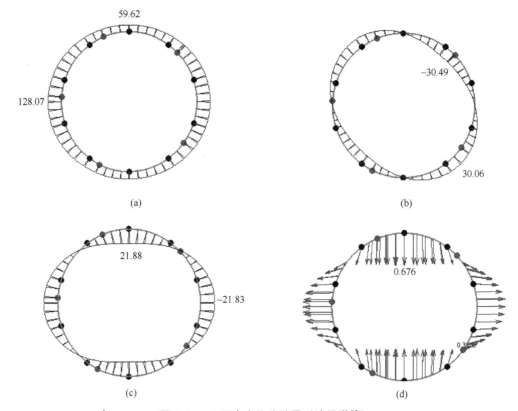

图3.25 A环内力位移结果（地层弹簧）

(a) 轴力（N）图；(b) 剪力（Q）图；(c) 弯矩（M）图；(d) 位移矢量图

A环内力位移极值表 表3.37

极值名	角度（°）	弯矩（kN·m）	轴力（kN）	剪力（kN）	位移（mm）	ID
轴力最大值	180.00	−21.38	128.07	0.73	0.637	27
轴力最小值	90.00	21.88	60.35	0.07	0.676	14

3.4 联络通道管片结构计算分析

续表

极值名	角度（°）	弯矩（kN·m）	轴力（kN）	剪力（kN）	位移（mm）	ID
剪力最大值	315.00	0.04	97.81	30.03	0.323	46
剪力最小值	45.00	−0.74	94.35	−30.49	0.323	8
弯矩最大值	90.00	21.88	60.35	0.07	0.676	14
弯矩最小值	0.00	−21.83	127.90	0.87	0.602	0
位移最大值	90.00	21.88	60.35	0.07	0.676	15
位移最小值	0.00	−1.50	95.43	−30.38	0.322	7

A 环接头张开角计算结果表　　　　表 3.38

编号	所处位置（°）	张开角（°）	张开量（mm）	编号	所处位置（°）	张开角（°）	张开量（mm）
1	44.00	−0.000	−0.001	4	244.00	0.003	0.015
2	112.00	0.004	0.018	5	324.00	−0.001	−0.006
3	176.00	−0.004	−0.018				

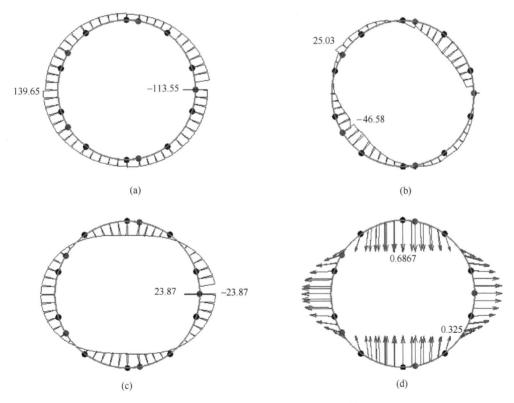

图 3.26　B 环内力位移结果（地层弹簧）
(a) 轴力（N）图；(b) 剪力（Q）图；(c) 弯矩（M）图；(d) 位移矢量图

在施工工况，采用梁-弹簧模型 B 环计算结果如图 3.26 和表 3.39 所示，可以看出：最大轴力 139.65kN，剪力 46.58kN，正弯矩 23.87kN·m，负弯矩 23.87kN·m，位移 0.687mm。接头张开角计算结果见表 3.40，最大张开角 0.005°，最大张开量 0.024mm。

第3章 联络通道管片结构设计计算

B环内力位移极值表 表3.39

极值名	角度（°）	弯矩（kN·m）	轴力（kN）	剪力（kN）	位移（mm）	ID
轴力最大值	180.00	−21.56	139.65	−11.47	0.608	78
轴力最小值	0.01	23.87	−113.55	5.73	0.618	105
剪力最大值	148.00	−9.39	103.14	25.22	0.391	166
剪力最小值	225.00	0.24	94.09	−46.58	0.330	85
弯矩最大值	0.01	23.87	−113.55	5.73	0.618	105
弯矩最小值	0.00	−23.87	113.55	5.73	0.618	104
位移最大值	90.00	21.52	62.46	−7.14	0.687	72
位移最小值	0.00	−0.35	93.07	18.55	0.325	78

B环接头张开角计算结果表 表3.40

编号	所处位置（°）	张开角（°）	张开量（mm）	编号	所处位置（°）	张开角（°）	张开量（mm）
1	80.00	0.005	0.024	4	280.00	0.005	0.022
2	148.00	−0.002	−0.008	5	360.00	−0.005	−0.020
3	212.00	−0.002	−0.008				

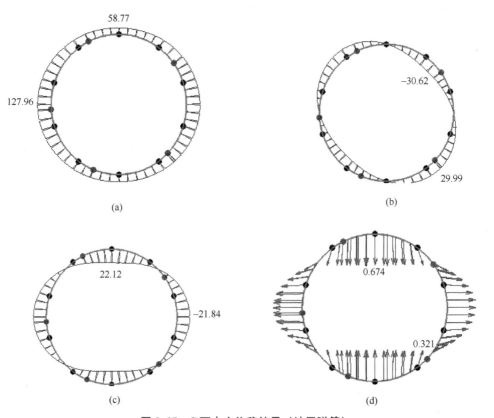

图3.27 C环内力位移结果（地层弹簧）
（a）轴力（N）图；（b）剪力（Q）图；（c）弯矩（M）图；（d）位移矢量图

3.4 联络通道管片结构计算分析

在施工工况，采用梁-弹簧模型 C 环计算结果如图 3.27 和表 3.41 所示，可以看出：最大轴力 27.96kN，剪力 30.62kN，正弯矩 22.12kN·m，负弯矩 21.84kN·m，位移 0.674mm。接头张开角计算结果见表 3.42，环间接头内力位移计算结果见表 3.43、表 3.44，最大张开角 0.004°，最大张开量 0.018mm。

C 环内力位移极值表 表 3.41

极值名	角度（°）	弯矩（kN·m）	轴力（kN）	剪力（kN）	位移（mm）	ID
轴力最大值	354.00	−21.41	127.63	6.19	0.592	158
轴力最小值	82.80	21.49	59.81	−7.64	0.657	118
剪力最大值	315.00	−0.44	98.79	29.98	0.322	151
剪力最小值	45.00	−0.25	93.30	−30.62	0.325	113
弯矩最大值	90.00	22.12	60.76	0.71	0.674	119
弯矩最小值	0.00	−21.84	127.25	0.14	0.603	106
位移最大值	90.00	22.12	60.76	0.71	0.674	130
位移最小值	0.00	−1.20	99.80	29.92	0.321	167

C 环接头张开角计算结果表 表 3.42

编号	所处位置（°）	张开角（°）	张开量（mm）	编号	所处位置（°）	张开角（°）	张开量（mm）
1	116.00	0.003	0.015	4	316.00	−0.000	−0.001
2	184.00	−0.004	−0.018	5	36.00	−0.001	−0.006
3	248.00	0.004	0.018				

AB 环间接头内力位移计算结果表 表 3.43

角度（°）	弯矩（kN·m）	轴力（kN）	剪力（kN）	位移（mm）	角度（°）	弯矩（kN·m）	轴力（kN）	剪力（kN）	位移（mm）
18.0	0.00	0.00	0.75	0.520	198.0	0.00	0.00	−0.19	0.535
54.0	0.00	0.00	−0.17	0.379	234.0	0.00	0.00	0.26	0.394
90.0	0.00	0.00	−0.34	0.676	270.0	0.00	0.00	−0.38	0.671
126.0	0.00	0.00	0.49	0.396	306.0	0.00	0.00	0.03	0.380
162.0	0.00	0.00	−0.46	0.542	342.0	0.00	0.00	0.41	0.518

BC 环间接头内力位移计算结果表 表 3.44

角度（°）	弯矩（kN·m）	轴力（kN）	剪力（kN）	位移（mm）	角度（°）	弯矩（kN·m）	轴力（kN）	剪力（kN）	位移（mm）
18.0	0.00	0.00	−0.71	0.545	198.0	0.00	0.00	0.33	0.527
54.0	0.00	0.00	0.11	0.391	234.0	0.00	0.00	−0.30	0.388
90.0	0.00	0.00	0.37	0.687	270.0	0.00	0.00	0.33	0.684
126.0	0.00	0.00	−0.46	0.380	306.0	0.00	0.00	0.01	0.384
162.0	0.00	0.00	0.33	0.524	342.0	0.00	0.00	−0.43	0.532

第3章 联络通道管片结构设计计算

(1) 配筋验算结果

配筋计算极值表 表3.45

极值名	节点编号	轴力 N (kN)	弯矩 M (kN·m)	宽度 b (mm)	厚度 h (mm)	受拉钢筋 A_g (mm²)	受压钢筋 A_g' (mm²)
轴力最大值	78	138.483	−21.493	550	250	275	275
剪力最大值	85	89.021	3.730	550	250	275	275
弯矩最大值	104	113.552	−23.868	550	250	295	295

(2) 配筋验算结果——校核

利用本书第3.2节相关理论,对管片配筋进行校核。考虑管片的截面尺寸为550.000mm×250.000mm,受拉钢筋截面积 A_g 为1885mm²,受压钢筋截面积 A_g' 为1885mm²,受拉钢筋最小配筋率 ρ_{min} 为0.20%,受压钢筋最小配筋率 ρ'_{min} 为0.20%,允许裂缝宽度为0.2mm,安全系数规范值为1.00。计算结果见图3.28和表3.46和表3.47,结果表明,配筋满足规范要求。

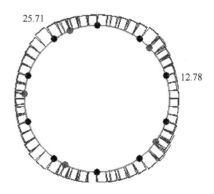

图3.28 安全系数图

配筋表 表3.46

节点编号	轴力 N (kN)	弯矩 M (kN·m)	安全系数	外侧混凝土应力 σ_c (MPa)	内侧混凝土应力 σ_c' (MPa)	外侧钢筋应力 σ_s (MPa)	内侧钢筋应力 σ_s' (MPa)	裂缝宽度 W_r (mm)
59	118.209	1.400	24.877	0.907	0.576	5.259	−0.001	0.000
78	153.177	−6.885	14.159	1.775	0.147	10.289	−0.001	0.000
105	−124.083	9.780	13.381	1.759	0.000	10.194	9.648	0.017

配筋计算极值表 表3.47

极值名	节点编号	轴力 N (kN)	弯矩 M (kN·m)	安全系数	外侧混凝土应力 σ_c (MPa)	内侧混凝土应力 σ_c' (MPa)	外侧钢筋应力 σ_s (MPa)	内侧钢筋应力 σ_s' (MPa)	裂缝宽度 W_r (mm)
剪力最大值	59	118.209	1.400	24.877	0.907	0.576	5.259	−0.001	0.000
轴力最大值	78	153.177	−6.885	14.159	1.775	0.147	10.289	−0.001	0.000
弯矩最大值	105	−124.083	9.780	13.381	1.759	0.000	10.194	9.648	0.017

综上,采用梁-弹簧模型 A-B-C 计算时,A 环和 C 环内力位移接近,B 环内力位移较 A、C 环大。对比施工工况,运营工况的轴力大于施工工况,而剪力、弯矩和位移均较施工工况小。

3.5 本章小结

本章采用修正惯用法计算和梁-弹簧模型对联络通道进行了设计计算和结果分析，考虑了施工期和运营期两种工况，主要结论如下：

(1) 采用修正惯用法计算时，对比施工工况，运营工况的计算轴力变化不大，剪力和弯矩减小接近50%，位移也有较大幅值的减小。

(2) 采用梁-弹簧模型 B-B-B 计算时，施工工况和运营工况计算相差较小；采用梁-弹簧模型 A-B-A 计算时，A环和C环内力位移相同，B环内力位移较A、C环大。对比施工工况，运营工况的轴力大于施工工况，而剪力、弯矩和位移均较施工工况小；采用梁-弹簧模型 A-B-C 计算时，A环和C环内力位移接近，B环内力位移较A、C环大。对比施工工况，运营工况的轴力大于施工工况，而剪力、弯矩和位移均较施工工况小。

(3) 对比修正惯用法和梁-弹簧模型 B-B-B 计算结果，修正惯用法计算的最大轴力 218.36kN，剪力 25.12kN，正弯矩 23.25kN·m，负弯矩 22.56kN·m，位移 0.798mm；梁-弹簧模型计算的最大轴力 153.72kN，剪力 29.22kN，正弯矩 10.26kN·m，负弯矩 10.26kN·m，位移 0.248mm，各变量的计算结果均有一定的减小。

(4) 对比修正惯用法和梁-弹簧模型 A-B-A 和 A-B-C 计算结果，梁-弹簧模型的轴力、剪力、弯矩和位移均有较大的减小。

上述结论表明，联络通道结构设计尺寸满足施工和运营期对结构内力和变形的要求。

第4章 主隧道管环结构受力分析与弱化设计分析

4.1 概述

在机械法联络通道顶进开始切削主隧道 T 接位置复合管片时，主隧道处于最不利受力状态，为此，本章考虑集中荷载和均布线性荷载两种顶推力，采用修正惯用法和梁弹簧模型来计算主隧道的受力情况，并对切削区域复合管片强度进行弱化分析，以在确保隧道安全的前提下，提高管片的切屑效率，并考虑地震作用，采用修正惯用法和梁-弹簧模型来进行主隧道抗震分析。为了方便切削施工，与联络通道连接位置的主隧道结构设计采用钢-玻璃纤维混凝土管片的弱化设计，通过数值计算评估分析弱化设计后对隧道管片局部和整体受力影响。

4.2 主隧道顶推受力分析

4.2.1 修正惯用法

1. 集中荷载

根据盾构装备设计切削试验，初步估算得到小盾构顶进切削时的力约1500kN，且其作用面积较小，故本节先将该集中荷载分解成两个 750kN 的集中力开展主隧道结构的内力和位移计算。考虑始发进洞和出洞接收两种工况。

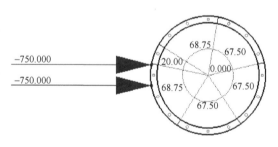

图 4.1 集中荷载

（1）始发进洞

小盾构始发时，主隧道结构计算模型如图 4.1 所示，荷载参数如表 4.1 所示。材料、配筋设计参数取值同第 3 章。

荷载参数列表   表 4.1

序号	荷载角度 θ_1 (°)	荷载值 F_x (kN)
1	170.00	−750.000
2	190.00	−750.000

注：荷载为负表示由内朝外。

在施工工况，采用地层弹簧模式计算结果如图 4.2 和表 4.2 所示，可以看出：最大轴力 1423.11kN，剪力 1521.86kN，弯矩 1920.56kN·m，位移 19.406mm。接头张开角计算结果如表 4.3 所示,最大张开角 0.055°,最大张开量 0.333mm。

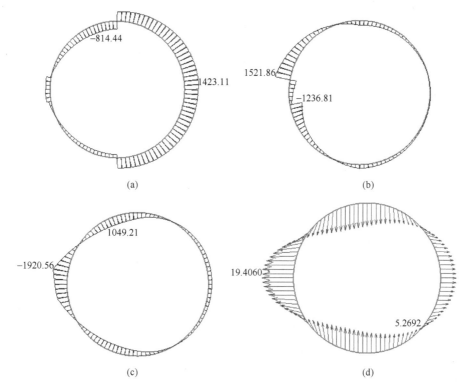

图 4.2 内力位移计算结果
(a) 轴力 (N) 图;(b) 剪力 (Q) 图;(c) 弯矩 (M) 图;(d) 位移矢量图

内力位移极值表　　　　　　　　　　　　　　　　　　　　　表 4.2

极值名	角度 (°)	弯矩 (kN·m)	轴力 (kN)	剪力 (kN)	位移 (mm)	ID
轴力最大值	3.46	−443.49	1423.11	49.58	9.727	1
轴力最小值	107.31	1046.76	−814.44	−66.28	14.734	31
剪力最大值	166.50	−1571.06	−13.39	1486.29	17.788	48
剪力最小值	190.00	−1378.43	248.91	−1236.81	17.592	55
弯矩最大值	110.77	1049.21	−809.85	17.95	14.319	32
弯矩最小值	170.00	−1920.56	472.60	−621.91	18.663	49
位移最大值	176.67	−1665.70	411.41	−454.91	19.406	51
位移最小值	170.00	−180.28	1227.33	158.31	5.269	91

接头张开角计算结果表　　　　　　　　　　　　　　　　　　　表 4.3

编号	所处位置 (°)	张开角 (°)	张开量 (mm)	编号	所处位置 (°)	张开角 (°)	张开量 (mm)
1	80.00	0.013	0.081	4	237.50	0.025	0.154
2	148.75	−0.006	−0.034	5	305.00	−0.002	−0.010
3	168.75	−0.055	−0.333	6	12.50	−0.014	−0.083

（2）出洞接收

小盾构接收时，主隧道结构计算模型如图4.3所示，荷载参数如表4.4所示。

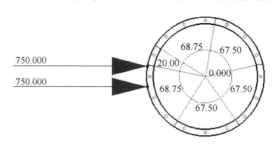

图4.3 集中荷载

参数列表　　　　　　　　　　　　　　　　　表4.4

序号	荷载角度 θ (°)	荷载值 F_x (kN)	荷载值 F_y (kN)
1	170.00	750.000	0.000
2	190.00	750.000	0.000

在施工工况，采用地层弹簧模式计算结果如图4.4和表4.5所示，可以看出：最大轴力2554.07kN，剪力1539.13kN，弯矩1532.14kN·m，位移12.584mm。接头张开角计算结果如表4.6所示，最大张开角0.055°，最大张开量0.333mm。

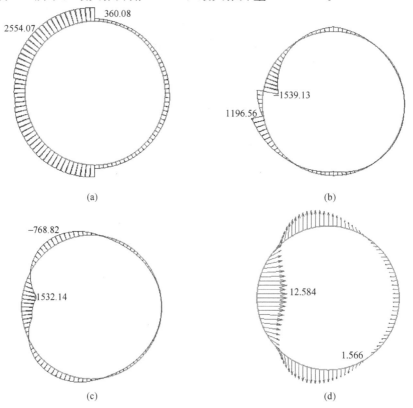

图4.4 内力位移计算结果

(a) 轴力（N）图；(b) 剪力（Q）图；(c) 弯矩（M）图；(d) 位移矢量图

4.2 主隧道顶推受力分析

内力位移极值表   表 4.5

极值名	角度（°）	弯矩（kN·m）	轴力（kN）	剪力（kN）	位移（mm）	ID
轴力最大值	138.50	−529.83	2554.07	−444.39	5.177	40
轴力最小值	72.69	152.89	360.08	197.55	2.966	21
剪力最大值	190.00	1028.27	2023.65	1196.56	11.175	55
剪力最小值	166.50	1186.01	2274.84	−1440.46	11.332	48
弯矩最大值	170.00	1532.14	1803.58	653.47	12.016	49
弯矩最小值	121.15	−768.82	2489.73	10.35	7.006	35
位移最大值	176.67	1279.59	1882.84	462.45	12.584	51
位移最小值	121.15	205.71	602.21	3.56	1.566	88

接头张开角计算结果表   表 4.6

编号	所处位置（°）	张开角（°）	张开量（mm）	编号	所处位置（°）	张开角（°）	张开量（mm）
1	80.00	0.001	0.007	4	237.50	−0.020	−0.121
2	148.75	−0.003	−0.018	5	305.00	0.006	0.038
3	168.75	0.043	0.263	6	12.50	0.001	0.007

2. 局部线性荷载

本节考虑将小盾构刀盘切削初始时刻的作用力视为750kN的局部线性荷载，开展主隧道结构的内力和位移计算。考虑始发进洞和出洞接收两种工况。

（1）始发进洞

小盾构始发时，主隧道结构计算模型如图4.5所示，荷载参数如表4.7所示。

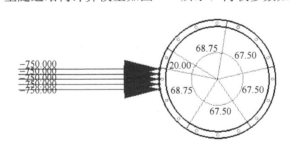

图 4.5 局部线性荷载（始发进洞）

参数列表   表 4.7

序号	荷载角度 θ_1（°）	荷载值 F_{x1}（kN）	荷载值 F_{y1}（kN）	荷载角度 θ_2（°）	荷载值 F_{x2}（kN）	荷载值 F_{y2}（kN）
1	170.00	−750.000	0.000	190.00	−750.000	0.000

采用地层弹簧模式计算结果如图4.6和表4.8所示，可以看出：最大轴力1163.87kN，剪力501.20kN，弯矩835.03kN·m，位移9.332mm。接头张开角计算结果如表4.9所示，最大张开角0.011°，最大张开量0.070mm。

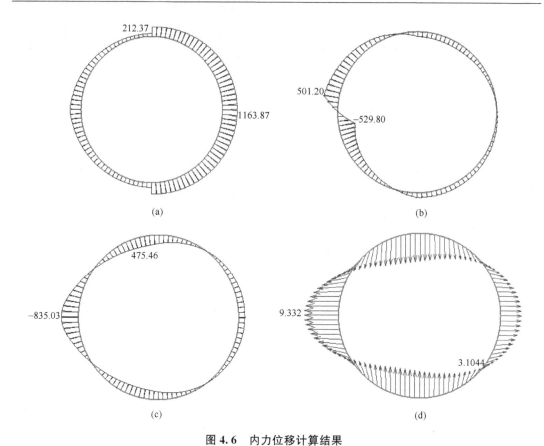

图 4.6 内力位移计算结果

(a) 轴力 (N) 图;(b) 剪力 (Q) 图;(c) 弯矩 (M) 图;(d) 位移矢量图

内力位移极值表 表 4.8

极值名	角度(°)	弯矩(kN·m)	轴力(kN)	剪力(kN)	位移(mm)	ID
轴力最大值	356.54	−289.37	1163.87	36.34	5.708	103
轴力最小值	96.92	459.13	212.37	−80.01	7.738	28
剪力最大值	170.00	−678.18	732.84	501.20	8.773	49
剪力最小值	190.00	−658.55	742.15	−496.42	8.657	55
弯矩最大值	103.85	475.46	217.94	−6.49	7.587	30
弯矩最小值	180.00	−835.03	836.30	2.90	9.332	52
位移最大值	180.00	−835.03	836.30	2.90	9.332	52
位移最小值	180.00	−71.82	1037.73	128.01	3.104	91

接头张开角计算结果表 表 4.9

编号	所处位置(°)	张开角(°)	张开量(mm)	编号	所处位置(°)	张开角(°)	张开量(mm)
1	80.00	0.009	0.055	4	237.50	0.011	0.070
2	148.75	−0.003	−0.019	5	305.00	0.001	0.004
3	168.75	−0.020	−0.122	6	12.50	−0.009	−0.053

4.2 主隧道顶推受力分析

（2）出洞接收

小盾构接收时，主隧道结构计算模型如图4.7所示，荷载参数如表4.10所示。

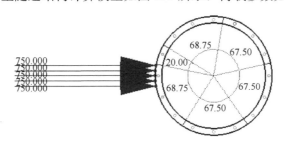

图4.7 局部线性荷载（出洞）

参数列表　　　　　　　　　　　　　　　表4.10

序号	荷载角度 θ_1 (°)	荷载值 F_{x1} (kN)	荷载值 F_{y1} (kN)	荷载角度 θ_2 (°)	荷载值 F_{x2} (kN)	荷载值 F_{y2} (kN)
1	170.00	750.000	0.000	190.00	750.000	0.000

采用地层弹簧模式计算结果如图4.8和表4.11所示，可以看出：最大轴力1420.37kN，剪力455.92kN，弯矩409.99kN·m，位移2.177mm。接头张开角计算结果如表4.12所示，最大张开角0.011°，最大张开量0.070mm。

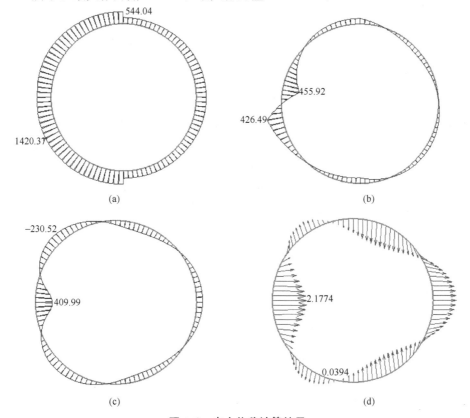

图4.8 内力位移计算结果

(a) 轴力（N）图；(b) 剪力（Q）图；(c) 弯矩（M）图；(d) 位移矢量图

第4章 主隧道管环结构受力分析与弱化设计分析

内力位移极值表　　　　　　　　　　　　表 4.11

极值名	角度 (°)	弯矩 (kN·m)	轴力 (kN)	剪力 (kN)	位移 (mm)	ID
轴力最大值	207.50	−84.13	1420.37	195.78	0.817	60
轴力最小值	83.08	150.73	544.19	89.78	1.210	24
剪力最大值	190.00	273.21	1366.51	422.74	1.934	55
剪力最小值	170.00	253.07	1357.84	−455.92	1.817	49
弯矩最大值	180.00	409.99	1283.36	−17.40	2.177	52
弯矩最小值	135.00	−230.52	1325.22	2.32	0.754	39
位移最大值	180.00	409.99	1283.36	−17.40	2.177	52
位移最小值	135.00	−41.04	1246.37	−131.52	0.039	75

接头张开角计算结果表　　　　　　　　　　表 4.12

编号	所处位置 (°)	张开角 (°)	张开量 (mm)	编号	所处位置 (°)	张开角 (°)	张开量 (mm)
1	80.00	0.005	0.031	4	237.50	−0.005	−0.033
2	148.75	−0.005	−0.030	5	305.00	0.004	0.025
3	168.75	0.007	0.046	6	12.50	−0.004	−0.024

综上，采用修正惯用法计算时，考虑集中作用下，接收最大轴力 2554.07kN，始发最大轴力 1423.11kN；接收最大弯矩 1532.14kN·m，始发最大弯矩 1920.56kN·m；接收最大剪力 1539.13kN，始发最大剪力 1521.86kN；接收最大位移 12.584mm，始发最大位移 19.406mm。相对而言，考虑线性荷载作用，则接收最大轴力 1420.37kN，始发最大轴力 1163.87kN；而最大弯矩、剪力、位移有大幅度的减小，因此建议小盾构刀盘主隧道管片顶进时的接触面应尽可能大，且宜为圆形接触面，以减小应力集中。

4.2.2 梁-弹簧模型法

本节考虑采用梁-弹簧模型中的错缝拼装 A-B-C 模式计算隧道管片内力和位移。

1. 集中荷载

本节同样考虑小盾构顶进切削时的力约 1500kN，采用两个 750kN 的集中力开展主隧道结构的内力和位移计算。

（1）始发进洞

小盾构始发时，主隧道结构计算模型如图 4.1 所示，荷载参数如表 4.1 所示。采用地层弹簧模式计算结果如图 4.9 和表 4.13 所示，可以看出：A 环最大轴力 1465.76kN，剪力 1529.13kN，弯矩 1659.52kN·m，位移 16.123mm。接头张开角计算结果如表 4.14 所示，最大张开角 0.067°，最大张开量 0.410mm。

4.2 主隧道顶推受力分析

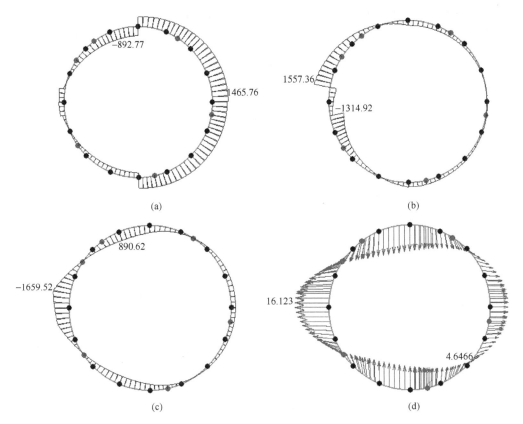

图 4.9　A 环内力位移计算结果
(a) 轴力（N）图；(b) 剪力（Q）图；(c) 弯矩（M）图；(d) 位移矢量图

A 环内力位移极值表　　　　　　　　　　　　　　　　　　　　表 4.13

极值名	角度（°）	弯矩（kN·m）	轴力（kN）	剪力（kN）	位移（mm）	ID
轴力最大值	3.75	−422.22	1465.76	49.04	8.861	1
轴力最小值	105.00	888.09	−892.77	−76.46	12.520	29
剪力最大值	166.88	−1413.25	54.59	1529.13	14.925	46
剪力最小值	190.00	−1217.42	247.11	−1314.92	14.656	53
弯矩最大值	108.75	890.62	−887.48	24.65	12.234	30
弯矩最小值	170.00	−1659.52	532.90	−601.78	15.533	47
位移最大值	176.67	−1467.01	473.66	−466.86	16.123	52
位移最小值	170.00	−147.01	1237.60	205.12	4.794	94

A 环接头张开角计算结果表　　　　　　　　　　　　　　　　　表 4.14

编号	所处位置（°）	张开角（°）	张开量（mm）	编号	所处位置（°）	张开角（°）	张开量（mm）
1	57.50	−0.001	−0.008	4	215.00	0.012	0.072
2	126.25	0.067	0.410	5	282.50	0.034	0.207
3	146.25	−0.008	−0.050	6	350.00	−0.030	−0.181

第4章 主隧道管环结构受力分析与弱化设计分析

采用地层弹簧模式计算结果如图 4.10 和表 4.15 所示,可以看出:B 环最大轴力 1473.12kN,剪力 1596.95kN,弯矩 1379.32kN·m,位移 16.599mm。接头张开角计算结果如表 4.16 所示,最大张开角 0.107°,最大张开量 0.653mm。

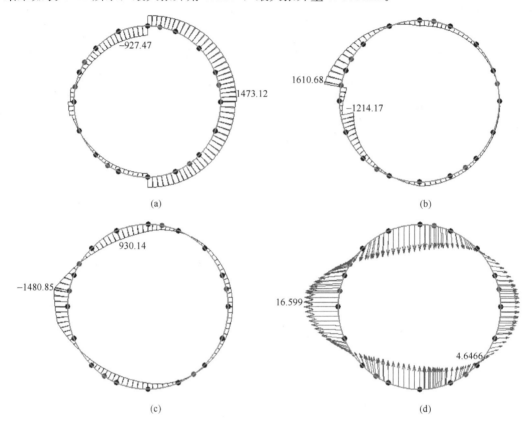

图 4.10 B 环内力位移计算结果

(a) 轴力 (N) 图;(b) 剪力 (Q) 图;(c) 弯矩 (M) 图;(d) 位移矢量图

B 环内力位移极值表　　表 4.15

极值名	角度(°)	弯矩(kN·m)	轴力(kN)	剪力(kN)	位移(mm)	ID
轴力最大值	3.12	−419.88	1473.12	48.63	9.004	103
轴力最小值	105.00	916.09	−927.47	−137.81	12.883	132
剪力最大值	168.76	−1379.32	−33.44	1596.95	16.174	149
剪力最小值	190.00	−1118.76	300.21	−1214.17	14.787	156
弯矩最大值	108.75	930.14	−926.32	−34.95	12.560	133
弯矩最小值	170.00	−1480.85	392.01	−562.94	16.322	150
位移最大值	176.67	−1304.78	338.25	−407.37	16.599	162
位移最小值	170.00	−128.19	1204.68	216.02	4.641	204

B 环接头张开角计算结果表　　表 4.16

编号	所处位置(°)	张开角(°)	张开量(mm)	编号	所处位置(°)	张开角(°)	张开量(mm)
1	80.00	0.043	0.261	4	237.50	0.066	0.405
2	148.75	−0.005	−0.031	5	305.00	−0.000	−0.002
3	168.75	−0.107	−0.653	6	12.50	−0.033	−0.201

4.2 主隧道顶推受力分析

采用地层弹簧模式计算结果如图 4.11 和表 4.17 所示，可以看出：C 环最大轴力 1470.56kN，剪力 1548.57kN，弯矩 1630.95kN·m，位移 15.956mm。接头张开角计算结果如表 4.18 所示，最大张开角 0.045°，最大张开量 0.272mm。

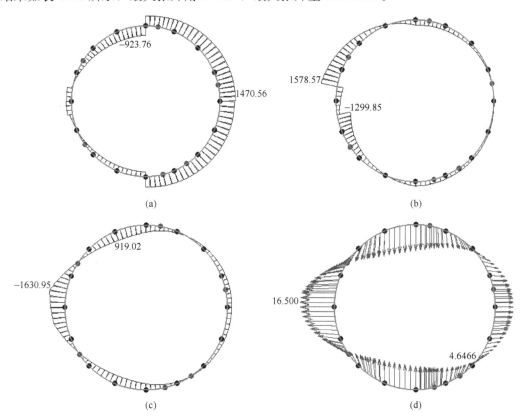

图 4.11 C 环内力位移计算结果
(a) 轴力（N）图；(b) 剪力（Q）图；(c) 弯矩（M）图；(d) 位移矢量图

C 环内力位移极值表　　　　　　　　　　　　　　　　　　　表 4.17

极值名	角度（°）	弯矩（kN·m）	轴力（kN）	剪力（kN）	位移（mm）	ID
轴力最大值	3.12	−421.68	1470.56	46.56	9.095	205
轴力最小值	105.00	910.45	−923.76	−109.05	12.636	234
剪力最大值	166.88	−1381.43	21.70	1548.57	14.768	252
剪力最小值	190.00	−1209.23	261.33	−1299.85	14.517	259
弯矩最大值	108.75	919.02	−920.64	−5.89	12.275	235
弯矩最小值	170.00	−1630.95	501.16	−581.18	15.369	253
位移最大值	176.67	−1445.95	444.53	−443.98	15.956	270
位移最小值	170.00	−150.40	1238.94	208.80	4.741	312

C 环接头张开角计算结果表　　　　　　　　　　　　　　　　表 4.18

编号	所处位置（°）	张开角（°）	张开量（mm）	编号	所处位置（°）	张开角（°）	张开量（mm）
1	215.00	0.011	0.070	4	12.50	−0.033	−0.202
2	283.75	0.032	0.193	5	80.00	0.045	0.272
3	303.75	−0.001	−0.007	6	147.50	−0.009	−0.058

第4章 主隧道管环结构受力分析与弱化设计分析

（2）出洞接收

小盾构接收时，主隧道结构计算模型如图 4.3 所示，荷载参数如表 4.4 所示。采用地层弹簧模式计算结果如图 4.12 和表 4.19 所示，可以看出：A 环最大轴力 2519.17kN，剪力 1465.89kN，弯矩 1299.08kN·m，位移 10.146mm。接头张开角计算结果如表 4.20 所示，最大张开角 0.043°，最大张开量 0.264mm。

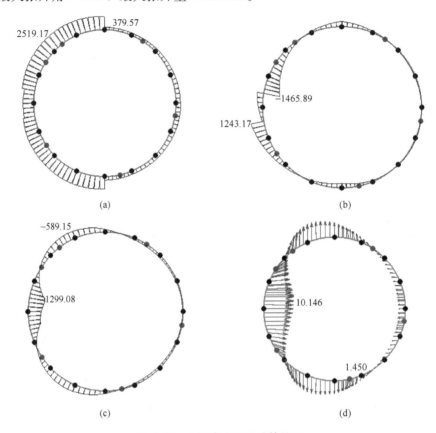

图 4.12 A 环内力位移计算结果

(a) 轴力（N）图；(b) 剪力（Q）图；(c) 弯矩（M）图 (d) 位移矢量图

A 环内力位移极值表　　　　　　　　　　　　　　　　表 4.19

极值名	角度（°）	弯矩（kN·m）	轴力（kN）	剪力（kN）	位移（mm）	ID
轴力最大值	135.00	−431.57	2519.17	−399.57	4.431	37
轴力最小值	71.25	96.32	379.57	191.90	2.518	20
剪力最大值	190.00	890.83	2001.76	1243.17	9.020	53
剪力最小值	166.88	1058.47	2195.70	−1465.89	9.246	46
弯矩最大值	170.00	1299.08	1731.67	648.16	9.709	47
弯矩最小值	119.37	−589.15	2468.39	−7.28	5.958	33
位移最大值	176.67	1104.43	1810.56	474.68	10.146	52
位移最小值	119.37	160.85	593.74	−1.30	1.450	92

A 环接头张开角计算结果表　　　　　　　　　　　　　表 4.20

编号	所处位置（°）	张开角（°）	张开量（mm）	编号	所处位置（°）	张开角（°）	张开量（mm）
1	57.50	0.018	0.107	4	215.00	−0.019	−0.116
2	126.25	−0.043	−0.264	5	282.50	0.002	0.011
3	146.25	−0.008	−0.049	6	350.00	0.004	0.026

采用地层弹簧模式计算结果如图4.13和表4.21所示,可以看出:B环最大轴力2606.26kN,剪力1545.59kN,弯矩1159.21kN·m,位移10.467mm。接头张开角计算结果如表4.22所示,最大张开角0.043°,最大张开量0.264mm。

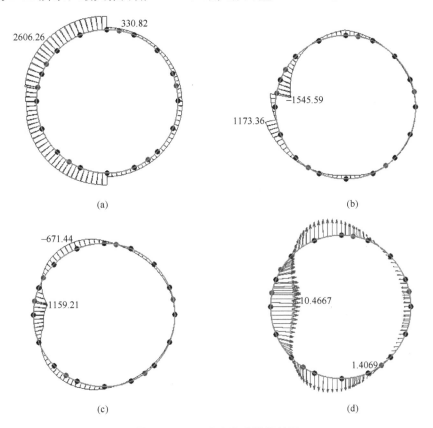

图4.13 B环内力位移计算结果

(a) 轴力(N)图;(b) 剪力(Q)图;(c) 弯矩(M)图;(d) 位移矢量图

B环内力位移极值表　　　　　　　　　　　　　　　　表4.21

极值名	角度(°)	弯矩(kN·m)	轴力(kN)	剪力(kN)	位移(mm)	ID
轴力最大值	138.44	−474.69	2606.26	−462.34	4.371	141
轴力最小值	70.63	125.21	330.82	203.89	2.561	122
剪力最大值	190.00	805.90	1977.59	1173.36	9.112	156
剪力最小值	168.76	1060.26	2261.61	−1545.59	10.143	149
弯矩最大值	170.00	1159.21	1841.15	621.76	10.257	150
弯矩最小值	120.00	−671.44	2536.72	31.30	6.009	136
位移最大值	176.67	975.77	1916.24	434.70	10.467	162
位移最小值	120.00	141.06	620.43	−8.72	1.407	200

B环接头张开角计算结果表　　　　　　　　　　　　　　表4.22

编号	所处位置(°)	张开角(°)	张开量(mm)	编号	所处位置(°)	张开角(°)	张开量(mm)
1	80.00	−0.000	−0.002	4	237.50	−0.039	−0.239
2	148.75	−0.011	−0.067	5	305.00	0.015	0.089
3	168.75	0.110	0.670	6	12.50	0.006	0.036

第4章 主隧道管环结构受力分析与弱化设计分析

采用地层弹簧模式计算结果如图4.14和表4.23所示,可以看出:C环最大轴力2560.18kN,剪力1487.29kN,弯矩1274.02kN·m,位移9.967mm。接头张开角计算结果如表4.24所示,最大张开角0.018°,最大张开量0.112mm。

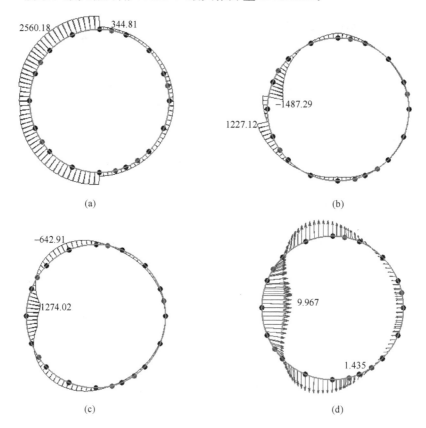

图4.14 C环内力位移计算结果

(a) 轴力(N)图; (b) 剪力(Q)图; (c) 弯矩(M)图; (d) 位移矢量图

C环内力位移极值表 表4.23

极值名	角度(°)	弯矩(kN·m)	轴力(kN)	剪力(kN)	位移(mm)	ID
轴力最大值	131.25	−555.42	2560.18	−292.03	4.609	241
轴力最小值	70.63	113.66	344.81	203.29	2.549	224
剪力最大值	190.00	887.58	1978.72	1227.12	8.899	259
剪力最小值	166.88	1029.89	2222.60	−1487.29	9.050	252
弯矩最大值	170.00	1274.02	1757.33	625.68	9.515	253
弯矩最小值	120.00	−642.91	2514.05	−8.68	5.714	238
位移最大值	176.67	1087.45	1833.42	450.07	9.967	270
位移最小值	120.00	139.08	596.02	−26.50	1.435	308

C环接头张开角计算结果表 表4.24

编号	所处位置(°)	张开角(°)	张开量(mm)	编号	所处位置(°)	张开角(°)	张开量(mm)
1	215.00	−0.018	−0.112	4	12.50	0.006	0.036
2	283.75	0.002	0.012	5	80.00	−0.001	−0.007
3	303.75	0.014	0.088	6	147.50	−0.008	−0.048

4.2 主隧道顶推受力分析

2. 线性均布荷载

(1) 始发进洞

小盾构始发时，主隧道结构计算模型如图 4.5 所示，荷载参数如表 4.7 所示。采用地层弹簧模式计算结果如图 4.15 和表 4.25 所示，可以看出：A 环最大轴力 1310.25kN，剪力 1051.53kN，弯矩 1255.08kN·m，位移 12.666mm。接头张开角计算结果如表 4.26 所示，最大张开角 0.047°，最大张开量 0.285mm。

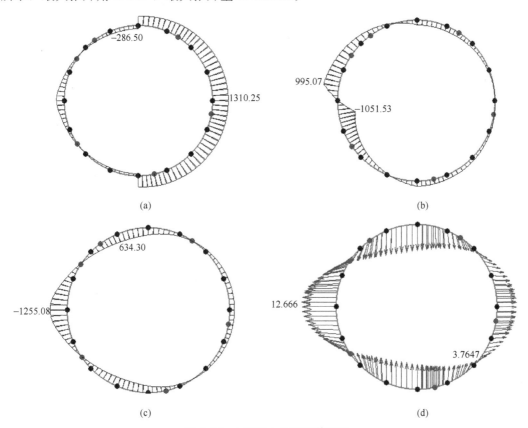

图 4.15 A 环内力位移计算结果

(a) 轴力 (N) 图；(b) 剪力 (Q) 图；(c) 弯矩 (M) 图；(d) 位移矢量图

A 环内力位移极值表　　　　　　　　　　　　　　　　　　　　　　　表 4.25

极值名	角度 (°)	弯矩 (kN·m)	轴力 (kN)	剪力 (kN)	位移 (mm)	ID
轴力最大值	0.00	−345.54	1310.25	35.30	7.185	0
轴力最小值	101.25	624.46	−286.50	−95.49	9.543	28
剪力最大值	170.00	−1012.37	474.11	995.07	11.667	47
剪力最小值	190.00	−981.29	442.07	−1009.54	11.519	53
弯矩最大值	105.00	634.30	−283.85	−27.29	9.422	29
弯矩最小值	180.00	−1255.08	632.22	−11.86	12.439	50
位移最大值	180.00	−1255.08	632.22	−11.86	12.439	53
位移最小值	180.00	−135.91	1109.16	−219.11	3.900	12

A 环接头张开角计算结果表　　　　　　　　　　　　　　　　　　　　表 4.26

编号	所处位置 (°)	张开角 (°)	张开量 (mm)	编号	所处位置 (°)	张开角 (°)	张开量 (mm)
1	57.50	0.002	0.015	4	215.00	0.006	0.038
2	126.25	0.047	0.285	5	282.50	0.029	0.177
3	146.25	−0.004	−0.022	6	350.00	−0.025	−0.154

采用地层弹簧模式计算结果如图4.16和表4.27所示,可以看出:B环最大轴力1311.92kN,剪力1023.00kN,弯矩1163.18kN·m,位移12.666mm。接头张开角计算结果如表4.28所示,最大张开角0.065°,最大张开量0.397mm。

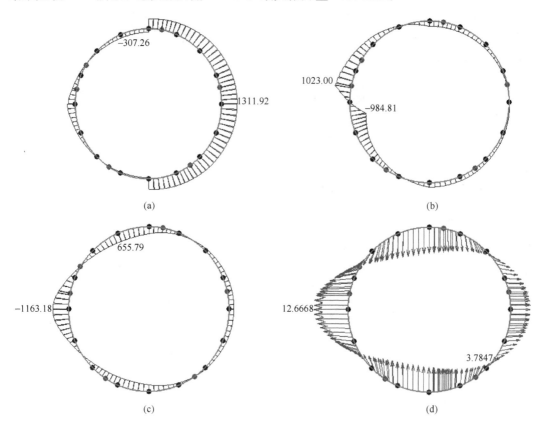

图4.16 B环内力位移计算结果

(a) 轴力(N)图;(b) 剪力(Q)图;(c) 弯矩(M)图;(d) 位移矢量图

B环内力位移极值表　　　　　　　　　　　　　　　　　表4.27

极值名	角度(°)	弯矩(kN·m)	轴力(kN)	剪力(kN)	位移(mm)	ID
轴力最大值	0.00	−346.38	1311.92	29.27	7.191	102
轴力最小值	105.00	651.09	−307.26	−68.64	9.670	132
剪力最大值	170.00	−901.41	383.18	1023.00	12.151	150
剪力最小值	190.00	−924.68	482.35	−942.48	11.615	156
弯矩最大值	108.75	655.79	−301.41	−0.07	9.400	133
弯矩最小值	180.00	−1163.18	660.32	59.23	12.666	153
位移最大值	180.00	−1163.18	660.32	59.23	12.666	163
位移最小值	180.00	−106.12	1149.14	193.31	3.785	204

B环接头张开角计算结果表　　　　　　　　　　　　　　表4.28

编号	所处位置(°)	张开角(°)	张开量(mm)	编号	所处位置(°)	张开角(°)	张开量(mm)
1	80.00	0.035	0.213	4	237.50	0.052	0.315
2	148.75	−0.002	−0.009	5	305.00	0.000	0.002
3	168.75	−0.065	−0.397	6	12.50	−0.026	−0.161

4.2 主隧道顶推受力分析

采用地层弹簧模式计算结果如图 4.17 和表 4.29 所示，可以看出：C 环最大轴力 1311.45kN，剪力 1041.33kN，弯矩 1243.35kN·m，位移 12.328mm。接头张开角计算结果如表 4.30 所示，最大张开角 0.036°，最大张开量 0.221mm。

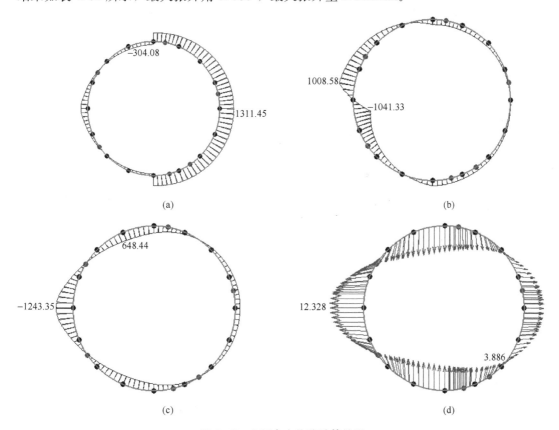

图 4.17 C 环内力位移计算结果

(a) 轴力（N）图；(b) 剪力（Q）图；(c) 弯矩（M）图；(d) 位移矢量图

C 环内力位移极值表 表 4.29

极值名	角度（°）	弯矩（kN·m）	轴力（kN）	剪力（kN）	位移（mm）	ID
轴力最大值	356.25	−343.75	1311.45	42.19	7.176	305
轴力最小值	101.25	633.15	−304.08	−118.84	9.695	233
剪力最大值	170.00	−993.06	453.15	1008.58	11.559	253
剪力最小值	190.00	−975.33	450.79	−999.69	11.422	259
弯矩最大值	108.75	648.44	−295.85	19.01	9.225	235
弯矩最小值	180.00	−1243.35	639.01	0.50	12.328	256
位移最大值	180.00	−1243.35	639.01	0.50	12.328	271
位移最小值	180.00	−124.71	1175.70	186.29	3.866	312

C 环接头张开角计算结果表 表 4.30

编号	所处位置（°）	张开角（°）	张开量（mm）	编号	所处位置（°）	张开角（°）	张开量（mm）
1	215.00	0.006	0.037	4	12.50	−0.026	−0.162
2	283.75	0.027	0.165	5	80.00	0.036	0.221
3	303.75	−0.000	−0.003	6	147.50	−0.004	−0.026

（2）出洞接收

小盾构接收时，主隧道结构计算模型如图 4.7 所示，利用荷载参数（表 4.10）计算内力位移。

采用地层弹簧模式计算结果如图 4.18 和表 4.31 所示，可以看出：A 环最大轴力 1960.37kN，剪力 926.02kN，弯矩 883.62kN·m，位移 6.382mm。接头张开角计算结果如表 4.32 所示，最大张开角 0.027°，最大张开量 0.167mm。

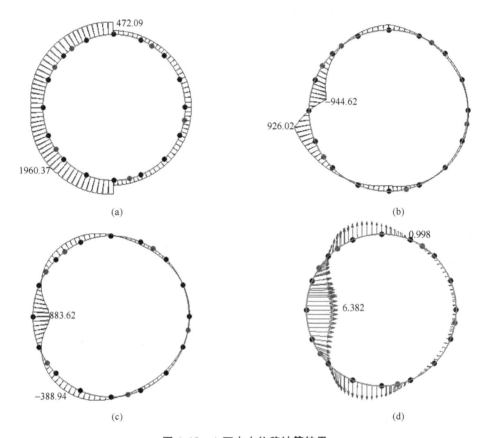

图 4.18 A 环内力位移计算结果

(a) 轴力（N）图；(b) 剪力（Q）图；(c) 弯矩（M）图；(d) 位移矢量图

A 环内力位移极值表　　表 4.31

极值名	角度（°）	弯矩（kN·m）	轴力（kN）	剪力（kN）	位移（mm）	ID
轴力最大值	221.67	−292.84	1960.37	252.37	2.401	63
轴力最小值	78.75	74.36	472.09	164.24	1.175	22
剪力最大值	190.00	644.43	1749.07	926.02	5.806	53
剪力最小值	170.00	641.02	1712.93	−944.62	5.767	47
弯矩最大值	180.00	883.62	1571.94	−6.94	6.382	50
弯矩最小值	236.25	−388.94	1931.23	24.90	3.095	67
位移最大值	180.00	883.62	1571.94	−6.94	6.382	53
位移最小值	236.25	136.75	502.81	15.30	0.500	19

4.2 主隧道顶推受力分析

A 环接头张开角计算结果表　　　　　　　　　　　　　　　　表 4.32

编号	所处位置（°）	张开角（°）	张开量（mm）	编号	所处位置（°）	张开角（°）	张开量（mm）
1	57.50	0.014	0.084	4	215.00	−0.014	−0.088
2	126.25	−0.027	−0.167	5	282.50	0.006	0.038
3	146.25	−0.012	−0.075	6	350.00	−0.001	−0.009

采用地层弹簧模式计算结果如图 4.19 和表 4.33 所示，可以看出：B 环最大轴力 1932.45kN，剪力 960.08kN，弯矩 822.63kN·m，位移 6.486mm。接头张开角计算结果如表 4.34 所示，最大张开角 0.053°，最大张开量 0.323mm。

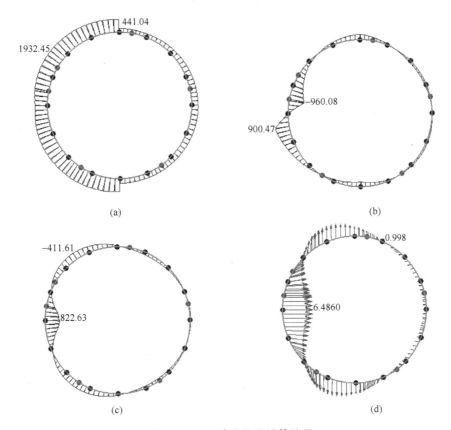

图 4.19 B 环内力位移计算结果
(a) 轴力（N）图；(b) 剪力（Q）图；(c) 弯矩（M）图；(d) 位移矢量图

B 环内力位移极值表　　　　　　　　　　　　　　　　表 4.33

极值名	角度（°）	弯矩（kN·m）	轴力（kN）	剪力（kN）	位移（mm）	ID
轴力最大值	145.31	−250.04	1932.45	−355.38	2.460	143
轴力最小值	76.88	93.65	441.04	162.37	1.054	124
剪力最大值	190.00	602.40	1736.55	889.77	5.862	156
剪力最小值	170.00	569.65	1769.45	−960.08	6.003	150
弯矩最大值	180.00	822.63	1565.91	−44.89	6.486	153
弯矩最小值	127.50	−411.61	1869.76	−19.30	2.976	138
位移最大值	180.00	822.63	1565.91	−44.89	6.486	163
位移最小值	127.50	152.68	470.90	22.71	0.511	127

第4章 主隧道管环结构受力分析与弱化设计分析

B环接头张开角计算结果表　　　　表 4.34

编号	所处位置（°）	张开角（°）	张开量（mm）	编号	所处位置（°）	张开角（°）	张开量（mm）
1	80.00	0.007	0.041	4	237.50	−0.028	−0.169
2	148.75	−0.014	−0.086	5	305.00	0.014	0.086
3	168.75	0.053	0.323	6	12.50	−0.002	−0.014

采用地层弹簧模式计算结果如图 4.20 和表 4.35 所示，可以看出：C 环最大轴力 1944.89kN，剪力 959.77kN，弯矩 876.54kN·m，位移 6.273mm。接头张开角计算结果如表 4.36 所示，最大张开角 0.014°，最大张开量 0.085mm。

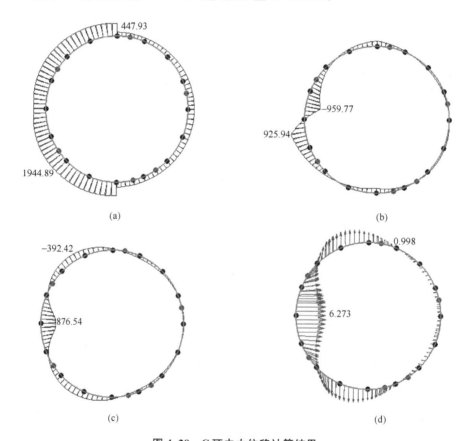

图 4.20　C 环内力位移计算结果

(a) 轴力（N）图；(b) 剪力（Q）图；(c) 弯矩（M）图；(d) 位移矢量图

C 环内力位移极值表　　　　表 4.35

极值名	角度（°）	弯矩（kN·m）	轴力（kN）	剪力（kN）	位移（mm）	ID
轴力最大值	225.00	−323.42	1942.01	194.44	2.484	270
轴力最小值	76.87	88.67	447.93	160.72	1.030	226
剪力最大值	190.00	643.60	1732.30	915.48	5.732	259
剪力最小值	170.00	625.65	1728.97	−959.77	5.634	253
弯矩最大值	180.00	876.54	1557.27	−20.72	6.273	256
弯矩最小值	123.75	−392.42	1833.04	16.15	2.991	239
位移最大值	180.00	876.54	1557.27	−20.72	6.273	271
位移最小值	123.75	147.41	476.98	23.81	0.501	235

C 环接头张开角计算结果表   表 4.36

编号	所处位置（°）	张开角（°）	张开量（mm）	编号	所处位置（°）	张开角（°）	张开量（mm）
1	215.00	−0.014	−0.085	4	12.50	−0.002	−0.014
2	283.75	0.006	0.037	5	80.00	0.006	0.038
3	303.75	0.014	0.084	6	147.50	−0.013	−0.078

综上，采用梁-弹簧模型计算时，考虑集中作用下，接收最大轴力 2606.26kN，始发最大轴力 1473.12kN；接收最大弯矩 1299.08kN·m，始发最大弯矩 1659.52kN·m；接收最大剪力 1545.59kN，始发最大剪力 1596.95kN；接收最大位移 10.467mm，始发最大位移 16.599mm。

考虑线性荷载时，接收最大轴力 1960.37kN，始发最大轴力 1311.92kN；而最大弯矩、剪力、位移有较大幅度的减小。

4.3 主隧道地震作用分析

4.3.1 计算理论

采用修正静力法对主隧道进行地震作用分析。考虑隧道为圆形结构，如图 4.21 所示。其均布的水平惯性力为：

$$F_1 = \eta_c K_h \frac{mg}{D} \quad (4.1)$$

式中，F_1 为地震水平惯性力（kN/m²）；η_c 为综合影响系数，与工程重要性、隧道埋深、土层特性有关；K_h 为水平地震系数；m 为衬砌质量（kg）；D 为衬砌外直径（m）。

主动侧向土压力增量的确定。地震时地层的内摩擦角要发生变化，由原来的 φ 值减小为 $(\varphi-\beta)$，其中 β 为地震角，因此结构一侧的主动侧向土压力增量为：

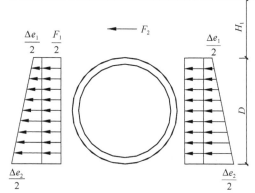

图 4.21 盾构隧道地震荷载图

$$\Delta e_i = (\lambda_a - \lambda'_a) q_i \quad (i=1,2)$$

$$\lambda_a = \tan^2\left(\frac{\pi}{4} - \frac{\varphi}{2}\right)$$

$$\lambda'_a = \tan^2\left(\frac{\pi}{4} - \frac{\varphi-\beta}{2}\right) \quad (4.2)$$

式中，Δe_i 为主动侧向土压力增量（kN/m²）；q_1 为隧道顶部所受垂直土压力（kN/m²）；q_2 为隧道底部所受地层抗力（kN/m²）。

4.3.2 修正惯用法

按设计工况计算（图 4.22、表 4.37）。

第4章 主隧道管环结构受力分析与弱化设计分析

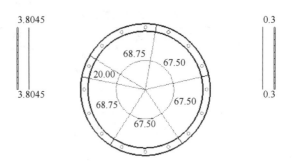

图 4.22 修正静力法

设计参数列表　　　　　　　　　表 4.37

参数名	地震烈度	综合影响系数	地震角度（°）	水平地震系数	地震作用方向
参数值	7	0.250	1.50	0.10	水平向左

地震作用计算结果：地震水平惯性力 F_1 为 $0.89\mathrm{kN/m^2}$，主动侧向土压力增量 ΔE_1 为 $6.99\mathrm{kN/m^2}$，主动侧向土压力增量 ΔE_2 为 $6.99\mathrm{kN/m^2}$。

利用修正静力法计算得到隧道管片结构内力和位移增量如图 4.23 所示，不同位置内力位移极值和张开角如表 4.38 和表 4.39 所示，可以看出：最大轴力 1056.39kN，剪力 140.23kN，弯矩 254.76kN·m，位移 4.277mm。对比不考虑地震作用下的结果，可以看

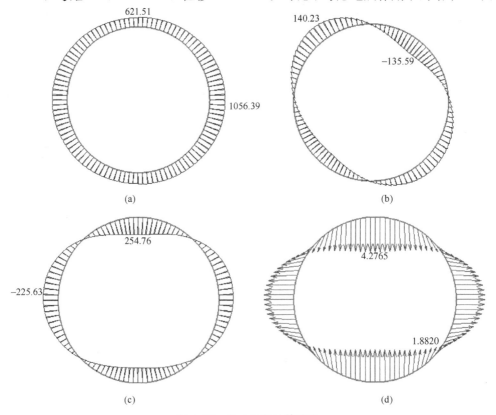

图 4.23 内力位移计算结果
(a) 轴力（N）图；(b) 剪力（Q）图；(c) 弯矩（M）图；(d) 位移矢量图

出：采用修正静力法计算时，地震作用对主隧道的内力和位移影响较小。

内力位移极值表　　　　　　　　　　表 4.38

极值名	角度（°）	弯矩（kN·m）	轴力（kN）	剪力（kN）	位移（mm）	ID
轴力最大值	356.54	−210.84	1056.08	32.99	3.573	103
轴力最小值	90.00	254.76	621.51	−10.66	4.277	26
剪力最大值	131.54	10.63	812.36	138.46	2.119	38
剪力最小值	51.92	35.00	817.36	−135.59	2.232	15
弯矩最大值	90.00	254.76	621.51	−10.66	4.277	26
弯矩最小值	176.54	−225.63	1038.87	4.63	3.700	51
位移最大值	90.00	254.76	621.51	−10.66	4.277	26
位移最小值	176.54	−23.72	940.16	106.56	1.888	92

注：1. 位移最大值、位移最小值的 ID 是指节点 ID，其他项表示单元 ID。
　　2. 修正惯用法常数 $\eta=0.70$，$\zeta=0.300$。

接头张开角计算结果表　　　　　　　　表 4.39

编号	所处位置（°）	张开角（°）	张开量（mm）	编号	所处位置（°）	张开角（°）	张开量（mm）
1	80.00	0.007	0.043	4	237.50	0.003	0.020
2	148.75	−0.004	−0.024	5	305.00	0.002	0.014
3	168.75	−0.007	−0.040	6	12.50	−0.006	−0.038

4.3.3　梁弹簧法模型

利用修正静力法计算得到隧道管片结构内力和位移增量如图 4.24～图 4.26 所示，不

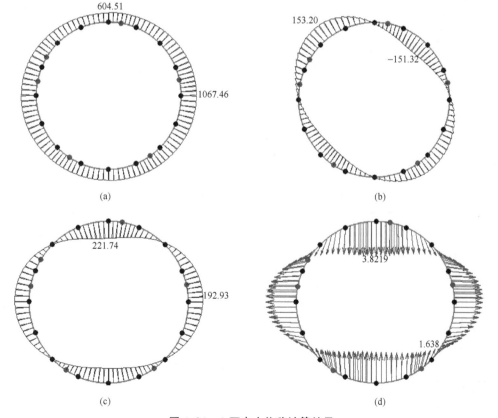

图 4.24　A 环内力位移计算结果
(a) 轴力（N）图；(b) 剪力（Q）图；(c) 弯矩（M）图；(d) 位移矢量图

第4章 主隧道管环结构受力分析与弱化设计分析

同位置内力位移极值和张开角如表 4.40～表 4.45 所示，可以看出：最大轴力 1067.46kN，剪力 153.20kN，弯矩 221.74kN·m，位移 3.822mm。对比不考虑地震作用下的结果，可以看出：采用修正静力法计算时，地震作用对主隧道的内力和位移影响较小。

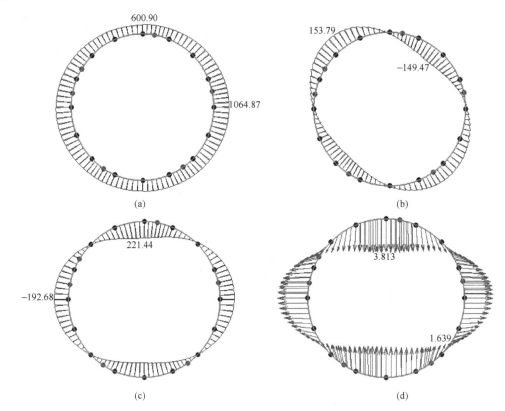

图 4.25 B 环内力位移计算结果
(a) 轴力（N）图；(b) 剪力（Q）图；(c) 弯矩（M）图；(d) 位移矢量图

A 环内力位移极值表　　　　　　　表 4.40

极值名	角度（°）	弯矩（kN·m）	轴力（kN）	剪力（kN）	位移（mm）	ID
轴力最大值	0.00	−191.13	1067.46	23.23	3.271	0
轴力最小值	90.00	221.51	604.51	−17.15	3.822	26
剪力最大值	131.25	26.30	798.53	152.01	1.891	37
剪力最小值	52.50	33.29	813.62	−151.32	2.034	15
弯矩最大值	93.75	221.74	605.53	6.46	3.781	27
弯矩最小值	3.12	−192.93	1065.74	11.20	3.296	1
位移最大值	90.00	221.51	604.51	−17.15	3.822	28
位移最小值	3.12	−20.33	936.62	123.82	1.638	95

A 环接头张开角计算结果表　　　　　　表 4.41

编号	所处位置（°）	张开角（°）	张开量（mm）	编号	所处位置（°）	张开角（°）	张开量（mm）
1	80.00	0.021	0.127	4	237.50	0.009	0.052
2	148.75	−0.008	−0.047	5	305.00	0.007	0.042
3	168.75	−0.014	−0.086	6	12.50	−0.014	−0.088

4.3 主隧道地震作用分析

B 环内力位移极值表 表 4.42

极值名	角度（°）	弯矩（kN·m）	轴力（kN）	剪力（kN）	位移（mm）	ID
轴力最大值	0.00	−188.93	1064.87	22.73	3.256	100
轴力最小值	90.00	220.58	600.90	−20.55	3.813	126
剪力最大值	131.25	28.44	794.30	152.57	1.897	137
剪力最小值	52.50	31.76	815.55	−149.47	2.022	115
弯矩最大值	93.75	221.44	601.71	3.31	3.776	127
弯矩最小值	180.00	−192.68	1059.51	0.41	3.303	150
位移最大值	90.00	220.58	600.90	−20.55	3.813	134
位移最小值	180.00	−22.95	940.63	122.90	1.639	201

B 环接头张开角计算结果表 表 4.43

编号	所处位置（°）	张开角（°）	张开量（mm）	编号	所处位置（°）	张开角（°）	张开量（mm）
1	80.00	0.021	0.126	4	237.50	0.009	0.053
2	148.75	−0.008	−0.047	5	305.00	0.007	0.041
3	168.75	−0.014	−0.086	6	12.50	−0.014	−0.087

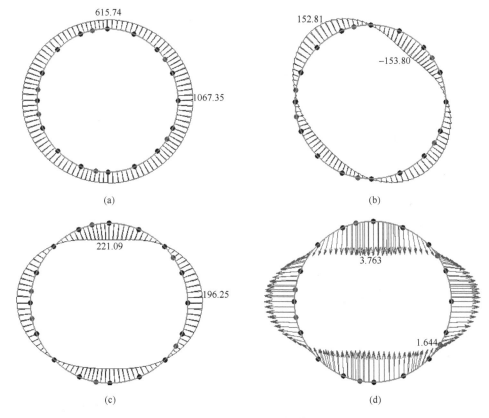

图 4.26 C 环内力位移计算结果

（a）轴力（N）图；（b）剪力（Q）图；（c）弯矩（M）图；（d）位移矢量图

C环内力位移极值表　　　　　　　　　　　　　　　　表4.44

极值名	角度（°）	弯矩（kN·m）	轴力（kN）	剪力（kN）	位移（mm）	ID
轴力最大值	0.00	−194.84	1067.35	21.55	3.125	200
轴力最小值	90.00	221.09	615.74	−4.09	3.753	225
剪力最大值	131.25	12.87	813.72	151.38	1.920	237
剪力最小值	52.50	40.63	805.15	−153.80	1.935	215
弯矩最大值	90.00	221.09	615.74	−4.09	3.753	225
弯矩最小值	3.75	−196.25	1064.93	6.62	3.124	201
位移最大值	93.13	219.68	616.99	15.01	3.763	239
位移最小值	3.75	−15.54	933.56	124.61	1.644	305

C环接头张开角计算结果表　　　　　　　　　　　　　表4.45

编号	所处位置（°）	张开角（°）	张开量（mm）	编号	所处位置（°）	张开角（°）	张开量（mm）
1	102.50	0.020	0.125	4	260.00	0.018	0.113
2	171.25	−0.014	−0.087	5	327.50	−0.006	−0.035
3	191.25	−0.012	−0.076	6	35.00	−0.007	−0.043

对比不考虑地震作用下的结果，采用修正静力法计算时，地震作用对主隧道的内力和位移影响较小。

4.4 主隧道管片弱化设计分析

4.4.1 有限元建模

本节根据复合管片的结构尺寸，利用ANSYS有限元软件进行建模。本模型采用荷载结构法，将土体等效为土体弹簧combin39，隧道管片使用实体单元Solid185单元，为分析隧道管片在土荷载作用下，整体结构的受力情况，本模型采用分离式建模形式，将高强混凝土管片和钢-玻璃纤维混凝土管片分别建立，总模型共建立5个隧道管片，再利用接触单元conta173和目标单元target169将其连接到一起，进而分析管片之间的相互作用影响。

为考虑钢-玻璃纤维混凝土管片强度变化对隧道管片的整体受力影响，本模型实体单元本构采用多线性随动强化准则（MKIN）对混凝土管片进行定义，如图4.27所示。通过改变钢-玻璃纤维混凝土管片的弹性模量和应力-应变关系来模拟管片强度变化对隧道管片的整体受力情况的影响。

本模型采用非线性弹簧单元combin39取代实体土层的方式，建立四周土体对隧道管片边界位移的约束，对隧道两端的管片边界上采取固定约束的形式，为更好地模拟出两端其他管片对模型管片的约束影响。通过降低玻璃纤维混凝土管片的强度，来测试隧道管片整体受力情况的变化。本模型在确保实体不变的前提下，施加等效土体压力，如图4.28所示。

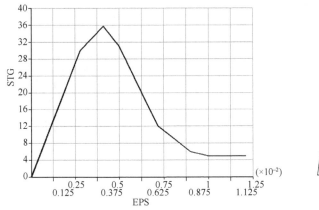

图 4.27 多线性随动强化准则的应力-应变关系曲线　　图 4.28 隧道管片外荷载施加

4.4.2 结果分析

采用 ANSYS 有限元软件自带的静力求解器进行计算，输出隧道管片结构的位移云图、位移矢量图及 von-mises 应力云图，进行结构受力分析。本次模拟分析了切削洞口为不同强度混凝土的主隧道处在 15m 深土层围压下的变形以及受力情况。

图 4.29 为切削洞口为不同强度混凝土下主隧道的位移矢量图及位移云图，由图可知，

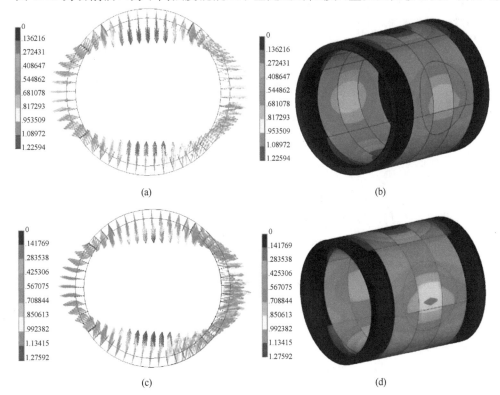

图 4.29　切削洞口为不同强度混凝土下主隧道的位移矢量图及位移云图（mm）（一）
(a) C50 位移矢量图；(b) C50 位移云图；(c) C35 位移矢量图；(d) C35 位移云图

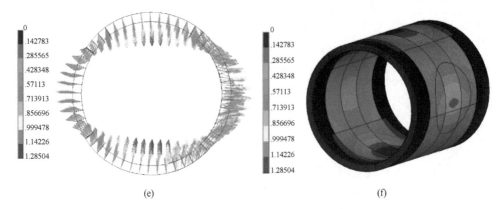

(e)　　　　　　　　　　　　　　　　(f)

图 4.29　切削洞口为不同强度混凝土下主隧道的位移矢量图及位移云图（mm）（二）
(e) C25 位移矢量图；(f) C25 位移云图

切削洞口为 C50 强度下的位移最大值是最小的，其值为 1.22594mm；随着切削洞口强度的降低，主隧道位移的最大值一直在增大，但是变化的位移值不大，其中切削洞口为 C25 强度下的位移最大值为 1.28504mm。说明改变洞口的强度值对主隧道整体变形有影响，但是影响不大。

从上述云图中还可以看出，改变了切削洞口强度后可以看到洞口处的位移会适当增大一些，但是位移最大值还是出现在隧道顶部和底部处，说明在 15m 范围深的地层内改变切削洞口管片的强度对于隧道的变形影响很小，这对于复合管片强度要求可以提供一定的参考价值。

图 4.30 为切削洞口不同强度混凝土下主隧道的切削中心剖面位移图，由图可知，在

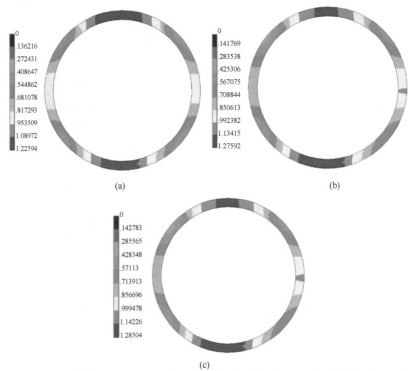

图 4.30　切削洞口为不同强度混凝土下主隧道的切削中心剖面位移图（mm）
(a) C50 切削中心剖面图；(b) C35 切削中心剖面图；(c) C25 切削中心剖面图

改变了切削洞口强度后,洞口管片所受的位移增大,但是影响量比较小,说明结构还是比较安全。

图 4.31 为切削洞口在不同强度混凝土下主隧道的应力云图,由图可知,随着切削洞口混凝土强度的降低,隧道上的应力最大值有所增大,但是增幅较小影响不大。其中当切削洞口混凝土强度为 C25 时,应力最大值为 5.66241MPa,不足以破坏混凝土,但是由于管片之间的连接采用的是螺栓连接,所以需要注意是否会引起螺栓的变形过大。

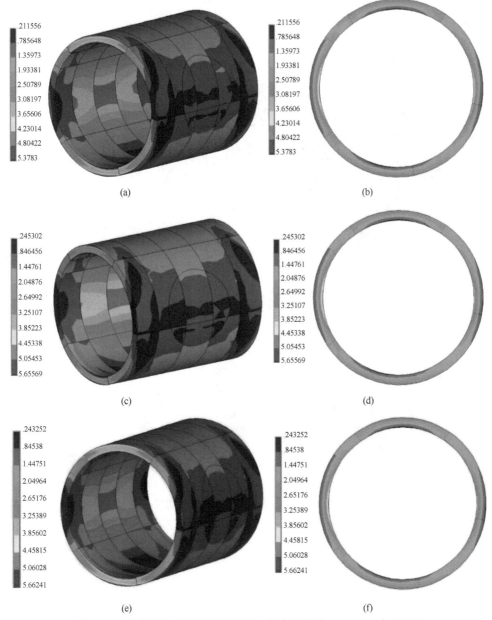

图 4.31 切削洞口为不同强度混凝土下主隧道的 von-mises 应力云图
(a) C50 隧道整体位移图 (mm);(b) C50 切削中心剖面位移图 (mm);(c) C35 隧道整体图;
(d) C35 切削中心剖面图;(e) C25 隧道整体图;(f) C25 切削中心剖面图

第 4 章　主隧道管环结构受力分析与弱化设计分析

图 4.32 为洞口切除之后主隧道在深层土体内部的状态分析，由图 4.32（a）和图 4.32（b）可知，当主隧道开洞后，其位移值变化较大，最大值达到 2.23376mm。其中最大值出现在洞口中心上下的管片处，说明该处的管片最为危险，特别要注意该管片的螺栓连接是否能达到强度要求。

由图 4.32（c）和图 4.32（d）可知，洞口周围出现应力集中的情况，最大应力达到 14.6526MPa。这说明若是洞门敞开则会比较危险，说明洞口需要做加固处理，特别是洞口处连接管片之间的螺栓，要引起注意，防止出现较大的管片开裂或者其他变形情况。

综上，管片开洞有一定的危险，从混凝土强度上看，管片完全满足要求，但是需要特别注意管片之间的连接，连接处的受力主要由螺栓承担，特别需要关注洞口管片之间螺栓连接的安全性。

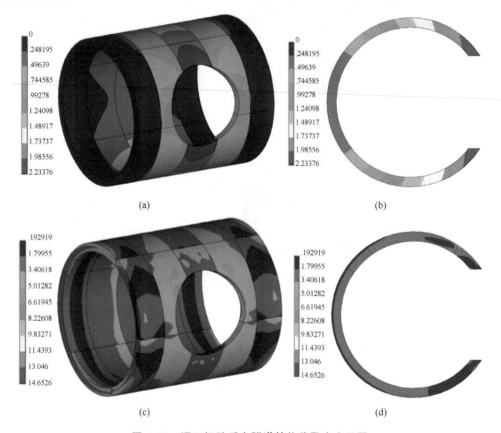

图 4.32　洞口切除后主隧道的位移及应力云图
(a) 开孔位移云图；(b) 开孔中点切片位移云图；(c) 开孔 von-mises 应力云图；
(d) 开孔中点切片 von-mises 应力云图

4.5　本章小结

（1）考虑集中作用时，采用修正惯用法计算得到的轴力较梁-弹簧模型计算结果小，而最大弯矩较梁-弹簧模型大。

（2）考虑线性荷载作用时，采用修正惯用法计算得到的轴力较梁-弹簧模型计算结果小。考虑线性荷载时，最大弯矩、剪力、位移有较大幅度的减小。

（3）建议小盾构刀盘主隧道管片顶进时的接触面应尽可能大，且宜为圆形接触面，以减小应力集中。

（4）采用修正静力法计算时，地震作用对主隧道的内力和位移影响较小，与不考虑地震作用的结果较为接近。

（5）弱化切削洞口强度（C50→C25）后隧道位移有一定的增大，但幅值较小，弱化后符合管片强度要求；主隧道管片洞口易出现应力集中，最大应力达到14.6526MPa。洞门必须做加固处理。

第 5 章 机械法联络通道结构防水设计

5.1 概述

1. 防水设计原则

防水设计应遵循"以防为主,刚柔相济、因地制宜,综合治理"的原则;采用高精度钢模制作高精度管片,以管片混凝土结构自防水为根本,接缝防水为重点,确保结构整体防水。衬砌接缝防水包括管片间的密封垫防水、隧道内侧相邻管片间的嵌缝防水以及必要时向接缝内注浆等。其中密封垫防水最重要也最可靠,是接缝防水的重点。

2. 防水等级标准

参考防水等级设为二级,即不允许漏水,结构表面可有少量湿渍,总湿渍面积不应大于总防水面积的 2/1000;任意 $100m^2$ 防水面积上的湿渍不超过 3 处,单个湿渍最大面积不超过 $0.2m^2$,隧道平均渗漏量不大于 $0.05L/(m^2 \cdot d)$,任意 $100m^2$ 防水面积上的渗漏量不大于 $0.15L/m^2$。结构环境类别为一般环境,环境作用等级为 I-B,设计使用年限为 100 年。

3. 管片自防水要求

(1) 管片采用防水混凝土,抗渗等级根据埋深而定,但不得小于 P10。

(2) 选用硅酸盐水泥以及坚固耐久、级配合格、粒形良好的洁净骨料为原料,添加优质粉煤灰(≥Ⅱ级)、矿渣粉(≥S95)等矿物掺和料配制成以耐久性为重点的高性能混凝土。同时通过添加高效减水剂(减水率≥20%)、限制胶凝材料用量(380~450kg/m^3)、水胶比(≤0.35)、氯离子含量(≤胶凝材料重量的 0.06%)、含碱量(≤3kg/m^3)、加强养护(采用蒸汽养护与水养护)等措施,来控制混凝土初期开裂与收缩裂缝。

(3) 管片检漏标准:0.8MPa 水压维持 3h 条件下,渗水进入管片外背高度≤5cm。检漏频率参照国家标准《地下铁道工程施工质量验收标准》GB/T 50299—2018。

5.2 密封垫防水设计

5.2.1 密封垫类型

1969 年,世界上首次采用橡胶密封垫用于拼装式隧道衬砌接缝防水,用于德国汉堡的易北河水下公路隧道中,密封材料是氯丁橡胶。经过 40 多年的研究与实践,橡胶密封垫的材质主要采用化学稳定性好、耐老化、耐水性能优异的三元乙丙橡胶。同时密封垫断面设计日益多样化,在密封垫上开一定数量的不同形状的对称孔,在保证密封的前提下来降低密封垫安装时的装配闭合力,提高密封垫的压缩应力松弛性能及提供长期的密封性能。由于这种结构的密封垫最早于 1983 年的英国谢斯菲尔德隧道被成功地使用,因而被

5.2 密封垫防水设计

称为谢斯菲尔德型密封垫,国内通常称其为多孔橡胶密封垫。1975年日本最早开发出了遇水膨胀橡胶,不仅在工程防水方面得到广泛使用,取得了较好的使用效果,而且用于隧道管片接缝之间的密封。

国内地铁盾构隧道管片接缝普遍采用非膨胀橡胶密封垫进行防水,效果显著。目前,管片接缝处的防水开始采用复合橡胶型材,复合形式有利于膨胀橡胶单向膨胀,侧向受限,膨胀力充分发挥,不仅加强止水性,同时减小水膨胀树脂的溶出,有利于延长材料的使用寿命。

5.2.2 密封垫选材与选型

根据盾构密封垫水压试验,弹性密封垫的防水具有以下两个特点:
(1) 弹性密封垫的防水能力与其受压缩后材料之间的接触应力大致呈线性比例关系。
(2) 压缩后的弹性密封垫间的接触应力由于应力松弛及材料老化会随时间降低。

密封材料的接触应力是弹性密封垫压缩至管片接缝沟槽后在接触面上的压缩应力。在弹性密封垫工作状态及防水设计水压确定后,则可设计满足防水条件、施工要求的密封垫的形状尺寸。

弹性密封垫作为管片接缝最重要的防水材料,应满足以下几个方面的要求:
(1) 在管片可能的拼装状态下满足隧道设计年限内防水要求。
(2) 作为橡胶材料,其材料性能要求应满足相关国家标准要求。
(3) 在千斤顶推力和管片拼装的作用力下,不致发生管片端面和角部损伤等弊病,同时弹性密封垫应方便管片拼装。

弹性密封垫的材料一般可选择三元乙丙橡胶、掺遇水膨胀树脂的膨胀橡胶类及氯丁橡胶等。

试验发现,在不错位情况下,弹性密封垫的最大耐水压力与接触面接触应力比较接近,通常认为接触应力与设计水压力之比 $K \geqslant 1.15$ 时即能满足水密性要求。

三元乙丙橡胶依靠弹性压密,以接触面压应力来止水。非膨胀橡胶的压密必须满足盾构机拼装能力要求,而管片的最后装配闭合力,由盾构机千斤顶、管片的螺栓预紧力等因素决定。本项目采用的盾构机直径为3290mm,装配能力低,且刀盘为锥形刀盘,此类设计在国内尚属先例,暂无可参考推力值,且螺栓预紧力较小,故次要考虑三元乙丙橡胶作为本项目密封垫材料。

遇水膨胀橡胶密封垫工作状态下的材料性能类似于高粘体系,它具有把压力传递到其接触面的特性。装在密封槽中的橡胶密封垫受到一定的压力时,便对初始接触面产生应力 P_0,当遇水膨胀橡胶吸水膨胀及受到液体压力作用时,将产生附加接触面应力 P_1(图 5.1)。

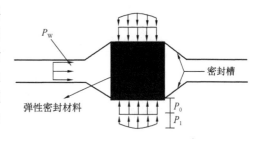

图 5.1 密封垫密封机理示意图

总接触面的应力为:

$$P = P_0 + P_1 \tag{5.1}$$

当水压 $P_W > aP$ 即:

第5章 机械法联络通道结构防水设计

$$P > \alpha(P_0 + P_1) = \alpha(P_0 + \beta P_0) \tag{5.2}$$
$$P > \alpha(1+\beta)P_0$$

当式（5.2）成立时，即发生渗漏，式中的 α 与密封材料的材质、耦合面表面状况有关，β 与材料硬度、断面形式相关。日本学者岩崎二郎提出了类似的公式：

$$P_r > m \cdot P_w \tag{5.3}$$

式中：P_r——所需的接触面压力（橡胶弹性压+膨胀压+自封作用下压力）；

m——随密封垫材质、形状、宽度而异的系数；

P_w——作用于管片的水压。

遇水膨胀橡胶密封垫对于装配闭合力要求较小，故优先考虑遇水膨胀橡胶作为本项目防水材料。

5.2.3 密封垫耐久性分析

从20世纪中期开始，专家学者们就在预测防水材料的储存寿命和服役寿命领域，做了大量的试验研究，提出了许多经验公式和理论公式。李咏今（1984）等人在经过多年的研究后，采用不考虑松弛机理，纯粹从数据处理经验出发，根据 Maxwellian 模型提出一个动力学表达的经验式：

$$P = Be^{-kt^a} \tag{5.4}$$

式中，P 为对应力松弛、扯断延伸率、定伸应力、防老剂消耗等性能，为任意时间 t 的性能 P_t 与初始性能 P_0 的比值，即 P_t/P_0，对累计永久变形则为 $1-P_t$；B 为与温度 T 无关的常数；a 为与温度 T 无关的常数。

但是该方法没有涉及温度变化对硫化胶性能的影响，为此李咏今等人引入了反应速度常数与温度间关系式：

$$k = Ae^{-E/RT} \tag{5.5}$$

式中，A 为总碰撞频率因子（为常数）；E 为活化能；R 为气体常数。

两个公式联合使用，即可预测橡胶寿命。虽然有学者对其可靠性提出疑义，但是在工程实践中，此公式受到了大多数专家学者的肯定，是目前橡胶寿命预测最为广泛使用的经验公式。但是利用这种方法进行预测，对试验数据的规律性要求较高，而强度的测试误差较大，且该方法步骤繁琐，使用不方便。

为了使预测模型涉及温度变化对橡胶性能的影响，学者们将式（5.4）和式（5.5）结合在一起，就可以得到 $P-T-t$ 三元数学模型：

$$P = B/10^{10^{[B_0 + B_1(1/T) - B_2 \log t]}} \tag{5.6}$$

式中，$B_0 = \log(A/2.303)$，$B_1 = -E/2.303R$，$B_2 = a$。

式（5.6）能较直观地表述时间和温度对性能比的影响，但是该公式是一个二阶10次幂的方程，不便于应用，故在业内没有被广泛使用。鉴于以上公式都有缺点，有学者基于对遇水膨胀橡胶试验数据分析研究的基础上，提出了如下式所示的预测模型：

$$P = De^{d_0[1+1.7T]^{d_1}ta} \tag{5.7}$$

式中，P 为对应力松弛、扯断延伸率、定伸应力、防老剂消耗等性能，为任意时间 t 的性能 P_t 与初始性能 P_0 的比值，即 P_t/P_0；对累计永久变形则为 $1-P_t$；t 为时间；T 为温度；D、d_0、d_1、a 均为常数。

根据式（5.7）利用 spss 软件对试验数据进行回归，可得如表 5.1 所示的系数。

回归分析结果表　　　　　　　　　　　　　　表 5.1

项目	P	d_0	d_1	a	R^2
拉伸强度	0.963	−309.111	−598.302	0.627	0.967
扯断延伸率	0.935	−945.989	−810.663	0.984	0.911

在表 5.1 中，R^2 为复相关系数，由表可见，两种数据拟合结果的相关系数都接近 1，可见这一模型能较好地表示其性能变化的规律。在得出以上结果后，便可由代入选定的温度和时间值，预测任意时刻任意温度下的 P 值。

盾构隧道常年处在地下，遇水膨胀橡胶服役环境的温度可取 $T=20℃$。将设计使用年限取为 $t=100$ 年。即可由式（5.7）得出相应的性能比，如表 5.2 所示。

性能比的预测结果　　　　　　　　　　　　　　表 5.2

项目	P
拉伸强度	0.963
扯断延伸率	0.935

可见，遇水膨胀橡胶的拉伸性能在 20℃ 环境温度中，经过 100 年后，仍能保持 90% 多的性能，说明该橡胶较耐老化，满足使用年限 100 年要求。

5.2.4　沟槽尺寸确定

参照宁波地区的水文地质特点，设防压力采用 2 倍于隧道埋深的水压，为 0.66MPa。根据管片的拼装施工质量确定了管片接缝变形的极限条件：在环缝错台量达到 15mm 时，张开量可达 4mm。为保证密封垫接触面，沟槽宽应为最大错台量的 3 倍左右。根据以往设计经验并参考采用遇水膨胀密封垫的典型盾构隧道防水沟槽设计，从而确定了最终沟槽设计方案，图 5.2 为典型隧道沟槽设计断面。

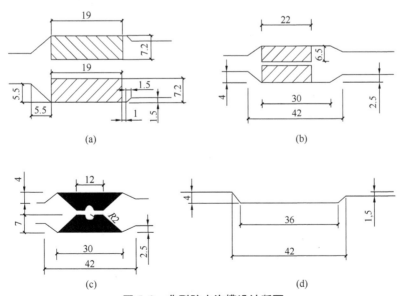

图 5.2　典型防水沟槽设计断面
（a）某地铁管片沟槽；（b）某地铁管片沟槽；（c）某双原盾构管片沟槽；（d）联络通道管片沟槽

5.2.5 密封垫断面形式确定

在确定好管片沟槽的方案后，下一步应设计出与之相配套的密封垫的断面形式。密封垫首先需满足极限接缝变形条件下的防水要求，其次还应满足盾构机的拼装要求。根据以往的设计经验和类矩形盾构机的设计拼装能力，密封垫的设计闭合压缩力应控制在60kN/m以内。《地下工程防水技术规范》GB 50108—2008 第8.1.6条规定，管片接缝密封垫应被完全压入密封垫沟槽内，密封垫沟槽的面积应大于或等于密封垫的界面剂，其关系宜符合下式：

$$A = (1 \sim 1.15)A_0 \tag{5.8}$$

式中，A 为密封垫沟槽截面积；A_0 为密封垫截面积。

弹性密封垫的高度根据最大张开量和完全压缩到沟槽的压力确定。弹性密封垫沟槽深度与密封垫的高度可按下式确定：

$$\alpha = \frac{T - H - B/2}{T} \tag{5.9}$$

设定沟槽面积与密封垫净面积比值为1～1.15，主要密封垫方案比选可参照表5.3。

性能比的预测结果　　　　表5.3

方案名称	断面形式	缺点
矩形断面方案		在张开量4mm，错台量2mm的情况下，容易引起粘贴失误，造成人为错台，搭接长度只有6mm
圆形孔洞方案		圆形空洞的设计会导致孔壁过薄，对于接触面支撑力度不足，而且影响加工精度
阴阳凹凸方案		容易引起粘贴失误，增加施工管理难度，张开量4mm，错台2mm，未膨胀的情况下不起密封作用
梳型方案		未有施工案例，其膨胀机理尚不清晰

5.3 本章小结

根据防水设计原则、防水等级标准,确定遇水膨胀橡胶作为主要防水材料,并对该橡胶进行耐老化预测,满足使用年限100年要求。参照宁波地区的水文地质特点,设计建议密封垫采用矩形断面形式,沟槽面积与密封垫净面积比值为1~1.15。

第 6 章 新型内置式泵房与洞门设计

6.1 概述

地铁联络通道传统工法施工存在诸多问题，在国内外相关研究改进中受到重视，但要开展机械法施工研究和探索，需要解决联络通道泵房和进出洞洞门设计受限制的问题。隧道联络通道一般设置在区间隧道 V 形坡底部，断面如图 6.1 所示，通道内集成集水泵房，用于隧道内污水的搜集和排放。传统施工工法地层整体加固，人工向下开挖后进行浇筑实现泵房和联络通道的同步施工。如果采用传统断面设计，掘进机无法同步进行泵房施工，仍需要对地层再次进行加固，人工开挖，造成加固成本的重复投入。

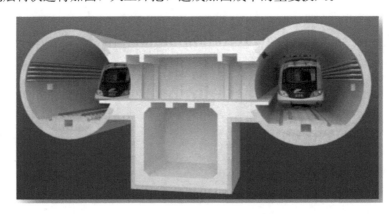

图 6.1 传统联络通道隧道断面

宁波市轨道交通公司、宁波用躬科技有限公司等单位开拓性地研发了区间内置式泵房设计，如图 6.2 所示，通过区间道床下一定范围内设置集约型的集水坑并采用高性能水泵，经过工程验证能够满足隧道正常排水及消防状态下的极限排水要求。内置式泵房设计，解决了联络通道的非通道功能和掘进机无法施工的下沉式泵房的难题，为联络通道机

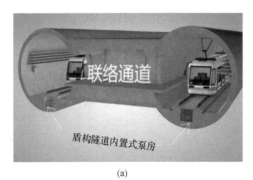
(a)

(b)

图 6.2 区间内置式泵房设计

6.2 内置式泵房设计

械法施工提供了技术创新的基础。

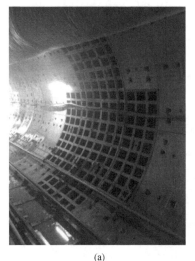 

(a) (b)

图6.3 传统联络通道洞门

传统冷冻法或注浆加固方法施工联络通道时，主隧道联络通道处的洞门采用钢管片洞门，地层加固完成后人工拆除联络通道位置洞门管片进入施工，如图6.3所示。机械法施工为了减少加固产生的施工成本，方便直接机械法施工，设计研发了可切削式洞门结构。可切削式洞门采用三环环宽1500mm的钢-混凝土结合的复合式管片拼装成盾构始发和接收的洞门，如图6.4所示，联络通道掘进机刀盘开挖区域为玻璃纤维筋混凝土结构，其余为钢隔舱结构，施工时盾构机刀盘

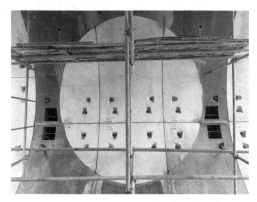

图6.4 机械法联络通道洞门

可直接切削混凝土通过，不需要进行管片拆除，具体可结合第5章介绍加以认识。该设计方案解决了传统洞门设计不利于机械法施工的问题。

6.2 内置式泵房设计

新型内置式泵房设计，通过改造区间隧道结构，实现区间隧道集水排水功能，主要内容包括给水排水设计、轨道设计、钢管片水槽结构设计等。

6.2.1 给排水设计

1. 区间隧道消防用水量计算原则

《地铁设计规范》GB 50157—2013第28.3.3条：地下区间隧道消火栓给水用水量应为10L/s。

《消防给水及消火栓系统技术规范》GB 50974—2014 中表 3.6.2：地下建筑、地铁车站火灾延续时间 2.0h。综上，地下区间隧道消防用水量为 36m³/h。

2. 泵的选用原则

《地铁设计规范》GB 50157—2013 第 14.3.5 条：区间排水泵站应设两台排水泵，平时应一台工作，必要时应两台同时工作；排水泵的总排水能力，应按消防时的排水量和结构渗漏水量之和确定。

《地铁设计规范》GB 50157—2013 第 14.3.5 条条文说明：为保证区间隧道事故初期结构渗漏水带来的危害，位于水域下的区间排水泵站可采用两台排水泵，但应加大每台排水泵的排水能力，使得两台排水泵的总排水能力达到三台排水泵的排水要求。

3. 区间泵站集水池有效容积计算原则

《地铁设计规范》GB 50157—2013 第 14.3.6 条：区间排水泵站的集水池有效容积不应小于最大一台排水泵 15min～20min 的出水量。排水泵为自动控制启动时，水泵每小时启动次数不宜超过 6 次。

4. 排水泵选用

排水泵选用参数表　　　　　　　　　　　　　　　　　表 6.1

泵选用台数	单台泵流量（m³/h）	所需有效容积	干管流速（m/s）
2	20	5.0	0.46
3	15	3.8	0.34
4	10	2.5	0.23
5	10	2.5	0.23

注：干管流速指单台泵启泵时 DN125 干管中流速。

根据上述分析，选用水泵台数越多，所需集水池有效容积越小，干管流速越小，单台泵将废水排入车站的时间也会越长。同时，由于管路特性曲线存在一定的坡度，并联的水泵台数越多，对总流量的提升贡献越小。综上，建议区间废水泵房选用 2 台 20m³/h 潜污泵。排水泵选用参数见表 6.1。

5. 集水池尺寸计算

参照轨道结构设计要求，可在线路实际最低点（集水池水深为轨道沟沟底至池底最低点）设置一处集水坑，参考断面尺寸 800mm(B)×600mm(H)，在上述前置条件下，为同时满足集水池有效容积不应小于最大一台排水泵 15min 的出水量，参考潜水泵排水量 20m³/h，集水坑的有效容积需最小为 5m³。

集水坑有效容积为二泵启泵水位与停泵水位差（0.45m）×集水坑长×集水坑宽（0.8m）。

故集水坑沿轨道方向长＝5/(0.8×0.45)＝13.9m。

考虑部分管道安装空间以及轨道横梁占用空间，集水坑长参考取值为 14.4m。

因此集水坑设计参考尺寸为 800mm(B)×600mm(H)×14400mm(L)。

6. 集水池平剖面布置

集水池涂抹防水砂浆后，预留泵坑，泵坑尺寸 480mm(L)×800mm(W)×220mm(D)。集水池及泵坑平面和剖面布置见图 6.5。考虑到集水池底部需要有 10%的坡度坡向水泵吸水坑，水泵集中布置会导致回填面高差过高，同时水泵均匀布置对水泵吸水水力条件较好。建议水泵均匀布置，两泵坑间隔 4 环普通混凝土管片。

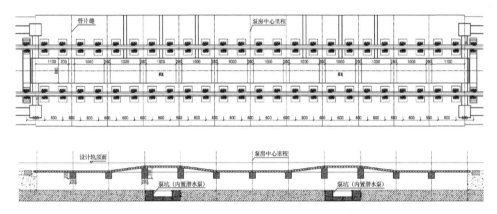

图 6.5 集水池平面图与纵剖面布置图

图 6.6 区间隧道道床泵坑

管片布置：取内置式泵房长度参考值 14.4m，共 12 环管片，在泵坑部位底部布置钢管片，钢管片平面预留空间 480mm×950mm。

7. 排水泵水位控制

如图 6.7 所示，集水池内设 4 个水位，分别是超低报警水位、停泵水位、第一台泵启

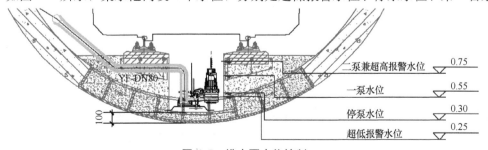

图 6.7 排水泵水位控制

泵水位、第二台泵启泵水位兼超高报警水位,以池底标高为 0.000。

6.2.2 轨道结构计算

1. 基本要求

(1) 取消区间泵站,在线路最低点处设轨道中心集水坑,范围为 12 环,长度约为 14.4m,宽度 800mm,深度直到管片表面。

(2) 集水坑范围道床采用短枕式整体道床,两股钢轨道床分离,计算道床的稳定性。同时,需安装盖板,满足道床面疏散要求。

(3) 该处地段轨道高度按 800mm(轨顶至管片 950mm)控制,铺轨贯通测量及调线调坡过程中,保证该范围内的轨面控制标高,保证集水坑深度满足要求。

(4) 根据潜水泵排水管的位置,在道床面上设置横向沟槽,满足排水管及电缆过轨,保证轨下净空要求。

(5) 道床主体完成后,在道床与管片结合部位做防水处理,避免水进入道床下,运营后产生病害。

2. 横撑设置

横撑布设间距为 1200mm,每隔两根轨枕布设一根横撑,横撑位于两相邻轨枕正中间,长 800mm,断面尺寸为 200mm×200mm,泵房两侧两根横撑高度加高至 350mm,满足泵房安装、水沟清污及设备检修要求,方案如图 6.8 所示。

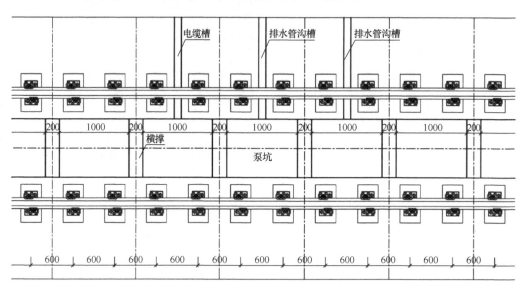

图 6.8 横撑平面布置

参照管片模数,集水坑位置轨枕间距按 600mm 设置,两股钢轨道床在底部分离,建立短轨枕整体道床模型分析受力状态,分别计算有无横撑两种工况,如图 6.9 所示。

计算表明:施加垂向力和横向力后,在设置横撑情况下,集水坑处道床与盾构管片接触面受横向作用力较小,但垂向作用力较大。横撑主要受到来自两侧道床横向的压力,横撑所受最大压应力出现在集水坑最外侧横撑中,最大拉应力出现在受水泵限制加高的横撑中。横撑对集水坑处两侧道床的横向滑动趋势起到了约束的作用。应力结果如图 6.10、

6.2 内置式泵房设计

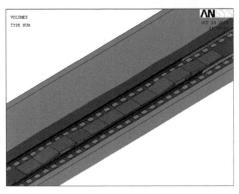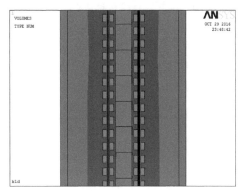
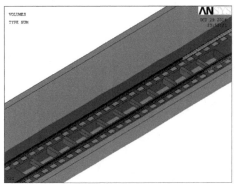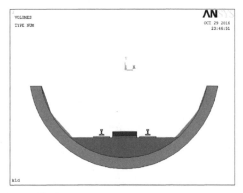

图 6.9 道床分析模型

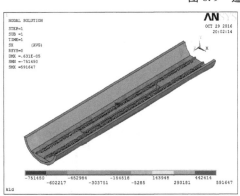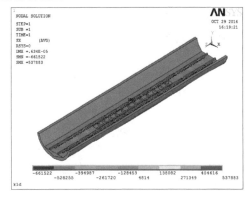
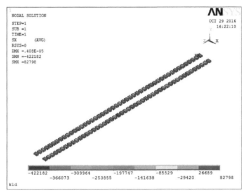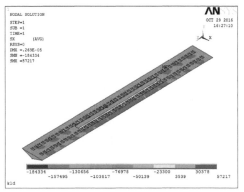

图 6.10 道床模型应力分布结果

图 6.11 所示。

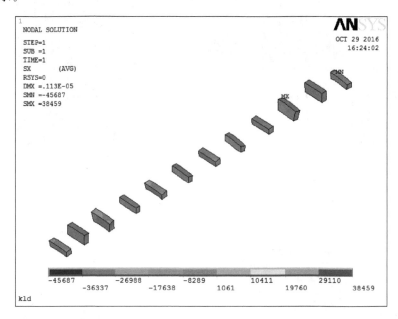

图 6.11 横撑应力云图

3. 排水过渡方案设计

(1) 普通及中等减振地段

在道床与集水坑分界点处设置沉砂井，沉淀泥砂及过滤垃圾，与普通道床侧向水沟相接，并通过横向水沟与集水坑相接，沉砂井与横沟之间设置格栅，方案如图 6.12 所示。

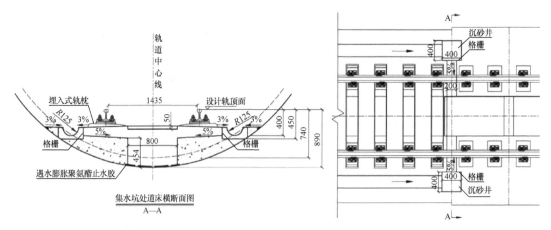

图 6.12 排水过渡方案一

(2) 高等及特殊减振地段

在高等或特殊减振道床与集水坑道床之间设置两组短枕式整体道床，采用中心水沟，在高等或特殊减振道床与短枕式整体道床分界点处设置沉砂井，沉淀泥砂及过滤垃圾，沉砂井两侧分别设置格栅，方案如图 6.13 所示。

6.2 内置式泵房设计

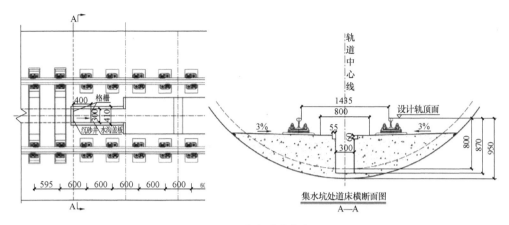

图 6.13 排水过渡方案二

4. 扣件替代方案设计

在高等（特殊）减振地段设置集水坑时，为保证轨道减振指标，短枕道床扣件采用压缩型减振扣件（图 6.14），减振指标为 5dB。

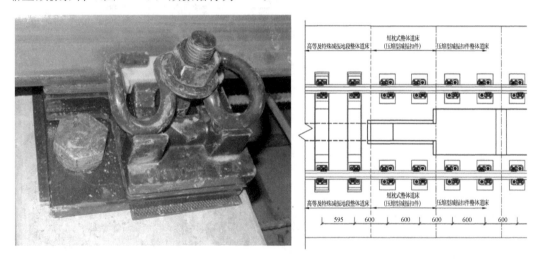

图 6.14 压缩型减振扣件

5. 盖板设计

道床施工完成后，在横撑上安装盖板（图 6.15），满足疏散要求。盖板采用复合材料，具有轻质、高强性能，盖板由疏散平台专业实施。

6. 预留沟槽

根据潜水泵排水管的位置，在道床面上设置横向沟槽，过轨沟槽设置在列车运行方向右侧，满足排水管及电缆过轨，保证轨下净空要求。过轨管为绝缘防护管，材质为尼龙，内径不大于 80mm，方案如图 6.16 所示。

7. 水泵下方钢管片设计

主要设计细节如下：

（1）在距离管片背板 100mm 处增加一道加劲肋，提高钢管片整体刚度。

91

第6章 新型内置式泵房与洞门设计

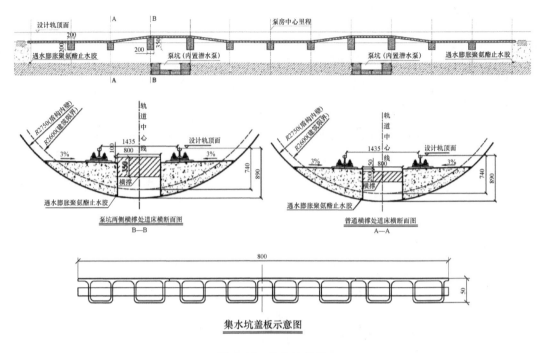

图 6.15 集水坑盖板

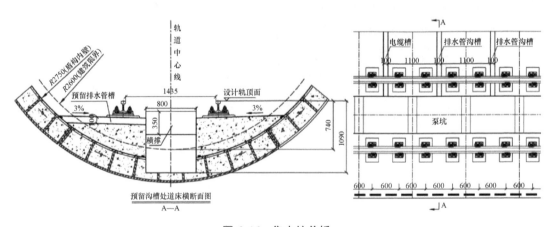

图 6.16 集水坑盖板

(2) 临时举重臂采用 4 根 5.8 级 φ18 螺栓与钢管片连接，在管片拼装完成后拆除。

(3) 钢管片泵坑以外空间填充硫铝酸盐微膨胀水泥（不掺粗细骨料）。

(4) 道床与管片之间设遇水膨胀聚氨酯止水胶，防止废水串入管片与道床结合面，影响道床稳定，如图 6.17 所示。

(5) 水泵布置平面预留空间 1208mm×480mm。水泵布置空间内设置临时举重臂，如图 6.18 所示。

(6) 泵房内壁采用 1.5kg/m² 水泥基渗透结晶型防水涂料＋10mm 厚防水砂浆进行内防水处理。泵房处钢管片长期浸水，腐蚀加重，需加强防腐措施。

6.2 内置式泵房设计

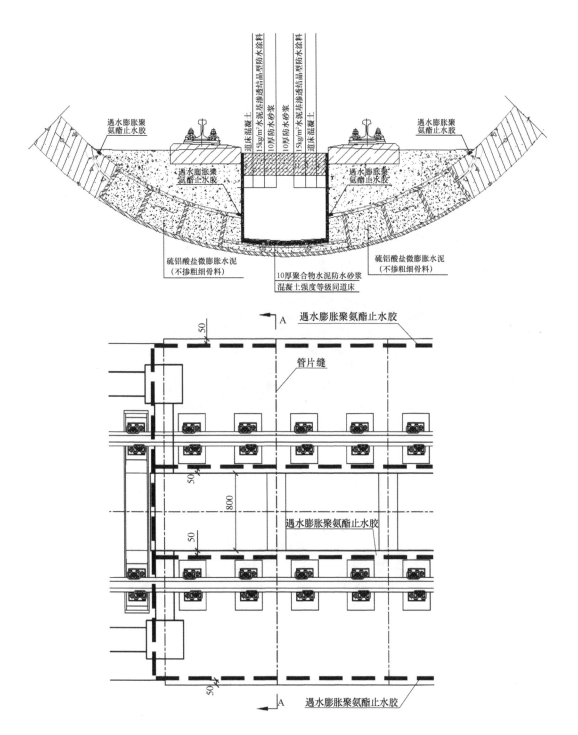

图 6.17 设置遇水膨胀聚氨酯止水胶

计算分析：参照钢管片设计尺寸，对钢管片进行三维数值计算，如图 6.19 所示，计算危险断面最大拉应力、最大压应力分别为 70.0MPa、−65.3MPa。

第6章 新型内置式泵房与洞门设计

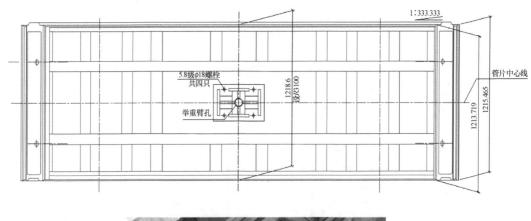

图 6.18 水泵布置空间内设置临时举重臂设计图与实景

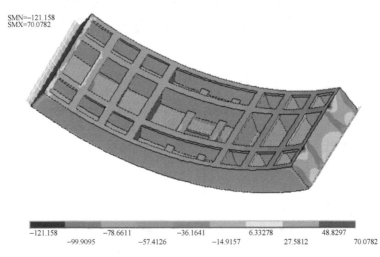

图 6.19 钢管片数值模型应力分析结果

6.3 物理试验

为了研究盾构区间内置式泵房的设备配置方案，搭建实体试验平台开展试验。试验测试在正常工况及消防工况下,泵房内潜污泵运行的排水效果,以及液位控制方案的运行效果。同时指导系统方案优化设计。

6.3.1 试验准备工作

1. 土建条件

(1) 试验现场拼装 12 环盾构管片模拟地铁盾构区间,其中在第 4 环和第 9 环盾构管片底部采用凿除的方式分别设置两处潜水泵泵坑,泵坑尺寸为 $480\text{mm}(L) \times 800\text{mm}(W) \times 220\text{mm}(D)$。

(2) 在拼装好的盾构管片上浇筑混凝土,在底部中间预留 $14400\text{mm}(L) \times 800\text{mm}(W) \times 600\text{mm}(D)$ 集水池,两端设混凝土挡水墙封闭。道床混凝土浇筑前,道床与管片贴合面底部、管片与挡水墙贴合面顶部均采用遇水膨胀聚氨酯止水胶封闭,避免水进入道床下或渗出挡水墙外。两侧道床之间每间隔 1.2m 设置一处横撑,横撑尺寸为 $800\text{mm}(L) \times 200\text{mm}(W) \times 200\text{mm}(H)$。道床面预留水管槽和电缆槽,槽深宽均为 100mm。

图 6.20 试验平台现场实景

2. 潜水泵设备条件

潜水泵选用 A 型水泵(ZENITAPN550/2/G50HA1FT5 型号)和 B 型水泵(HOMA700-3.5D 型号)各两台,进行对比试验,主要参数指标见表 6.2 和表 6.3。

潜水泵参数表　　　　表 6.2

潜水泵	A 泵	B 泵
适用范围	主要用于工业水处理和污水提升,输送工业污泥和含固体颗粒的液体	输送清水或含粗糙颗粒固体的污水(如砂粒)
最高水力效率处单泵性能	流量:21.9m³/h;扬程:26.4m	流量:22m³/h;扬程:22m
最高水力效率(%)	42.5	44.7
电机输入功率(kW)	5.0	3.7
电机额定功率(kW)	4.1	3.0
输送流体固体颗粒尺寸(mm)	10	10
安装方式	自耦安装	固定安装
安装高度(mm)	660	680
电机冷却形式	冷却夹套(自冷)	冷却夹套(自冷)
连续运行最低液位(mm)	158	200

潜水泵安装外形尺寸为A泵：569mm(L)×264mm(W)×660mm(H)；B泵：220mm(L)×220mm(W)×680mm(H)。如图6.21所示。

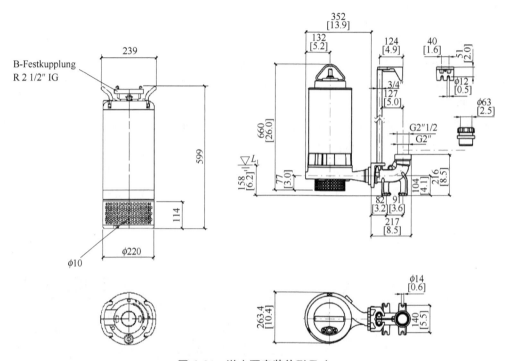

图6.21 潜水泵安装外形尺寸

潜水泵自冷却系统：两种水泵均配备冷却夹套自冷却系统，水泵连续运行期间通过输送介质对电机进行持续冷却，如图6.22所示。出水方式：A泵采用侧出水，B泵采用上出水。

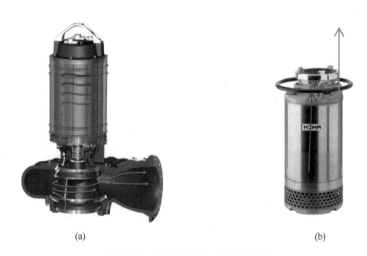

(a)   (b)

图6.22 潜水泵自冷却系统原理

（a）A泵自冷却系统原理；（b）B泵自冷却系统原理

6.3 物理试验

潜水泵控制柜功能与参数　　　　　　　　　　　表 6.3

潜水泵	A 泵	B 泵
控制柜尺寸（mm）	270(L)×120(W)×340(H)	465(L)×300(W)×545(H)
液位测量精度(mm)	1	10
控制功能	液位控制及液位报警 双泵自动轮换 故障自动切换 故障声光报警及远传 报警指示及自动保护切换 高峰双泵同时运行 远程控制	液位控制及液位报警 双泵自动轮换 故障自动切换 故障声光报警及远传 报警指示及自动保护切换 高峰双泵同时运行 远程控制

液位计：两种水泵均采用投入式气压液位计（图 6.23）。不同之处在于：A 泵采用取压筒，压力传感器集成在控制柜内。B 泵采用投入式的压力变送器，压力传感器等元器件集成在液位计中。

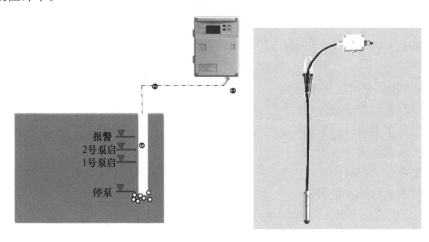

图 6.23　控制系统与液位计

考虑限界要求及管路水力条件，单泵出水管设置为 DN65，双泵出水管设置为 DN125，反冲洗管设置为 DN40。并在单管出水管路上设置橡胶软接头、压力表、止回阀、流量计、闸阀等管道附件（图 6.24）。压力表和流量计分别用来测试潜水泵运行过程中的扬程和流量。

3. 集水池水位控制

集水池内设 4 个水位，分别是超低报警水位、停泵水位、第一台泵启泵水位、第二台泵启泵水位兼超高报警水位。其控制要求如下：

（1）超低水位报警，同时控制回路保证水泵均处于停泵状态。

（2）当水位达到停泵水位时，两台泵均能停止工作。

（3）当水位上升到达第一台泵启泵水位时，第一台泵启动。

（4）当水位继续上升到达第二台泵启泵水位时，第二台泵启动，控制回路保证两台泵都处于运行状态，并发出报警信号。

第6章 新型内置式泵房与洞门设计

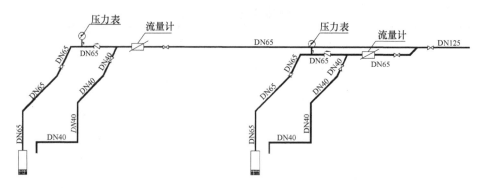

图 6.24 管道控制附件

6.3.2 试验内容与结果分析

（1）以 5m³/h（正常工况）、38m³/h（消防工况）的流量往集水池中注入水，潜水泵在自动控制模式下运行，主要考察潜水泵是否能将注入的水及时排出集水池，同时检测潜水泵的如下指标：

① 流量；
② 扬程；

检测液位控制系统的如下指标：
① 第一台水泵启动水位动作；
② 第二台水泵启动水位动作；
③ 超高水位动作（报警）；
④ 停泵水位动作；
⑤ 超低水位动作（报警）。

（2）往集水池中不断注入水，保证潜污泵处液位为 200mm，启动潜污泵，检测潜污泵在低液位条件下运行的状态，检测电机的温升情况。

在相同的管路条件下，测试潜水泵的流量、扬程参数（表 6.4），均能达到水泵样本数据。

潜水泵流量扬程参数 表 6.4

潜水泵	A泵	B泵
一泵流量（m³/h）	20	20
二泵流量（m³/h）	20	20
一泵扬程（m）	30	25
二泵扬程（m）	30	25

潜水泵在自动控制模式下运行，设置超低水位报警液位 H_1，停泵液位 H_2，一泵启泵液位 H_3，二泵启泵水位兼超高水位报警液位 H_4。以 5m³/h（正常工况）、38m³/h（消防工况）的流量往集水池中注入水时，测试潜水泵控制系统动作情况（表 6.5）。

共进行以下三组试验：

① 试验 1（设计液位间隔）：$H_1=0.25$m，$H_2=0.30$m，$H_3=0.55$m，$H_4=0.75$m；

② 试验 2（100mm 液位间隔）：$H_1=0.25$m，$H_2=0.35$m，$H_3=0.45$m，$H_4=0.55$m；

③ 试验 3（50mm 液位间隔）：$H_1=0.25$m，$H_2=0.30$m，$H_3=0.35$m，$H_4=0.40$m。

A、B 泵在 3 组试验中表现相同，液位控制系统能够正常工作。

液位控制系统试验结果　　　　　　表 6.5

	测试项目	5m³/h	38m³/h
控制系统	第一台泵水泵启动水位动作	●	●
	第二台泵水泵启动水位动作	●	●
	超高水位动作（报警）		●
	停泵水位动作	●	●
	超低水位动作（报警）	●	●

注：●有动作；○无动作。

以 20m³/h 的流量往集水池中注入水，集水池中液位达到 200mm 时，开启潜水泵，此时潜水泵排水流量为 20m³/h，集水池中液位处于动态平衡状态，以此测试潜水泵在最低液位连续运行的效果。

如表 6.6 所示，两种型号潜水泵在最低液位条件下，均能运行平稳，无明显发热现象。

潜水泵泵壳温度变化　　　　　　表 6.6

潜水泵	A 泵	B 泵
1h 泵壳温度	13.1	10.5
3h 泵壳温度	13.2	10.6
5h 泵壳温度	13.1	10.6
8h 泵壳温度	13.1	10.5

6.4 工程应用

本章介绍的内置式泵房设计方案是推进机械法地铁联络通道施工的必备前提条件，在国内诸多机械法联络通道建设中得到实际应用，受到各方的充分重视关注，如宁波、天津等地的道床泵房设置方案如下：

（1）宁波轨道交通 1 号线（东环南路站—出入段线区间）：宁波 1 号线采用限界外径 6.2m，管片内径 5.5m 的盾构。轨道下方设置两处 2200mm（L）×600mm（B）×500mm（H）的集水坑，每处集水坑内各设置两台 $Q=10$m³/h 的潜污泵，有效水深为 350mm。

（2）天津地铁 2 号线（建国道站—天津站区间）道床泵房设置方案：天津地铁 2 号线采用限界外径 6.2m，管片内径 5.5m 的盾构。轨道下方设置一处 2000mm（L）×600mm（B）×260mm（H）的集水坑，集水坑内设置 3 台 $Q=15$m³/h 的潜污泵，有效水深为 150mm。

(3) 天津地铁 5 号线（思源道站—建昌道站区间）道床泵房设置方案：轨道下方设置一处 10000mm(L)×700mm(B)×570mm(H) 的集水坑，集水坑内设置 4 台 $Q=10\text{m}^3/\text{h}$ 的潜污泵，有效水深为 200mm。

(4) 天津地铁 7 号线道床泵房推荐方案：轨道下方设置一处 12000mm(L)×800mm(B)×725mm(H) 的集水坑，集水坑内设置 5 台 $Q=10\text{m}^3/\text{h}$ 的潜污泵，有效水深为 200mm。

上述道床泵房设置方案可以作为新线路内置式泵房设计参照。

6.5　洞门设计尺寸

传统上联络通道采用直墙无仰拱型结构，机械法联络通道设计采用圆形可拼装式管片施作衬砌，其目的主要是为了便于盾构机等施工。通道内部空间用于消防疏散，显然管片直径越大，消防疏散空间越大，但主隧道可利用的横向施工空间越有限，联络通道机械法施工时能布置的主机长度越短，设备集成难度越大。参照宁波轨道交通区间隧道外径 ϕ6200mm、内径 ϕ5500mm 管片。综合考虑疏散空间和主机布置空间两方面的需求，机械法联络通道管片规格确定为外径 ϕ3150mm、内径 ϕ2650mm、环宽 ϕ550mm，成型通道可实现 1400mm×2050mm 的消防空间，尺寸如图 6.25 所示。

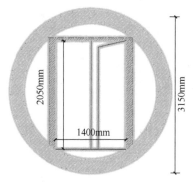

图 6.25　联络通道断面

6.6　本章小结

机械法联络通道设计采用区间盾构隧道内置式泵房，可以避免泵房冻结法施工存在施工风险高、后期沉降变形大等问题，方便机械法施工。泵房与联络通道设计上分开后，有如下优点：

(1) 联络通道的平面位置选择和区间纵断面设计更为灵活，为线路专业设计预留较大的灵活性。

(2) 为联络通道施工创造更好的施工场地。

(3) 联络通道与废水泵房平面分离，能够减小联络通道冷冻法施工产生的冻胀融沉对泵房结构的不利影响。

内置式泵房设计需要满足《地铁设计规范》GB 50157—2013 中对于给水排水和消防的相关要求，同时满足隧道结构、轨道、供电等专业的标准要求。参照本章设计参数，可以达到规范标准要求。本章设计提供的潜水泵系统，经物理试验验证满足水泵各项性能要求。机械法联络通道洞门设计需要参照区间隧道尺寸和联络通道功能需求，本章提供了相应设计参数。

第7章 机械法联络通道盾构机系统

7.1 概述

为解决矿山—冻结法联络通道施工带来的问题,欧洲、日本以及中国香港等地已相继开展了联络通道掘进机的研究,近年来,中铁工程装备集团有限公司、宁波市轨道交通集团有限公司、宁波用躬科技有限公司等单位联合开展机械法联络通道盾构机研发,提出了整机系统设计方案,以满足在既有隧道狭小空间内T接施工联络通道结构的要求,完成设备研制与实际施工应用。

7.2 整机功能匹配性设计

7.2.1 技术要求

隧道联络通道用盾构机设计应满足安全、快速、环保施工的要求,依据地铁联络通道的结构设计和环境特点,盾构整机主要技术指标如表7.1所示。

设计技术指标 表7.1

序号	项目	参数	单位
1	适应地质	软土地层	
2	适用主隧道	φ6200×φ5500	mm
3	方向控制	±50	mm
4	沉降误差控制	±30	mm
5	开挖直径	φ3290	mm
6	刀盘转速	0~3.8	rpm
7	推进速度	0~40	mm/min
8	最大推力	1050	t
9	驱动功率	200	kW
10	最大扭矩	862	kN·m

7.2.2 整机系统模块化设计

机械法联络通道采用盾构法与顶管法均为可行方案,进行联络通道施工时各有利弊。盾构法通过管片拼装机拼装管片对联络通道进行衬砌,推进缸通过管片提供的反力不断向前推进;顶管法则通过拼装式管节完成通道衬砌,顶推油缸推动主机和管节一同向前。

顶管法采用整节或分瓣式管节进行衬砌,可在施工区外完成管节的组装,开挖工序完成后顶推油缸顶进即可完成一个施工循环,工序较为简单,管节模具单一,整体施工造价较低。但是由于顶管法主机和管节向前推进的反力均作用在区间隧道管片上,对成型隧道

第7章 机械法联络通道盾构机系统

的影响较大,且顶管法调向较差,因此主要适用于短距离直线通道。

盾构法采用拼装式管片进行隧道衬砌,管片拼装在盾体内进行,因此在常规地铁隧道空间受限的情况下,主机内设备布置难度大集成度要求高,总体造价更高。但是盾构法由于只有主机向前掘进,联络通道管片受地层的摩擦力能够提供主机向前掘进的推力,因此作用于区间主隧道内力较小,对主隧道的影响较小。盾构法可通过楔形管片组合或者盾构机主机自身的调向功能进行转弯调向,因此盾构法可用于长距离曲线联络通道的掘进,同时基于联络通道施工技术的不断成熟,盾构法可拓展至各种管网的曲线支线隧道,技术拓展性强。

结合工程的特殊性,可创新性地将盾构法和顶管法进行融合,采用模块化设计,施工单位可根据联络通道的线型和左右线间距,通过模块组合实现不同工法的灵活选择。盾构法和顶管法组成模块如表7.2和图7.1、图7.2所示。

盾构法及顶管法组成模块 表7.2

	盾构法	顶管法
共用模块	刀盘、主驱动、前盾、后配套台车、内支撑体系、泡沫系统、变压器、控制系统、液压泵站、水系统、导向系统	
选用模块	尾盾、拼装机、推进系统、螺旋输送机、管片吊机	中盾、尾盾、顶推系统、铰接系统、螺旋输送机、管节吊机

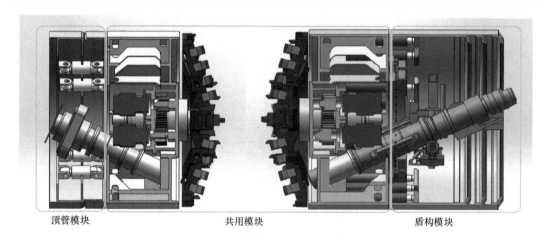

图 7.1 模块化主机布置示意图

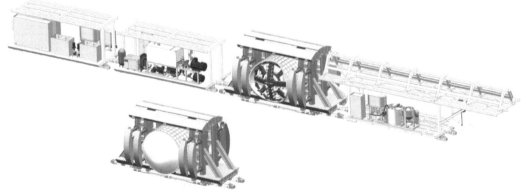

图 7.2 整机布置示意图

7.3 联络通道掘进机整机系统

7.3.1 盾体系统

盾体系统对挖掘出的还未衬砌的隧道段起着临时支护的作用,承受周围土层的土压、承受地下水的水压及将地下水挡在盾壳外面。盾体系统由前盾、尾盾和推进系统等组成,如图7.3所示。

(1) 前盾

前盾由主驱动连接法兰、螺旋输送机连接座、壳体、土仓隔板等组成。土仓隔板上设有被动搅拌棒,可与主动搅拌棒实现对渣土的强制搅拌;隔板上中下三个区域配置有高灵敏度的土压力传感器,能在主控室内显示不同部位的土仓压力;还设有预留的泡沫孔、加水孔等;此外,前盾壳体上预留有压浆口,用于微调主机姿态。

(2) 尾盾

尾盾上布置的2×4路油脂管路采用内

图7.3 盾体组成

嵌式;尾刷密封由三排焊接在壳体上的密封刷组成,防止注浆材料和水漏进盾体内部;尾盾壳体上预留有压浆口,用于微调主机姿态。

(3) 推进系统

推进油缸的主要作用是为盾构机提供推力。由于管片的分度不同,推进缸的布置也会随之改变,考虑掘进调向可操作性,需要将油缸进行分组。通过调整每组油缸的不同推进速度来对盾构进行纠偏和调向。

7.3.2 刀盘切削系统

刀盘是盾构机用于地层开挖的系统,本刀盘采用锥形设计,支撑形式为中心支撑,刀盘通过中心筒内花键与主驱动相连,主驱动扭矩经过驱动主轴传递至刀盘。

刀盘钢结构主要由四主刀梁,四副刀梁、外圈梁和刀盘筒体等组成。外圈梁焊有耐磨复合钢板,保护刀盘本体。刀盘背面有主动搅拌棒,与前盾上的被动搅拌棒一起对土仓内渣土进行搅拌。刀盘设有改良渣土的泡沫喷口。

刀盘通过中心筒内花键与主驱动相连,主驱动扭矩经过驱动主轴传递至刀盘,可实现刀盘双向旋转。在四个主梁、副梁和外圈梁的前面焊接有掘进时所使用的中心刀、撕裂刀和安装切刀、边刮刀刀座。

7.3.3 刀盘驱动系统

刀盘驱动通过高强度连接螺栓安装在前盾隔板上,刀盘驱动的前部通过主轴花键连接刀盘,起到支撑刀盘的作用,同时为刀盘旋转提供扭矩。

驱动扭矩的传动路线：马达—小齿轮—大齿圈—主轴—刀盘，小齿轮两端设有调心滚子轴承。

驱动主轴的密封系统主要包括三道多唇形密封、三道格莱圈密封及前部的迷宫密封，其主要的功能是防止土仓内的渣土进入驱动箱及密封齿轮油。

刀盘驱动齿轮主要采用齿轮油油浸润滑，即将齿轮油加到驱动箱中心线以上（1/2~2/3）的位置，顶部靠齿轮旋转将油带到上部以及齿轮油循环至顶部喷淋实现润滑功能。

驱动主轴尾部安装一个具有两路改良介质通道的中心回转接头，回转接头的作用是将用于渣土改良的泡沫、膨润土或水输送到刀盘上的喷口。回转接头主要由转子与定子组成，定子通过防转动机构与主驱动箱体相连，不能转动，转子则通过螺栓与驱动轴连接，随刀盘一起转动。

7.3.4 管片安装机系统

管片安装机是盾构法的选用模块，主要作用是安装联络通道衬砌管片。管片安装机通过遥控器进行控制。可实现 6 个自由度，包括：拼装机旋转、前后移动、提升油缸同步伸缩、不同步伸缩、抓举头摆动及旋转。管片安装机的伸缩、旋转和移动等功能都是比例控制的，且红蓝提升油缸和轴向移动油缸带有行程传感器，可检测拼装机的行程位移，能够对管片实现精确定位。

由于联络通道之间较小，为了满足狭小空间内管片拼装，提高设备的自动化水平，设计了管片半自动拼装系统。当进行半自动拼装操作时，首先需要在该界面设定"F 块角度"，并按下"半自动拼装"启动按钮。该界面与拼装机遥控器配合使用可实现拼装机的半自动拼装功能。

7.3.5 排渣系统

盾构法和顶管法均采用土压平衡模式掘进，使用螺旋输送机进行排渣。螺旋输送机安装在前盾的底部，采用对止水性更为有利的轴式螺旋机，螺旋机筒体内径 $\phi 350mm$，最大通过粒径为 $\phi 240 \times 130mm$，出渣能力为 $23m^3/h$，其圆周设有膨润土或泡沫的注入孔。

螺旋输送机设有下出渣闸门，可根据掘进速度在主控室控制闸门的开启度，通过调节排土量来实现土塞效应，形成良好的排土止水效果，在土压平衡模式掘进时，可起到调节土仓土压力的作用。另外预留保压泵接口，发生喷涌时，及时关闭闸门，接保压泵调节土仓压力。

螺旋输送机可双向旋转，当发生螺旋轴卡住现象，可以通过控制液压马达正反转来摆脱。必要时也可打开设置在螺旋输送机筒体上的观察窗门来对壳体内部进行清理。螺旋输送机筒节设置伸缩油缸，油缸行程 400mm，设有土压传感器 2 个，渣土改良口 2 个，螺旋轴及叶片外圆焊有耐磨条及耐磨层。出口的渣土采用泵送的方式输送至渣车，再由渣车运输至洞外。

7.3.6 后配套及预应力支撑系统

（1）后配套台车

后配套系统包括拖车及其上装有的保证盾构正常工作的各系统装置，管线。主要包括物资吊运系统、冷却水系统，液压泵站，注浆系统及供配电系统等。设备共包含 5 节台车，其中 1~4 号台车在联络通道始发端，1 号、2 号台车是系统工作平台，为门架式结构，3 号台车为主机始发台车及始发端预应力支撑系统，4 号台车为物料吊运台车；5 号台车为接收台车及接收端预应力支撑系统放置在接收端。各台车设备布置情况为：1 号拖车右侧布置高压开关柜，高压电缆分支箱，变压器，混合液等，左侧布置水箱、水泵和电气控制柜等。2 号拖车右侧布置泡沫原液、补偿柜、主控室，左侧布置储气罐、空压机、液压泵站。3 号拖车布置有始发调整基座、始发钢套筒、盾构主机及反力架等。4 号拖车右侧布置注浆控制柜、双液注浆系统、物料吊运系统等。5 号拖车布置有接收钢套筒、接收端液压泵站等。

（2）反力及始发调整结构

盾构法掘进时需要将反推力传递至主隧道管片，由于始发空间限制，反力架特殊设计为圆形（图 7.4），始发时内置于主机内部，反力架后部空间用于物料调运和渣土输送。

图 7.4 反力架结构

为了精确控制主机始发姿态，设计一套始发调整装置，可多自由度对主机俯仰、左右偏转姿态进行调整，保证主机始发时姿态与设计轴线一致。

（3）管片吊运系统

管片吊机的功能是从管片车上将管片吊运到管片运输小车上。管片吊机采用单梁链轮链条驱动，使用机械抓举形式抓取管片，管片吊机主要包括一套电动葫芦、驱动装置，电缆系统等。管片吊机可以通过有线/无线方式控制，提升具备慢速/快速两种档位。盾构法和顶管法各有一套吊运系统。

（4）管片预应力支撑系统

联络通道施工时，主隧道开洞后管片内应力重新分配，同时主机掘进反力通过反力架传递至主隧道，为保证施工时管片安全稳定并将掘进反力均匀分担为周边管片，特别设计管片预应力支撑系统（图 7.5）。支撑系统可分为顶部支撑和侧部支撑，均通过液压油缸控制，具备伸出和缩回功能，可通过上位机进行控制，并进行压力和位移监测。

7.3.7 注浆系统

盾构法施工时需通过注浆对管片背后间隙进行填充。注浆系统配置了一个制浆机、一

第7章 机械法联络通道盾构机系统

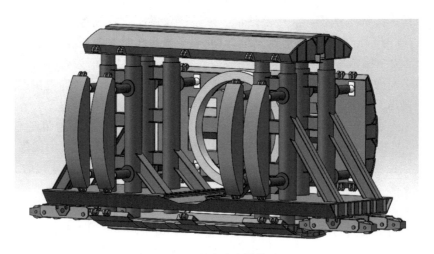

图 7.5 预应力支撑体系

个储浆罐、一个 B 液罐和一个双出口的柱塞泵。注浆工艺为延时同步注浆,即尾盾拖出管片后,通过管片螺栓孔及时注入浆液开挖间隙进行填充。

注浆泵采用双变频电机控制,通过变频控制注浆泵的动作次数,从而调整泵的注浆量。管片背后的空隙在短时间内将其充填密实,从而使周围岩体获得及时的支撑,可有效地防止岩体的坍陷,控制地表的沉降,地表沉降量应控制在要求范围之内。

7.3.8 水气系统

水气系统是为设备工作、冷却剂控制提供必要的水和气。压缩空气是通过安装在后配套拖车上的空气压缩机来供应的。系统包括空气压缩机、压缩空气罐、滤清器和保养装置。

由于联络通道施工距离短,为了减少水系统循环的成本,内水和外水共用一套水系统。系统共设置两个水箱,水箱 1 为内水,进水以不高于 28℃的状态送入,用于设备的冷却,水箱 2 为外水,用于泡沫系统、刀盘喷水等消耗。1 号水箱与 2 号水箱连接,循环水直接消耗,当温度高于上限值时,自动放水。

水系统控制界面提供盾构水系统的控制及监视功能,主要包括水箱液位、温度、主驱动马达油温、齿轮油油温、螺机马达油温、油箱油温、工业出水温度以及刀盘喷水控制(图 7.6)。

7.3.9 泡沫系统

根据试验工程的地质条件,渣土主要采用泡沫进行改良。由清洗水和泡沫泵提供泡沫混合液进入搅拌箱,混合后通过 2 台柱塞泵泵入泡沫发生器,与空气混合后形成泡沫(图 7.7)。

泡沫混合液中的水量和压缩空气的流量,由流量传感器进行检测,PLC 控制电控阀门的开度,得到最佳的混合比例。泡沫发生器出来的泡沫压力由压力传感器进行检测,反馈到 PLC,使泡沫的注入压力低于设定的土水压力。

泡沫系统控制设计为手动模式、半自动模式和自动模式。

在手动模式下,由操作司机根据螺旋输送机出料的情况调节各路泡沫发生器的混合液

7.3 联络通道掘进机整机系统

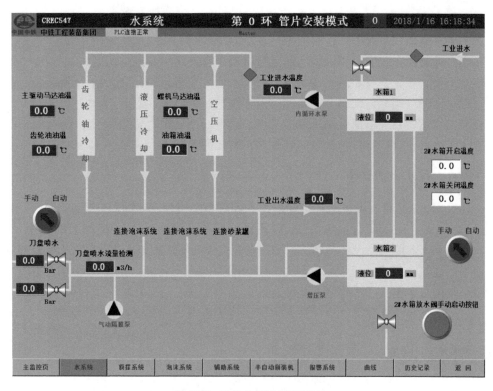

图 7.6 工业水系统控制原理

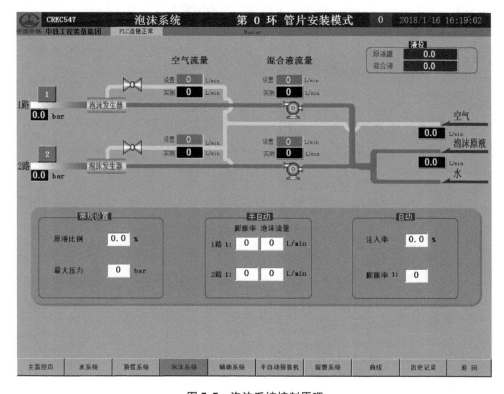

图 7.7 泡沫系统控制原理

或压缩空气的量。并可以单独向某一路注入泡沫或增加减少某一路管路泡沫注入量,也可手动调节空气电动调节阀的红色旋钮来现场控制空气量。

在半自动操作方式中,要求的泡沫流量将根据开挖仓中的支承压力注入。在上位机设置发泡液流量、膨胀率及原液比的参数,系统自动计算泡沫混合液及空气的流量,混合液泵与空气电动调节阀会自动调节使实际流量在理论计算值附近上下浮动。

自动模式下,系统根据盾构机掘进速度、设定的原液比、膨胀率、相关泡沫公式及设定的注入压力,自动进行各种参数的调整,不需要外界干预。

7.3.10 电力及控制系统

设计采用 10kV 高压电供电,经变压器和配电柜变换为需要的各电压等级。其中电机系统供电为 380VAC,照明系统 220VAC,控制系统 24VDC。设备控制系统采用西门子 PLC,利用 profibus 通信设置分布式 I/O,在各主要功能的配电柜内设置 I/O 站,方便维护,便于拆装机。

系统采用工业电脑和操作琴台相结合的办法作为输入输出终端,既利用了电脑的数据显示形象,数据容易保存等优点,又发挥了实体按钮安全可靠、容易更换的特点。

7.4 本章小结

本章结合主隧道空间狭小、切割进出洞、通道结构复杂等技术难题,开展了隧道联络通道用盾构机研发,设计盾构机整机,包括高功率密度模块化整机系统设计、联络通道掘进机整机系统配置(盾体系统、刀盘切削系统、刀盘驱动系统、管片安装机系统、排渣系统、后配套及预应力支撑系统、注浆系统、水气系统、泡沫系统、电力及控制系统),为机械法联络通道施工技术的应用提供了保障。

第8章 机械法联络通道总体施工流程及关键技术

8.1 概述

机械法联络通道工法的主要特点是在主隧道中掘进机实施横向切削和顶推,形成隧道衬砌结构,此外还包括施工准备、注浆等辅助性施工环节,完成双线区间隧道之间通道始发进洞和接收出洞工作,盾构法和顶管法两类机械施工方法的施工工艺流程大同小异,对此本章进行了概要介绍。针对城市轨道交通机械法联络通道施工空间狭小、场地布置难;既有主隧道曲面管片破除开挖难;主隧道管片开洞施工,应力变化,支护难;微加固环境下,始发、接收掘进难等特点,上一章讲述了机械法联络通道盾构整机系统设计,然而在机械法联络通道施工过程中还有很多技术难题,如盾构机的始发和接收时的密封防水、适应凹凸弧形管片的刀盘切削、狭小空间管片拼装、T接隧道物料运输、移动式管片预应力支撑系统等难题需要解决,为此本章系统地提出并阐述解决以上难题的技术措施。

8.2 总体施工流程

(1) 完成现场水电材料准备、轨道铺设、设备吊运、反力架安置等准备工作。
(2) 采用套筒法进出洞,确保施工过程中洞门密封。
(3) 直接通过掘进机切削经弱化设计的主隧道管片混凝土,完成进出洞。
(4) 开展掘进机推进过程,通道衬砌为预制拼装式结构,按照工法可分为顶管型管节和盾构型管片两种形式,对盾构管片结构需要小盾构机现场拼装成环,对顶管管节则直接顶推。
(5) 在通道衬砌的首尾处预留钢管节,利于调节通道管节长度尺寸,也便于洞门接口施作。
(6) 在切削和顶推施工过程中,对T接位置和通道衬砌壁后实施注浆加固处理。
(7) 待撤离掘进机后,现浇施作洞门接口,安装防火门。
针对盾构法和顶管法的施工流程分别如图8.1、图8.2所示。

第8章 机械法联络通道总体施工流程及关键技术

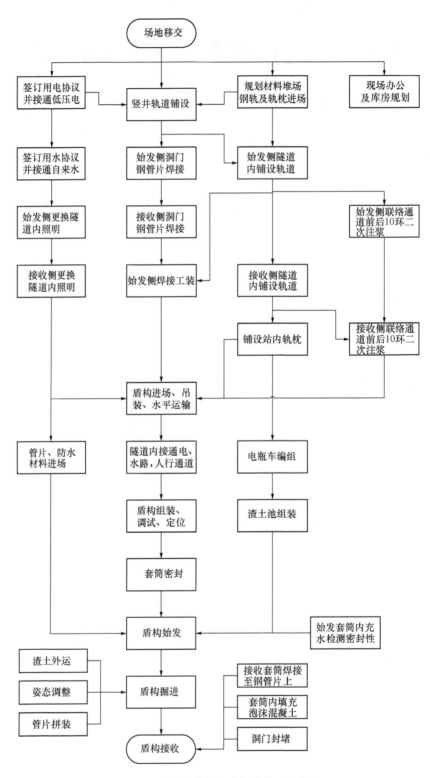

图 8.1 联络通道盾构法掘进施工流程图

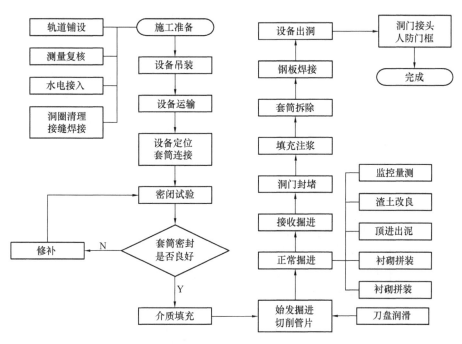

图 8.2 联络通道顶管法掘进施工流程图

8.3 始发接收密封系统

8.3.1 小直径盾构主机盾体系统设计

盾体对挖掘出的还未衬砌的隧道段起着临时支护作用，承受周围土层的土压、地下水的水压以及将地下水挡在盾壳外面。盾体内部安装推进系统，为主机向前掘进提供推力。联络通道掘进机在既有隧道内始发掘进，主管片内径 $\phi5500$，空间相对狭小，对主机布置提出了十分严峻的考验。考虑稳定支撑体系运输、伸缩动作范围，尽可能减小开挖直径、主机长度尺寸，以保证联络通道的最大有效空间。在满足功能需求的前提下，联络通道用主机分为前盾＋中盾，主机总长度为 4160mm，盾体结构如图 8.3 所示。

盾尾外径是根据盾尾空隙和盾尾钢板板厚、盾尾密封安装厚度进行计算的。联络通道管片采用 $\phi3150/2650$mm，环宽 550mm，如图 8.4 所示。

推进油缸的布置与管片的尺寸、安装方式、分块数等有密切关系，布置推进油缸的前提是先确定管片的设计，保证管片可以正常的拼装。盾构法联络通道管片采用 5 分块，环间螺栓点位 36°一个，根据管片的设计设置推进油缸为 10 组。

根据盾体内推进油缸的安装空间及推力和分组的等因素，确定每组油缸是单缸还是双缸，此处选择 $\phi160/\phi120-700$ 的油缸，最大单根油缸推力为 70t，按 5 组单缸和 5 组双缸进行配置，满足 10 组共计 15 根推进油缸，最大推力 1050t。推进缸行程根据管片搭接量确定，并设计一定的安全间隙，推进行程为 700mm，如图 8.5 所示。

第8章 机械法联络通道总体施工流程及关键技术

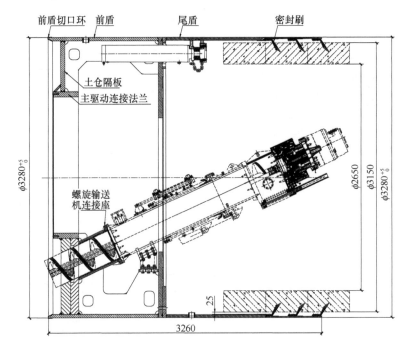

图8.3 主机盾体结构示意图

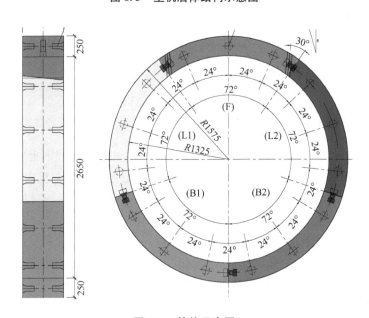

图8.4 管片示意图

推进系统有两种控制模式,即掘进模式和管片拼装模式,如图8.6所示。在掘进模式下,盾构掘进时,电液换向阀右端得电,电磁换向阀、电磁换向阀和电磁球阀失电,压力油由泵的出口经单向阀、球阀、滤清器、比例调速阀、三位四通电磁换向阀右位进入推进油缸的无杆腔,回油经三位四通电磁阀流回油箱,油缸向前推进。此时推进压力由比例溢流阀进行控制,推进速度由比例调速阀进行控制。泵的先导控制比例溢流阀的压力根据泵出口压力 $P_{泵}$ 和推进油缸压力传感器的显示压力 P_{max}(4组油缸 A、B、C、D 中最大的一组),

8.3 始发接收密封系统

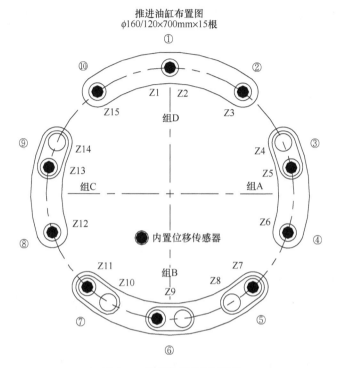

图 8.5 推进缸布置示意图

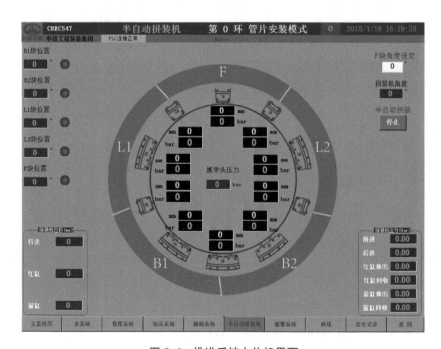

图 8.6 推进系统上位机界面

加 2MPa 通过 PLC 进行 PID 控制自动调节（调节范围 0～35MPa），通过程序中的 PID 控制使泵建立一种动态平衡，即 $P_{泵} = P_{max} + 2\text{MPa}$。

在主机室的控制面板上，将推进控制切换到管片拼装模式时，电磁换向阀得电；比例溢流阀得电（此时的溢流压力为最大值），比例调速阀得电，流量为最大；收油缸时，三位四通电液换向阀左位得电，电磁球阀得电，1s 后电磁换向阀得电，压力油经过插装阀、电液换向阀进入有杆腔，无杆腔压力油先经过电磁球阀卸荷，然后经过插装阀到回油路；伸油缸时，三位四通电液换向阀右位得电，此时电磁球阀不得电，电磁换向阀不得电，压力油经过插装阀、电液换向阀进入无杆腔，有杆腔压力油经过三位四通电液换向阀到回油路。在管片拼装模式下，压力是通过人机界面输入参数值（一般为 5～10MPa），然后通过 PLC 控制溢流阀的溢流压力，来控制泵的出口压力与设置值相符。

推进系统共分为上下左右 4 组油缸，在压力稳定的情况下，4 组油缸的推进速度由主机室内的 1 个电位计调节，通过电位计的电压变化来调节 4 组油缸的比例调速阀的流量，如果需要对其中 1 组油缸的速度进行微调时，则通过改变该组油缸的压力来实现，压力的改变通过主机室内的 4 个电位计控制，由电位计控制其对应的比例溢流阀。

8.3.2 基于成型隧道的始发、接收密封系统设计

由于联络通道是在成型主隧道的基础上开挖的，且始发及接收端头环境复杂，端头微加固甚至不加固。常规盾构始发和接收洞门密封很难保证抵抗得住地下水压力，一旦地下水击穿洞门密封，密封失效，地下水将夹杂地层中的砂土漏出，导致地层流失，造成地面塌方等事故。

为确保主机顺利始发及到达接收，采用始发端半钢套筒（半封闭）和接收端全钢套筒（全封闭）装置方案，如图 8.7 所示。即在始发及接收洞门外，采用特制钢套筒与洞门预埋洞门钢圈连接。密闭钢套筒内进行盾构始发/接收，通过在钢套筒内建立密闭的空间和内部填充物提供平衡掌子面的水土压力来保证施工安全，使主机破除洞门前即已建立了水土平衡的环境，刀盘出围护结构后等同于盾构常规掘进，从而避免了盾构机破除洞门过程中因为渗漏或掌子面上部失稳而出现塌方的隐患，可实现对洞门的不加固处理。

图 8.7 联络通道盾构机始发接收端布置

始发钢套筒采用半封闭式设计，如图 8.8 所示，设置 3 道可变压缩钢丝刷，始发状态下，尾刷压缩在盾体上，形成 3 道密封腔保证套筒内密封性。随着主机不断向前掘进，盾体逐渐从尾刷内拖出，此时钢丝刷压缩量发生变化，迅速回弹至管片，保持 3 个密封腔。

接收套筒为全封闭式结构，钢套筒后在钢套筒内回填砂土，预加一定压力，与土仓切

8.3 始发接收密封系统

图 8.8 始发接头套筒

口压力相同,当主机刀盘掘穿管片出洞时,套筒内外压力平衡,不会出现压力突变而造成隧道结构失稳。

由于联络通道在既有隧道内始发,相对常规始发、接收套筒设计而言,联络通道用始发和接收钢套筒需与既有隧道进行连接,连接面为相贯曲面,套筒需针对性地设计为曲面相贯法兰。为了便于后期重复利用,套筒采用模块化设计,可通过不同模块组合,实现盾构法和顶管法的施工,如图 8.9、图 8.10 所示。

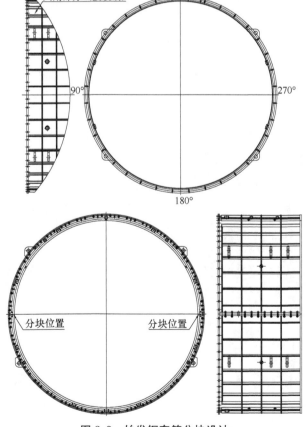

图 8.9 始发钢套筒分块设计

115

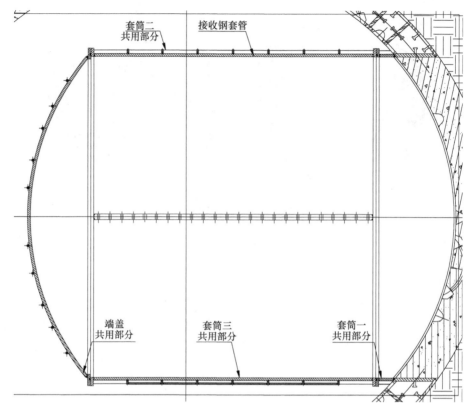

图 8.10 接收钢套筒分块设计

始发和接收钢套筒结构采用钢板外加筋板设计,结构强度满足套筒内水土压力、盾构刀盘推力产生的压力及结构的自重。借助 ANSYS Workbench 软件对始发接收钢套筒强度、刚度进行有限元分析。

始发钢套筒计算结果如图 8.11 所示,始发钢套筒边界条件下,结构最大等效应力为 100MPa,最大应力位于端部焊缝处,对于始发钢套筒基体材料 Q345B,该材料的最大公称屈服应力 295MPa;最大变形云图显示,最大变形量为 0.4mm,满足使用要求。

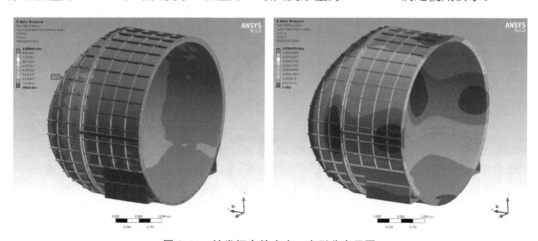

图 8.11 始发钢套筒应力、变形分布云图

8.4 适应凹凸弧形管片的刀盘切削技术

接收钢套筒计算结果如图 8.12 所示，接收钢套筒边界条件下，结构最大等效应力为 237.3MPa，最大应力位于填充口处，属于典型的应力集中范畴，盾体绝大部分应力在 78MPa 以下，对于接收钢套筒基体材料 Q345B，该材料的最大公称屈服应力 295MPa；最大变形云图显示，最大变形量为 1.4mm，满足使用要求。

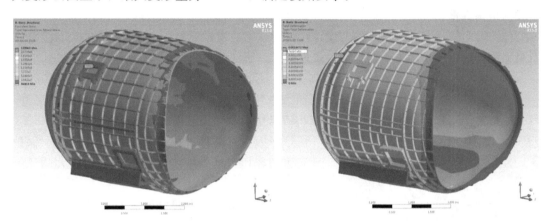

图 8.12　接收钢套筒应力、变形分布云图

综上，始发接收钢套筒受力分析结果满足推进受力要求，并储备一定的安全余量，现场应用情况如图 8.13 所示。

图 8.13　始发接收套筒现场应用情况

8.4　适应凹凸弧形管片的刀盘切削技术

8.4.1　锥形刀盘设计

1. 刀盘结构设计

联络通道刀盘采用辐条式锥形刀盘。开挖直径为 ϕ3290mm，刀盘设计 4 主梁＋4 副梁的锥形结构形式，开口率达到 50%。开口在整个盘面均匀分布，保证刀盘掘进过程中渣土顺利进入土仓。正常的进渣情况下，能够实现渣土径向的顺利流动，使渣土在刀盘中心

区域不易形成因流动不畅而引起的堵塞和堆积,从而有效降低中心结泥饼的概率。刀盘具体针对性设计如下:

(1) 刀盘采用辐条式结构设计,开口分布均匀,开口率约50%,中心设计采用一个筒体,作为连接驱动的部件,提供刀盘扭矩的载体;主梁及副梁采用箱梁结构设计,有助于增强结构强度。

(2) 刀盘辐条采用锥形结构的设计,针对联络通道弧形混凝土管片,中心刀具及先行刀具能够分梯度的切削掌子面管片,掘进中可以起到定心的作用。

图8.14 适用于联络通道隧道的锥形刀盘结构

(3) 刀盘同轨迹布置多把撕裂刀,分层布置,撕裂刀采用大合金设计,增大刀盘刀具磨损尺寸,减小刀盘扭矩,延长刀盘连续掘进距离。

(4) 刀盘大圆环外侧布置耐磨复合钢板+保护刀,大圆环切口环处堆焊耐磨网格,增强大圆环的耐磨性。

2. 锥形刀盘结构强度和刚度的校核

采用 ANSYS Workbench 进行有限元分析,刀盘所用材料为 Q345B,弹性模量为 2.0×10^{11} Pa;泊松比为 0.3;密度为 7850kg/m³。

在边界条件下刀盘结构的最大等效应力为169MPa,刀盘绝大部分区域的等效应力小于 50MPa,刀盘等效应力分布云图如图 8.15 (a) 所示;刀盘结构的最大综合位移为 2mm,刀盘的综合位移分布云图如图 8.15 (b) 所示。

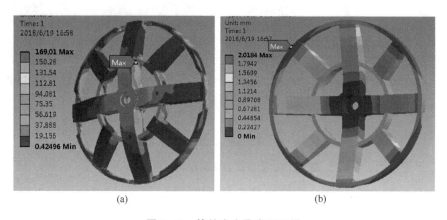

(a)   (b)

图8.15 等效应力及变形云图
(a) 等效应力分布云图;(b) 位移分布云图

刀盘设计所用材料为 Q345B,该材料的许用应力为 295MPa,因此该刀盘的结构设计满足强度要求。

根据本标段的工况,联络通道隧道两侧需切除主隧道管片(管片强度较强,大约在50MPa),而两个主隧道中间地质主要为粉质黏土。因此刀盘刀具既要具备破除混凝土管片的能力(短距离破岩能力),也要满足在软土地层稳定掘进的能力。滚刀虽然具备破

8.4 适应凹凸弧形管片的刀盘切削技术

除岩石的能力,但是在软土地层掘进时,滚刀会出现刀圈不转、偏磨等现象;撕裂刀具备一定的破岩能力,但是合金磨损较快。以下对两种刀具进行对比分析:滚刀具备破除管片的能力,但是不适用于软土地层中;撕裂刀有一定破岩能力,但是刀具合金磨损较严重。

考虑到联络通道工况为短距离掘进施工,刀盘刀具地质适应性为主要矛盾,刀具的磨损为次要矛盾。因此本次刀具选型选择撕裂刀作为刀盘的先行刀。

8.4.2 刀具配置的设计

1. 中心鱼尾刀 1 把

刀盘中心设计了新型中心鱼尾刀,中心内凹式设计,如图 8.16 所示。在设备始发/接收端施工切削掌子面时,新型鱼尾刀能够保证与掌子面接触点大于等于 2 个,起到刀盘掘进定心的作用,防止设备在始发/接收端偏离设计路线;新型鱼尾刀采用齿状的设计,合金刀能够更好地贯进"岩体"内,增强中心鱼尾刀的破岩能力。

2. 撕裂刀 26 把

撕裂刀以主隧道管片内径为基准布置刀

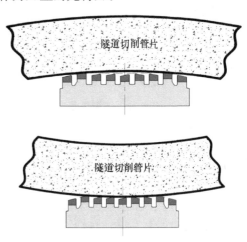

图 8.16 新型中心鱼尾刀切削管片示意图

具轨迹如图 8.17 所示,分梯度布置,S1~S3 号撕裂刀为第一梯度,S4~S6 号撕裂刀为第二梯度,S7~S9 号撕裂刀为第三梯度,S10~S12 号撕裂刀为第四梯度,S13 号撕裂刀为第五梯度,刀高差 5mm,依次递减,总刀高差达 25mm。撕裂刀采用大合金设计,刀具合金性能与日本 E3 类材料相当。增大刀盘刀具磨损尺寸,减小刀盘扭矩,有效延长刀盘连续掘进距离,如图 8.18 所示。

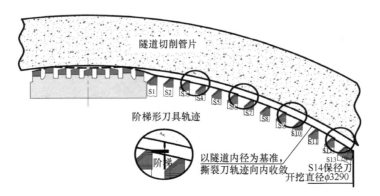

图 8.17 撕裂刀锥形轨迹图

3. 保径刀 8 把

保径刀均匀布置在刀盘外环梁处,如图 8.19 所示,刀高分两层布置,第一层为 4 把,第二层为 4 把,刀高差 15mm。

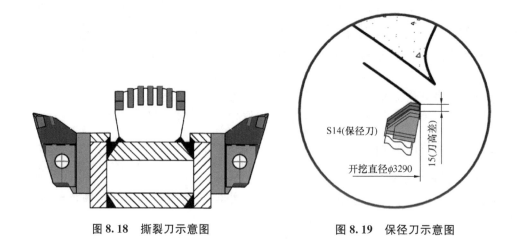

图 8.18 撕裂刀示意图　　　　图 8.19 保径刀示意图

保径刀主要作用是保护开挖直径，减少大圆环的磨损。保径刀采用大尺寸耐磨硬质合金组合设计，增强刀具耐磨性。

4. 切刀 28 把

刀具与刀座采用销轴连接方式固定，安装方便，可以刀盘背部换刀。刀盘中心区域同轨迹布置 2 把切刀，其他轨迹均布置 4 把切刀。切刀宽度 150mm，大合金设计，侧面堆焊耐磨合金条，及时收集渣土的同时又可有效防止切刀表面形成刀盘泥饼；切刀在开挖直径上全断面覆盖，保证刀盘全断面的切削掘进；切刀与先行刀高差达 50mm，保证刀盘切削混凝土管片时，减少切刀接触混凝土管片。

5. 边刮刀 16 把

边刮刀与刀座采用螺栓连接方式固定，刀具宽度 150mm，与先行刀高差为 50mm，采用加大合金设计，增强了边刮刀的使用寿命。边刮刀的主要作用是清理外围开挖渣土，防止刀盘外环梁直接磨损，如图 8.20 所示。

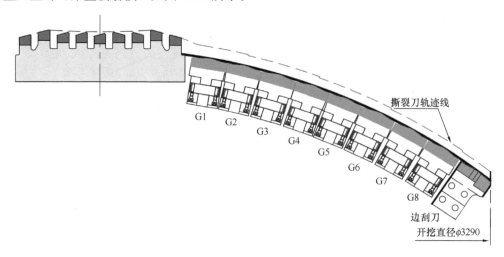

图 8.20 切刀及边刮刀轨迹图

8.4.3 刀盘耐磨设计

（1）在刀盘正面及周边面板上用耐磨焊条堆焊耐磨网格，加强刀盘面板及圆管背面的耐磨性；

（2）刀盘外圈梁外侧焊接耐磨复合钢板（规格为 12.5mm＋12.5mm）＋8 把合金保护刀，增强大圆环的耐磨性（图 8.21），防止刀盘外环梁磨损。

图 8.21　大圆环耐磨示意图

8.4.4 刀盘防泥饼设计

针对刀盘中心区域及面板易产生泥饼的问题，可以采用以下措施：刀盘具有较大开口，开口位置在盘面上均匀布置，整体开口率约 50%，有效防止泥饼的产生；背部布置主动搅拌棒，盾体胸板布置被动搅拌棒，通过搅拌增加渣土流动性；中心布置了 1 路冲刷喷口，正面布置了渣土改良主入口，可以有效改良土仓内的渣土。

8.5　狭小空间管片拼装技术

8.5.1 管片拼装机整体结构设计

联络通道设备属于微型直径盾构，上述管片拼装机应用于该项目均存在各自的局限性，为了适应本项目设备空间狭小的现状，同时满足半自动拼装的结构要求，创新设计了主梁回转式管片拼装机，如图 8.22 所示。

主梁回转式管片拼装机包括驱动单元、回转支承、回转架、滑动架、移动油缸、提升油缸、导向梁、提升油缸、抓举系统等结构。整体结构简单紧凑，功能完善，具备 6 自由度；具有较大的中心空间，满足其他部件的顺利布置；具备较大的轴向移动行程，方便抓举管片。该类型管片拼装机很好地满足了本项目狭小空间的要求，各动作采用液压执行元件驱动，便于数据监测和半自动化控制。

回转架一方面与回转支承的内齿圈螺栓连接，作为回转动作的执行元件，另一方面其主梁结构为轴向移动提供滑动轨道。其主梁结构要求具有较高的强度和刚度，保证运动的安全平稳性。借助有限元分析方法，对回转架主梁分别在 0°位置和 90°位置进行强度和变形分析，结果显示主梁最大变形为 0.6mm，远小于悬臂梁变形相关准则值；最大应力仅为 10.6MPa，完全满足强度要求，如图 8.23 所示。

第8章 机械法联络通道总体施工流程及关键技术

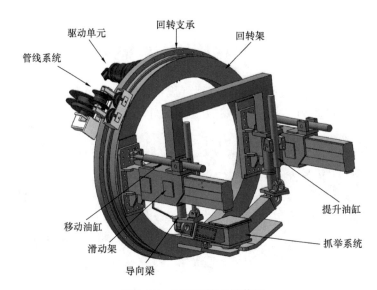

图 8.22 主梁回转式拼装机

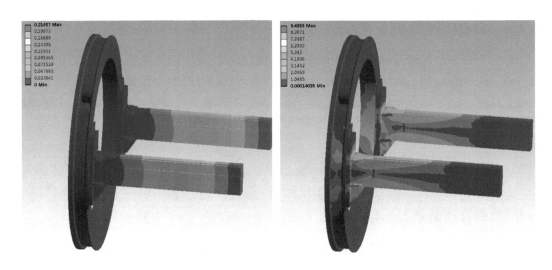

图 8.23 位置变形与应力

滑动架在移动油缸的驱动下,实现轴向移动动作,油缸采用比例阀控制,达到精确定位要求,如图 8.24 所示。滑动架内镶嵌有青铜合金,减小滑动架与回转架主梁轨道的滑动摩擦力。由于滑动架由一对油缸驱动,可能由于液压油排气不充分、装配误差等因素导致滑动架两侧运动不同步,故设计同步梁结构串联滑动架两侧结构,在运动中起到相互补偿的作用,使轴向移动更加平稳和精确。

抓举系统为管片拼装最直接的执行部件,其具备三个方向的转动自由度,即 θ_x、θ_y、θ_z,用于管片拼装时的±2.5°转动微调需要,如图 8.25 所示。其中 θ_x、θ_y 由调整油缸分别单独驱动,而提升缸非同步伸缩作用下使伸缩节被动伸缩,实现 θ_z 转动动作。

8.5 狭小空间管片拼装技术

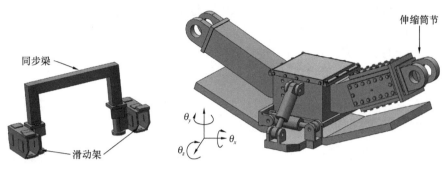

图 8.24 滑动架设计　　　　图 8.25 抓举系统

8.5.2 管片半自动拼装系统设计

盾构及掘进过程中，管片拼装所用时间占到总掘进时间的一半左右，所以管片拼装的高效性直接决定着隧道掘进进度。目前，管片拼装系统一般为人工操作，拼装速度完全依靠拼装工人的工作经验，拼装效率低下并且存在误操作的可能，同时消耗拼装工人大量精力。本项目创新设计了管片半自动拼装系统，除管片抓取、管片拼装微调和连接工作需要人工操作，其他拼装动作可由拼装机自动完成。

系统选用 PLC 作为控制核心，利用 PLC 运算速高速的特点，对系统反馈的数据和运算的指令数据进行综合判断，如图 8.26 所示。同时利用工业电脑作为图形输入输出终端，利用无线遥控器作为现场操作终端。将半自动拼装过程中的各种机器指令和人工指令发送给 PLC，进而更有效地控制拼装机的各个动作。

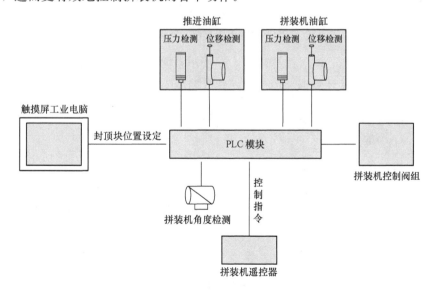

图 8.26 半自动拼装控制系统示意图

当进行半自动拼装时，操作人员首先在控制室工业电脑上输入封顶块"F 块"的设置角度，然后确认即可。PLC 系统会根据"F 块"的角度值计算出基准块"B1""B2"和相邻块"L1""L2"的目标位置。同时计算出每块管片所对应的推进油缸的油缸序号。数据计算完成后，拼装机马上进入半自动拼装状态。整个管片拼装过程，拼装机将按照"B1""B2""L1""L2"和"F"的拼装顺序进行管片拼装，该拼装顺序可根据不同工程需要可进行修改。对于每一块管片，半自动拼装过程又分为5个阶段：（1）自动抓取动作调整阶段；（2）人工抓取阶段；（3）自动拼装调整阶段；（4）人工微调阶段；（5）自动管片安装阶段。

8.5.3 无线蓝牙数据通信设计

联络通道设备内空间十分狭小，管线布置较为困难，保养维修不便，如图8.27所示。

图 8.27 设备内空间十分狭小

管片拼装机系统液压、电气线缆较多，在狭小空间内管线布置困难，检修维护不便，本项目创新设计了无线蓝牙数据通信模块，其数据传输示意图如图8.28所示。

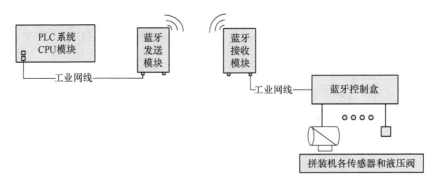

图 8.28 无线蓝牙数据通信示意图

蓝牙发送模块与PCL系统CPU模块相连，蓝牙接收模块与拼装机电气控制盒连接，拼装机所有传感器和液压控制阀的信号全部依靠蓝牙模块进行无线传输，大大减少了电气线缆的用量。有线数据通信需使用一根36芯的电缆连接，而使用蓝牙模块后，仅需要一根4芯电缆连接，同时电缆卷筒规格可大幅降低，大大节省洞内空间。

8.6 物料运输技术

联络通道掘进机是集成了盾构法和顶管法两种施工模式（图 8.29），盾构法施工时的管片是分块设计，总共分为了 5 块，单块最大质量为 600kg，顶管法施工时管节采用整体设计，管节质量为 6000kg。

在对联络通道进行开挖时，针对不同的施工模式就要设计不同的物料吊运系统，而且这两种不同模式的吊运系统还要做到快速切换，在这两种吊运系统的设计过程中，存在以下技术问题：（1）对于盾构法施工，如何将 4 号台车端部的编组列车上的管片及其他物料运送至盾构机的后部，以及如何设计一种能够满足盾构机始发方向的不同的双向物料吊运系统；（2）对于顶管法施工，需要满足顶管管节在狭小空间内的吊运需求。为此，针对盾构法和顶管法物料吊运系统的技术难题分别进行了创新性设计。

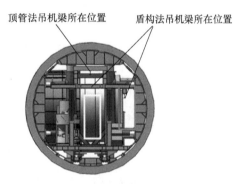

图 8.29 盾构法和顶管法物料吊运系统

8.6.1 盾构法联络通道物料吊运设计

盾构法联络通道物料吊运运输系统包括吊机及承载吊机行走的吊机梁系统，其中吊机梁主要集成于 4 号台车中部和 3 号台车侧部，如图 8.30 所示。盾构法联络通道吊机梁的设计方式，包括悬出于 4 号台车外部的直线段梁、固设于 4 号台车上的 S 形梁和安装在 3 号台车上的直线段梁。采用这种设计方式，可以将 4 号台车端部的物料及管片从 4 号台车的中间位置顺利地运送至 3 号台车上放置盾构主机的后部，巧妙地避开了盾构机所占用的运输空间。

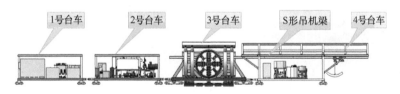

图 8.30 盾构联络通道物料吊运系统示意图

如图 8.31 所示，吊机在 4 号台车末端抓取到管片之后，首先沿着 4 号台车的中部向盾构机方向行进，为了实现管片和物料运输的连续性，需将管片和物料吊运至拼装机的后部，因此就必须将 4 号台车向 3 号台车转弯处的吊机梁设计为 S 形结构。

在联络通道施工的过程中，盾构机存在始发方向的调换，如果联络通道从右侧主隧道往左侧主隧道开挖时，可以将 S 形梁设计为如图 8.32 所示的方式，如果联络通道从左侧主隧道往右侧主隧道开挖时，则需将 S 形梁做对称设计，即 4 号台车吊机梁两段 S 弯对称制作，3 号台车及 4 号台车直线段共用。设备组装时根据物料运输方向，选择合适的弯梁进行组装，并将 3 号台车直线段梁安装在正确的一侧即可满足物料运输。

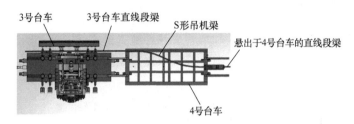

图 8.31　盾构法联络通道物料吊运系统模型图（俯视图）

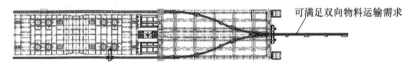

图 8.32　双向物料运输方式

管片吊机系统理论计算分析如下所述。

物料吊运系统的设计关键点在于对管片的吊运，管片吊机在选取时，由于该吊机梁为 S 形梁，当吊机负载运行时，为防止发生卡顿现象，S 形梁的钢结构设计应满足刚度和强度要求，保证吊机平稳运行。

(1) 基本技术参数

以联络通道 $\phi 3250\text{mm}$ 外径管片为例，整环管片质量 3000kg，单块最大质量为 600kg。

吊机起升质量：$Q=2000\text{kg}$；

吊机系统质量：$G=500\text{kg}$；

吊机工作级别 M5；

吊机运行速度：$v=10\text{m/min}$。

吊机主要受到的力为摩擦阻力、坡道阻力、静阻力。

(2) 运行电机功率计算

① 摩擦阻力计算

$$F_\mathrm{m} = \frac{\beta(Q+G)(2f+\mu d)g}{D}$$

$$= \frac{2\times(2000+500)\times 9.81\times(2\times 0.3+0.015\times 35)}{100}$$

$$= 552\text{N}$$

式中：β——加摩擦阻力系数，取 2；

　　　g——重力加速度，取 9.81m/s^2；

　　　f——滚动摩擦系数，取 0.3；

　　　μ——车轮轴承摩擦系数，取 0.015；

　　　d——与轴承配合处车轮轴的直径，取 35mm；

　　　D——车轮踏面直径，取 100mm。

8.6 物料运输技术

② 坡道阻力计算

考虑轨道安装时的高低差,轨道坡度按 11°计算,则坡道阻力计算如下:

$$F_p = (Q+G)g \cdot \sin 11° = (2000+500) \times 9.81 \times \sin 11° = 4680\text{N}$$

③ 静阻力计算

盾构小车静阻力:

$$F_j = F_m + F_p = 552 + 4680 = 5232\text{N}$$

④ 运行电机功率计算

运行电机静功率:

$$P_j = \frac{F_j v}{60000 \eta m} = \frac{5232 \times 10}{60000 \times 0.85 \times 1} = 1.03\text{kW}$$

式中:η——机械传动效率,取 0.85;

m——运行电机的数量,取 1。

则运行电机的动载功率为:

$$P = K_d \cdot P_j = 1.8 \times 1.03 = 1.85\text{kW}$$

式中:K_d——考虑到电动机启动时惯性影响的功率增大系数。

⑤ 运行电机的输出转速计算

运行电机输出转速:

$$n = \frac{vD_1}{\pi D_2 \cdot D} = \frac{10 \times 330}{\pi \times 0.203 \times 57} = 91\text{r/min}$$

式中:D_1——大齿轮分度圆直径,为 330mm;

D_2——链轮分度圆直径,为 203mm;

D——小齿轮分度圆直径,为 57mm。

因此,选用电机为 KAF47DRS90L4/BE5,额定功率 $P_e=2.2$kW,额定输出转速 $n_e=103$r/min,由于选用的为三合一电机,故减速器、制动器不再校核计算。

该 S 形吊机梁主要受到的载荷为管片的重力和吊机的自重,其中吊机梁在 3 号台车中间位置和 4 号台车转弯处为最危险点,因此将 3 号台车上安装的那段直梁和 4 号台车转弯处的 S 形梁单独进行分析。

在进行有限元计算时材料的弹性模量和泊松比分别取 $E=2.1\times10^{11}$Pa 和 $v=0.3$,密度为 $\rho=7.85\times10^3$kg/m³。网格划分形式采用四面体单元进行自由网格划分,并对局部网格进行了优化,应力应变如图 8.33 所示。

吊机行走梁主要由 250×116 型工字钢组成,最大应力为 54MPa,集中在结构的中间部分,最大变形量为 1mm(整个结构长 5.2m),碳素结构钢 $\sigma_s=235$MPa,安全系数为 4.4,满足使用要求。

在进行有限元计算时材料的弹性模量和泊松比分别取 $E=2.1\times10^{11}$Pa 和 $v=0.3$,密度为 $\rho=7.85\times10^3$kg/m³。网格划分形式采用四面体单元进行自由网格划分,并对局部网格进行了优化,应力及变形如图 8.34 所示。

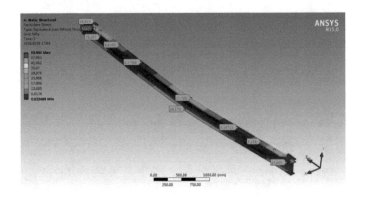
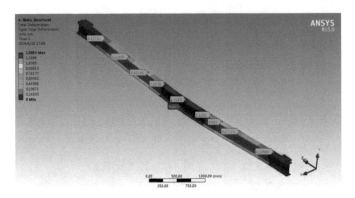

图 8.33　3 号台车直梁段结构应力云图

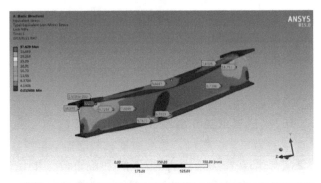
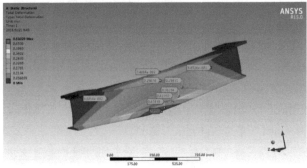

图 8.34　S 形梁结构应力及变形云图

S 形梁段主要由 250×116 的工字钢组成,最大应力为 38MPa,集中在连接板和梁的焊接部位,最大变形量为 0.5mm(整个结构长 8.5m),碳素结构钢 $\sigma_s=235$MPa,安全系数为 6,满足使用要求。

该新型吊机系统已经在工程中得到应用,在实际运行中得到较好的评价,相对于常规盾构的缺点,该吊机系统主要的优化点如下:

(1) 无需管片小车转接,可以直接吊运编组列车上的管片;
(2) 提高了管片运输效率以及拼装效率,加快工程施工进度;
(3) 整体的成本减少,安全性提高。

8.6.2 顶管法联络通道物料吊运设计方案

顶管法采用顶管模块进行施工掘进机,使用整环管节形成联络通道衬砌支护。顶管法联络通道物料吊运运输系统包括吊机及承载吊机行走的吊机梁系统,其主要特点为单梁双吊机,即吊机梁为单根通梁设置于 3 号台车和 4 号台车的顶部中间。

顶管管节采用整环管节方案,顶管法联络通道的管节运输通过两个吊机将管节由编组小车经由 4 号台车吊运至 3 号台车掘进断面内,如图 8.35 所示。

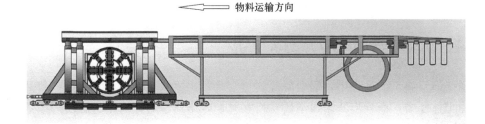

图 8.35 顶管法物料吊运系统模型

图 8.36 为顶管法物料吊运系统的俯视图,顶管机在始发的状态下,首先要依靠顶推油缸将顶管机往前推进,从而空出管节的通过空间,当管节的通过空间满足设计要求之后,即可将管节放置于 3 号台车上所设置的导轨上,当管节放置稳定后,由顶推系统推着管节向前移动并完成最终的拼装。

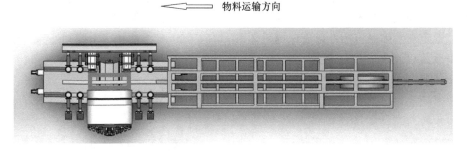

图 8.36 顶管法物料吊运系统俯视图模型

该单梁双吊机系统具有以下两方面的优点:
(1) 无需管片小车转接,可以直接吊取编组列车上的管片;

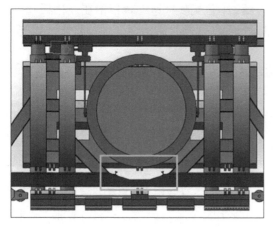

图 8.37 管节放置位置

(2) 在狭小空间内完成了整环管节的吊运，节约了空间，同时也提高了管片运输效率。

综上，项目组设计的盾构法和顶管法联络通道物料运输系统中的吊机系统分别采用了 S 形梁单吊机形式和单梁双吊机形式。在施工时，如果采用盾构法施工，将顶管法的单梁拆除，如果采用顶管法施工，将盾构法的吊机梁拆除即可，同时满足了在不同施工模式下吊运方式的切换。本项目研制的物料吊运系统，主要对以下方面进行了突破性的改进：

(1) 针对不同的施工模式，可以自由选择相应的物料吊机形式，比如盾构法吊运系统和顶管法吊运系统；

(2) 盾构法物料运输系统可实现双向吊运的模式切换；

(3) 狭小空间内顶管管节的运输方式。

8.7 移动式管片预应力支撑系统

在联络通道施工的过程中，需要破除隧道管片，当主隧道管片破损之后，管片就会受到很大的土体压力，而且当联络通道盾构机在开挖联络通道时，其推进缸所产生的推力会施加在主隧道管片内壁上，这时主隧道管片会产生一个类似于椭圆形状的变形。为了保证主隧道结构稳定，避免主隧道管片在受到外力时所产生的变形，就需要在管片内壁面上设置一用于防止其变形的管片稳定支撑装置。以下针对管片稳定支撑体系进行详细介绍。

8.7.1 管片稳定支撑体系研究设计

针对盾构始发及掘进过程中推力可能造成主隧道管片变形的问题，联络通道掘进机设计时在 3 号始发台车与 5 号接收台车上安装有用于支撑主隧道管片的管片稳定支撑体系，该管片支撑体系可横向稳定主隧道 5 环管片，管片稳定支撑体系如图 8.38 所示。

管片稳定支撑体系包括外部支撑撑靴体系、内支撑台车体系和用于控制外部支撑撑靴伸缩的液压系统以及电气控制系统，当管片稳定支撑结构在主隧道外部时，外部支撑撑靴通过油缸呈现回缩状态以方便内支撑台车体系的运输，当放置于内支撑台车体系上的主机系统运输至始发洞门时，外支架可通过安装于内支撑台车体系上的油缸将其撑紧于主隧道管片的内壁面上，外部支撑撑靴伸缩和撑紧状态如图 8.39 所示。

图 8.38 管片稳定支撑体系

8.7 移动式管片预应力支撑系统

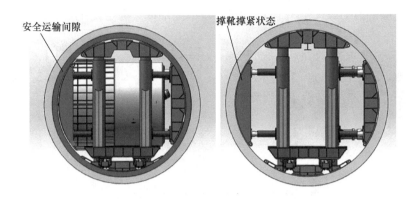

图 8.39　外部支撑撑靴伸缩和撑紧状态

该稳定支撑体系可以实现三个方面的功能：

(1) 能够实现外部支撑撑靴的快速支撑和回收，方便盾构机的始发和接收；
(2) 可以在联络通道施工过程中对主隧道管片进行稳定支撑；
(3) 可以对联络通道施工过程中的管片进行受力监测。

1. 外部支撑撑靴体系刚度强度分析

外部支撑撑靴体系为该盾构机的设计关键点，其主要包括上、下、左、右四部分支撑撑靴，考虑到联络通道洞门在切削之后土压力会部分传递至管片稳定支撑体系的支撑撑靴上面，因此，各个支撑撑靴的结构稳定性需要进行受力分析，以确保整个联络通道施工过程的安全性。

采用通用有限元软件 ANSYS Workbench 将外部支撑环结构按照设计图纸尺寸创建模型。为得到接近实际情况的应力分布情况，兼顾计算精度和计算效率，我们这里使用 20 节点四面体 solid195 单元，设定单元长度为 100mm，为了防止六面体单元刚度硬化效应，后期可将局部网格划细再详细计算。简化图纸中倒角、圆角，视各个焊接板材的焊缝没有缺陷，将螺栓连接法兰面视为固定接触。

支撑撑靴的制作材料为 Q345B 钢，弹性模量 $E=2.1\times10^5$ MPa，泊松比 $\upsilon=0.3$，密度为 $\rho=7.85\times10^3$ kg/m³，重力加速度 $g=9.8$ m/s²。Q345B 钢板的力学性能见表 8.1。

上部支撑撑靴用钢板的力学性能　　　　　　　　　　　　　表 8.1

钢号	质量等级	屈服点 $\sigma_s \geqslant$ (MPa)				抗拉强度 σ_b (MPa)	许用应力 $[\sigma]$ (MPa)
		≤16	16～35	35～50	50～100		
Q345	B	345	325	295	275	470～630	148

注：许用应力的确定考虑了 2 倍的安全系数。

支撑撑靴所承受的载荷主要有土体压力和自身结构重力，土体压力考虑 20m 覆土压力约为 1200t，上部支撑撑靴结构自重约 17t，因此可以忽略不计。

计算结果如图 8.40～图 8.43 所示，其中上部支撑撑靴结构最大等效应力为 180MPa，下部支撑撑靴结构最大等效应力为 147MPa，右部支撑撑靴结构最大等效应力为 20MPa，左部支撑撑靴结构最大等效应力为 40MPa，属于典型的应力集中范畴，绝大部分应力在 30MPa 以下，对于基体材料 Q345B，该材料的最大公称屈服应力 295MPa；最大变形云图显示，最大变形量为1mm，位于下部支撑撑靴中间部位，满足使用要求。

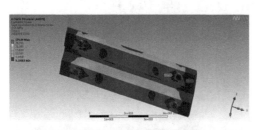
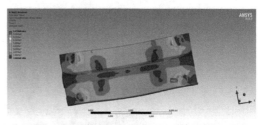

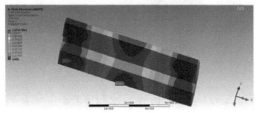
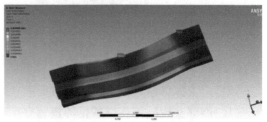

图8.40 上部支撑撑靴应力及变形云图　　图8.41 下部支撑撑靴应力及变形分布图

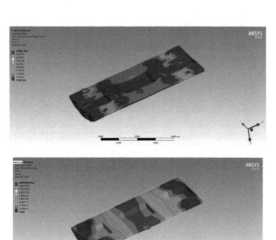
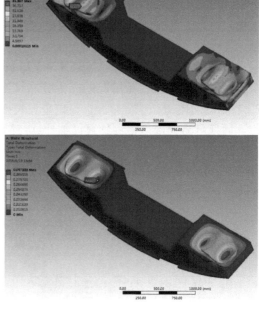

图8.42 下部支撑撑靴应力及变形分布图　　图8.43 左部支撑撑靴应力及变形分布图

综上，通过对外部支撑撑靴体系各个部件的分析可知，在受到1200t的覆土压力的情况下，该外部支撑撑靴体系能够满足使用要求。

2. 内支撑台车体系

内支撑台车体系主要由底部平台和8根立柱结构所组成（图8.44），底部平台主要放置盾构机主机系统，立柱结构主要用于安装顶升油缸和侧向油缸并保持整体结构的稳定性。

8.7 移动式管片预应力支撑系统

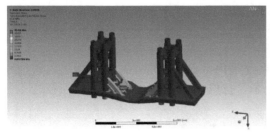 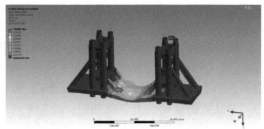

图 8.44 应力分布图

根据有限元分析结果，可以得出如下结论：

(1) 在外部支撑撑靴体系未撑紧时，台车的底部平台仅在负载和自重作用下，最大应力约为 39.4MPa，最大应力出现在主机支撑座与拖车连接位置处；

(2) 台车的底部平台的最大应变约为 0.38mm。

综上所述，台车在外部支撑撑靴体系未撑紧情况下，强度和刚度可以满足使用要求。

3. 顶升和侧向油缸的控制系统

(1) 按照原理图进行正确的管路连接，上下顶升油缸规格为 $\phi 260/220$，左右侧向油缸规格为 $\phi 110/80$。

(2) 启动高压支撑泵，在上位机上设定高压支撑泵的压力以及各单根油缸的控制压力（可以设定相对低一点），同时可启动辅助泵（若单独使用高压支撑泵油缸运行速度可能相对慢，启动辅助泵可进行双泵合流提高运行速度），通过操作屏上的控制按钮可分别控制立柱顶升油缸和侧向油缸的伸出与收回。

(3) 当立柱顶升油缸和侧向油缸运行快到行程终点时油缸停止伸出，并关闭辅助泵，修改高压支撑泵的设定压力以及单根压力的设定值。压力设定的原则：在主隧道管片始发及施工全过程中，支撑力不使管片由内向外破坏，具体设定值需提前设定。通过此时的压力控制立柱顶升油缸和侧向油缸运动到位。

(4) 油缸运动到位后，关闭高压泵，阀块保持设定的撑紧压力，联络通道开始进行施工，液压系统处于被动受力状态。

(5) 当管片结构破坏系统受力状态发生变化，管片有向内收敛趋势时，液压系统压力升高，内支撑环支撑力变化可通过液压系统压力传感器读出。液压阀块设定的安全溢流压力是 35MPa，最大能够提供 1440t（由设计院提供最大荷载）的撑紧力。

(6) 如果实际地层压力与理论计算存在出入，大于支撑体系承载极限 1440t，即液压油压力高于 35MPa，液压油溢流，油缸回收，在立柱上设置有机械防护，内支撑体系通过机械顶紧，提供支撑力。机械保护允许油缸单边收回 5mm。此状态发生时需考虑及时采取加固措施对主隧道周围地层进行加固，减小管片的受力及收敛变形。

针对联络通道在主隧道管片破损之后，管片受到很大的土体压力而产生变形，设计相应的预应力支撑体系、液压控制系统来实现主隧道管片的支护，将预应力支撑体系设置于可移动的内支撑台车体系上，同时盾构机也可以放置于可移动内支撑台车体系上，方便了盾构机的运输、施工。

8.7.2 电气系统设计

支撑配电柜电气系统主要包括 PLC 控制系统、动力系统、人机界面。

(1) PLC 系统为整个支撑系统核心,该系统采用 Siemens S7-300 系列模块,通过继电器、接触器控制高压支撑泵、辅助泵,同时通过传感器采集支撑系统各个油缸位移、压力,并将数据传输给上位机和地面监控系统。

(2) 动力系统为整个支撑系统提供电源动力,低压控制总开关配置失压脱扣单元,实现对整个电力系统保护,动力系统为高压支撑泵,辅助泵等液压源提供动力,同时提供整个系统照明。

(3) 人机界面:支撑系统配置一台工业电脑,工业电脑用来监视盾构的运行状态,实时显示盾构的各项运行参数,同时还能对重要保护参数进行设置。工业电脑与主 PLC 通过以太网进行通信并实时交换数据。在工业电脑上可设置相关参数、显示报警并能够进行历史数据记录,设备采用的数据采集系统可将支撑系统的掘进数据以数据文件的形式自动打包存储,方便日后统计使用,可通过曲线和表格等形式实现对设备掘进状态和参数的分析。地面可通过安装地面监控设备及软件实时监控盾构运行状况。针对宁波机械法联络通道施工,设计研究的"联络通道支撑上位机系统"简介如下。

如图 8.45 所示,该系统基于 Microsoft.NET Framework 架构进行开发的一种先进的数据采集和监控软件,软件支持中文环境,运行稳定可靠。该软件平台采用模块化的方式,通过不同的模块实现各种功能的管理和应用且采用了插件的形式,实现的是一种类似"可插拔"功能的软件定制类型,通过对模块中插件的管理实现不同的模块功能。该软件的核心结构从总体上分为以下几个方面:框体界面、数据库访问、业务逻辑处理、服务器客户端通信、上位机与动臂控制器数据访问、系统全局设置等。

软件主要功能是以机械结构、控制器及其程序以及工业控制计算机等为主要素材,利用计算机编程语言,互联网技术以及数据库的功能服务于联络通道上位机地下施工定位定

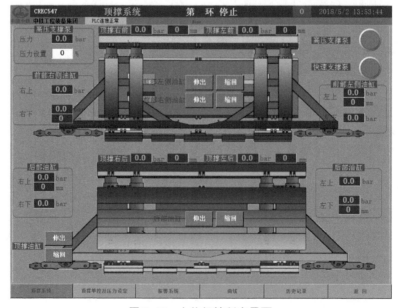

图 8.45 上位机控制主界面

向的操作、维护、缺陷反馈的专业软件。

如图8.46所示，该界面主要进行顶撑系统控制，通过界面的泵启停按钮控制高压支撑泵和辅助泵的启停，界面显示顶撑系统各个油缸的压力、位移，同时可以通过界面单控模式选择按钮、设置各个油缸的压力比，来实现对各个油缸的单独控制。

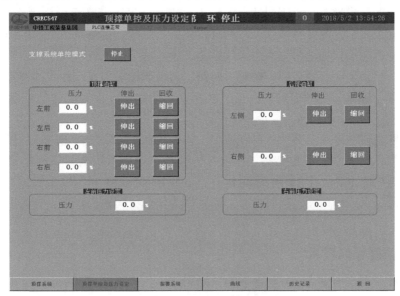

图8.46 顶撑系统控制界面

基于以上设计，项目实施时对内支撑系统进行了逐级加载和卸载试验，压力监测曲线如图8.47所示，满足管片快速预应力支撑的要求。

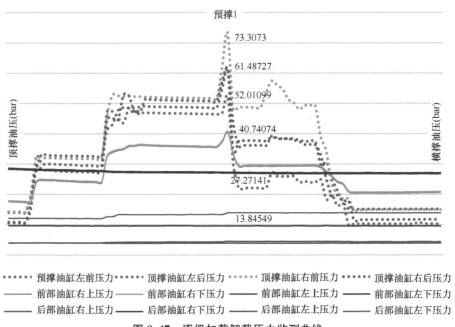

图8.47 逐级加载卸载压力监测曲线

8.8 掘进施工测量导向

联络通道作为地铁区间上行线与下行线的连接隧道,与地铁正线隧道呈 T 形,作业空间狭小,自动测量导向系统因测站点安装于后支撑体系上,受盾构推力作用产生位移,精度不满足施工要求。测量技术作为盾构隧道施工的眼睛,其测量结果的准确性直接影响着项目工程是否能够顺利进行。在盾构隧道施工中,为了保证各项开挖面能正确贯通和符合设计要求,就必须随着隧道施工掘进实时测定当前盾构机与设计轴线的偏差。相较于传统机械法而言,机械法联络通道具有空间狭小、自动测量导向系统测站点易发生位移的特点。

机械法联络通道施工与其他盾构隧道类工程区别在于,联络通道隧道洞口位于地铁正线隧道内,与正线隧道呈 T 形结构,作业空间狭小,导向系统全站仪仅能安装于后支撑体系上,后支撑体系受反作用力会发生位移,造成导向系统测量精度不够。发生位移后需人工及时对测站点进行检测,费时费力,而且因为作业空间狭小,人工复测工效较低,影响施工进度。

8.8.1 高精度导向技术

根据机械法联络通道特殊结构构造和空间布局,经反复计算和验证,采用新的测量导向技术理念,并设计新的测量导向系统。该系统包括全自动全站仪、无线电台、计算机及应用工具、盾构机、激光靶、定向棱镜、控制箱。全站仪安装于盾构机后支撑体系上,定向棱镜安装于稳定管片内壁上,激光靶安装于与测站全站仪通视的盾构机内,如图 8.48 所示,具体导向过程如下:

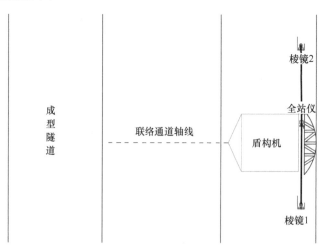

图 8.48 地铁正线自动测量导向改进后测量示意图

(1)当盾构机掘进时,计算机通过中央控制箱控制全站仪进行建站,然后测设出新增的定向棱镜和盾构机上激光靶的三维坐标及方位角;

(2)全站仪将测量的数据通过无线电台发送信号传输给计算机的输入信号端,计算机先计算测设出的新增棱镜三维坐标与该棱镜原坐标较差,当较差小于限差(具体化)时,应用工具通过测设出的激光靶坐标计算出当前盾构机与设计轴线的偏差;

(3)因为全站仪安装于盾构机后支撑体系上,在盾构掘进过程中后支撑体系会发生位移,当测量出的新增棱镜坐标与原坐标限差超限时,计算机通过中央控制箱控制全站仪分别测设出两个定向棱镜的水平距离、夹角、高差,测设出的数据通过无线电台传输给计算机,通过应用程序计算出当前测站点坐标,并更新;

(4)通过比较更新前后的姿态偏差作为该步骤的检核,当测站点坐标更新后测设出的盾构机姿态与原姿态超过限差时,计算机出现报警信息,工程师人工复核测站点坐标。

8.8.2 掘进导向系统

掘进采用力信 RMS-D 自动导向系统,系统使用力信-徕卡定制 TS 系列测量机器人作为测量单元,用三维激光靶作为目标单元来计算出 EPB/TBM 的俯仰角、滚动角(侧转角)和盾首/盾尾的三维坐标,得 EPB/TBM 的实时偏差情况,从而引导 EPB/TBM 实时掘进,系统主要包括:测量单元、控制单元、目标单元和系统附件。力信 RMS-D 自动导向系统构成如图 8.49 所示。

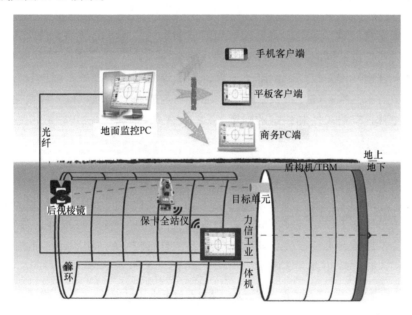

图 8.49 RMS-D 自动导向系统示意图

盾构类型 表 8.2

类型	限差
盾构姿态偏差	±50mm/±60mm
拼装轴线偏差	±50mm/±60mm
成型管片轴线偏差	±100mm/±120mm

8.8.3 管片姿态复核

管片姿态测量是通过制作一根固定长度的铝合金方尺,在尺中心位置粘贴双面反射

第8章 机械法联络通道总体施工流程及关键技术

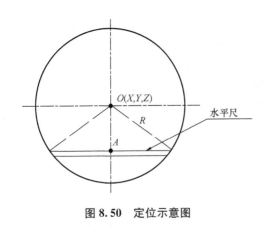

图 8.50 定位示意图

片，测量反射片的三维坐标，并通过铝合金尺与管片的相对位置推算出管片中心三维坐标（图 8.50），从而判定管片姿态。

8.8.4 盾构接收测量

盾构接收时其刀盘与接收洞门偏差允许值为平面＜±50mm，高程＜±25mm，同时盾构中心线轴线较设计轴线提高 10~20mm。

在掘进机接收前要系统地对掘进轴线进行一次全面精确的复测，并严格控制掘进机的掘进参数。由于盾构机脱出盾尾时都要受到很大的弯曲应力，所以尽量使掘进机保持头高尾低的姿态，与端头井接收架的高程相当，是管片受到的弯曲应力尽量小。

8.9 壁后注浆技术

盾构同步注浆就是在隧道内将具有适当的早期及最终强度的材料，按规定的注浆压力和注浆量在盾构推进的同时填入管片背部管片建筑空隙内。其目的：（1）尽早填充地层，减少地表及上方建（构）筑物的沉降量，保证周围环境的安全；（2）确保管片衬砌的早期稳定性和间隙的密实性；（3）提供长期、均质、稳定的防水功能；（4）作为隧道衬砌结构的加强层，使其具有耐久性和一定的强度。

8.9.1 浆液材料

由于联络通道掘进机较小，内部空间有限，很难采用内置注浆管，若采用外置注浆管，这洞门管片削切量较大，所以采用二次注浆的形式代替同步注浆，联络通道管片预留的注浆孔，同步注浆采用双液浆。同时浆液需具有高密度、良好充填性、体积收缩率低、浆液不分层、不离析、不易流失、初凝时间缩短、具有较高的强度等优良性质。注浆液的主要配合比、注浆参数如表 8.3 所示。

盾构推进双液浆注浆材料及配比（kg/m³）　　表 8.3

P·O42.5 普通硅酸盐水泥	水	水泥	水玻璃	控制稠度(mm)	初凝时间(s)
100	360	180	90	12±1	60

8.9.2 注浆压力

注浆压力通过理论分析来计算，为保持地层稳定，注浆压力应大于注浆口处的主动土压力，且小于注浆孔处的被动土压力。因此，保持地层稳定的注浆压力上临界值可表示为：

$$p_{up} = \gamma H \tan(45° + \varphi/2) + 2c\tan(45° + \varphi/2)$$
$$p_{ma} = \gamma H \tan(45° - \varphi/2) - 2c\tan(45° - \varphi/2)$$

式中，γ 为重度；H 为注浆孔埋深。

根据以上公式分析，对于黏土地层，计算结果为 0.27～0.33MPa。故取最佳注浆压力为 $p=0.3$MPa。实际的盾构注浆压力大约为 0.3MPa。

8.9.3 注浆量

注浆量的确定是以管片背部建筑空隙量为基础并结合地层、线路线性及掘进方式等考虑适当的饱满系数，以保证达到充填密实的目的。注浆量与盾构掘进时扰动地层范围有关系，扰动范围是变量，一般情况下充填系数为 1.3～1.8；富水黏土地层中，扰动系数一般取 1.5～1.8。每环同步注浆量为：

$$Q = K \times \pi \times (D^2 - d^2) \times L/4$$

式中，K 为注浆填充率(1.5～2.0)；D 为盾构机刀削外径；d 为管片外径；L 为管片环宽。则 $Q=4\times(1.5\sim2.0)=6\sim8\text{m}^3$。

8.10 本章小结

本章概要性地介绍了机械法联络通道工法的总体施工流程，分析了顶管法和盾构法施工流程的不同。针对盾构机的始发和接收时的密封防水、适应凹凸弧形管片的刀盘切削、狭小空间管片拼装、T接隧道物料运输、移动式管片预应力支撑系统等技术难题，提出了系列解决方案，包括采用始发端半钢套筒（半封闭）和接收端全钢套筒（全封闭）装置密封系统施工技术并进行了分析验证；采用锥形刀盘及相关刀具配置的适应凹凸弧形管片的刀盘切削技术；以及主梁回转式管片拼装机及管片半自动拼装系统的狭小空间管片拼装技术，除管片抓取、管片拼装微调和连接工作需要人工操作，其他拼装动作可由拼装机自动完成；还创新设计了无线蓝牙数据通信模块；提出采用了S形梁单吊机形式和单梁双吊机形式的联络通道物料运输系统，设计了3号始发台车与5号接收台车上安装有用于支撑主隧道管片的管片稳定支撑体系，能够实现外部支撑撑靴的快速支撑和回收，方便盾构机的始发和接收，可以在联络通道施工过程中对主隧道管片进行稳定支撑；可以对联络通道施工过程中的管片进行受力监测。

第9章 机械法联络通道切削施工参数与影响分析

9.1 概述

机械法联络通道施工时,首先要利用掘进机切削管片,锥形刀盘在切削管片时是由凹凸弧面的中间向四周逐渐切开,参照前述章节,对拟切削管片进行弱化设计,布置有横向和竖向排列的玻璃纤维筋,便于切削作业。本章介绍混凝土切削性能试验以及数值模拟分析,同时介绍对凹凸弧面管片结构进行切削试验模拟的内容。值得注意的是,切削试验时应密切注意观察盾体振动情况,盾构机渣土改良效果,随时关注渣土温度,渣土结块情况,检查泡沫发生情况,防止泡沫堵管现象的发生。当刀盘完全进入管片后,开始向套筒内注入填充物,以保证套筒内的压力与外界水土压力平衡,同时在套筒尾刷中注入盾尾油脂进行密封,防止填充物渗漏。当盾尾开始脱出套筒时,套筒尾刷弹起与管片接触,其在套筒内所形成的空隙变大,此时应逐渐向套筒内注入填充物,当盾构机盾尾完全脱离洞门后,停止注入。填充物注入应注意注入压力及套筒渗漏情况,预估注入量,保证套筒内填充物密实。

总之,本章通过切削物理试验结合理论分析,模拟研究凹凸弧形管片刀盘切削影响,据此调整掘进施工参数,包括推力和扭矩控制,为机械法联络通道掘进施工提供技术支撑。

9.2 混凝土切削试验与仿真优化

在地铁工程中对钢筋混凝土桩切削的研究比较成熟,对于旁通道管片切削问题研究比较少。为此,本章首先开展混凝土切削性能试验、混凝土切削仿真与优化研究,再开展刀盘切削试验对锥形刀盘的切削能力进行检测,为实际施工提供参数指导。

9.2.1 混凝土切削性能试验

根据混凝土强度和刀具的机械特性,可考虑开展混凝土切削性能对刀具使用性能及磨损量的影响试验研究,进一步优化混凝土配比。

1. 钻床切削

如图9.1~图9.4及表9.1所示。

钻床切削数据表　　　　表9.1

	5min	10min	15min
水泥净浆	30.4	62.8	—

续表

	5min	10min	15min
C50 水泥砂浆	11.2	21.6	31.8
C50 碎石混凝土	11.6	14.6	16.4
40%LC50	16.3	19.7	24.5
30%LC50	11.6	15.8	17.9
C30 陶粒混凝土	20.8		

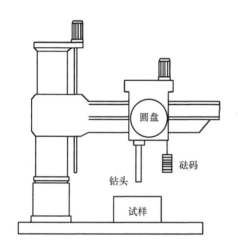

图 9.1 改装钻床示意图和试验图

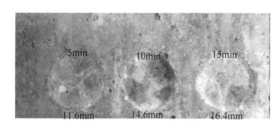

图 9.2 不同切削时间的钻孔深度图

图 9.3 钻孔深度测量示意图

2. 真实刀具切削（20mm）

油缸压强：15.6MPa；进给速度：10m/min。如图 9.5 和表 9.2 所示。

图 9.4 刀具切削磨损对比图

图 9.5 真实刀具切削图

第9章 机械法联络通道切削施工参数与影响分析

真实刀具切削数据表　　表9.2

混凝土	切削速度（mm/s）
C50，碎石	66.3
C50，砂浆	57.7
C50，40％陶粒	56.6
C40，40％陶粒	54.8
C40，35％陶粒	56.2
C35，35％陶粒	47.4
C30，35％陶粒	39.9

刀盘磨损量测量：试验前刀厚144.4mm；切完所有陶粒组刀厚：144.3mm；切完砂浆和碎石后刀厚：144.0mm。

9.2.2 混凝土切削仿真与优化

根据可切削混凝土的破坏模型，对不同骨料类型和不同配合比下的混凝土材料、切削碎裂形貌进行数值模拟，结合试验研究和数值模拟进一步优化可切削混凝土配合比。

1. 黏聚力模型切削仿真

创建二维混凝土切削模型，其本构模型主要使用双线性黏聚力本构模型。混凝土二维切削模型主要包括两个部件，分别是混凝土板和切削刀具。

混凝土板长宽尺寸为100mm×50mm，采用C40混凝土，该混凝土板的材料参数具体如表9.3所示。混凝土板的模型网格采用C3D6R单元进行网格划分，其网格划分较细以便于得到更为精确的混凝土切削碎块。

混凝土板部件切削仿真相关参数　　表9.3

密度（kg/m³）	弹性模量（GPa）	泊松比	破坏主应力（MPa）	失效位移（mm）
2400	32.5	0.2	4	0.01

刀具部件材料参数如表9.4所示，其具体刀具形态如图9.6所示。切刀部件模型采用C3D6R单元进行网格划分，并把切刀部件设为刚体。由于本书主要分析混凝土切削碎块以及裂纹扩展的情况，考察主体不在刀具，所以无需考虑刀具的变形情况。

刀具部件切削仿真相关参数　　表9.4

密度（kg/m³）	弹性模量（GPa）	泊松比	刀具前角（°）	刀具后角（°）
7800	210	0.3	50	5

二维混凝土切削模型装配方式如图9.7所示，其刀具放置于混凝土板右侧垂直向下1mm处。

该二维混凝土切削模型各部件边界条件如下所述：

（1）刀具部件：把刀具设置为刚体，并选择刀具最右上方节点作为参考点，在所设置的参考点上施加X轴方向上的运动速度。考虑到刀具目前只是进行X方向水平向左的切削运动，所以需要对Y轴以及Z轴方向上的位移进行约束。由于刀具在模拟切削时只发生水平移动并不发生转动，因此需要对刀具在 X、Y 以及 Z 轴等方位上进行转动约束。

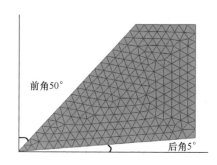

图 9.6　刀具结构参数

图 9.7　混凝土切削模型装配方式

（2）混凝土板部件：混凝土板最底部设置 X、Y、Z 三轴方向的位移约束，即可保证混凝土板不会随着刀具的切削行进而发生整体移动。

黏聚力模型主要通过在混凝土板添加黏聚力单元（cohesive element）来模拟混凝土板受到刀具切削时裂纹的产生扩展情况以及混凝土碎块的分离情况。在采用黏聚力单元来模拟材料失效一般被分为两类，一种是基于黏聚力-相对位移的描述，另一种则是基于连续体的描述。其中使用范围更广的类型是基于黏聚力-相对位移描述的方法，而在利用黏聚力单元模拟材料断裂时，因为黏聚力单元不能存在应力，它只能够承受拉伸和剪切所产生的应变，所以黏聚力单元尽可能选择采用垂直于上下表面的黏聚力-相对位移关系破坏准则（Traction separation laws）。

使用黏聚力模型时需要在 ABAQUS 软件的属性板块中创建黏聚力单元材料，其基本的密度以及弹性模量与混凝土材料参数相同，并且在创建截面时设置其初始厚度为 1，并选择黏聚力-相对位移关系破坏法则中的最大名义应力准则（Maxs Damage），其输入参数破坏主应力为 4MPa，最大名义应力准则中的子选项损伤演化（Damage Evolution）选择位移类型，失效位移设置为 0.01mm，并将设置好的材料属性赋予混凝土板面。

当刀具开始切削时，混凝土板受到损害，当其应力或应变达到定义的初始临界损伤准则时，混凝土开始失效退化，混凝土板也随之出现裂纹并随着刀具的切削推进，最后失效分离产生混凝土切削碎块。

2. 切削效果分析

（1）切削深度

在混凝土基体强度、刀具切削厚度、刀具角度以及刀具切削速度一定时，仅通过改变刀具切削时间得到在 5s、10s、15s、20s 四个不同时刻下混凝土的切削情况，如图 9.8 所示。

图 9.8 中的 a 值为刀具切削深度。随着刀具的不断行进，最大等效应力的区域聚集在刀具附近并随之推广蔓延，混凝土板在不同时刻其最大应力值也在不断发生变化。混凝土由于刀具的切削受到损伤，其板面的裂纹随着刀具的切削行进不断扩展。当混凝土切削变形情况达到设定的失效位移时，单元开始失效，混凝土切削在刀具接触区域发生断裂分离，脱离混凝土板，成功模拟出混凝土切削的产生过程以及流动过程。

在混凝土切削过程中，由于刀具是沿着 X 轴方向行进，所以暂且主要考虑 X 轴方向

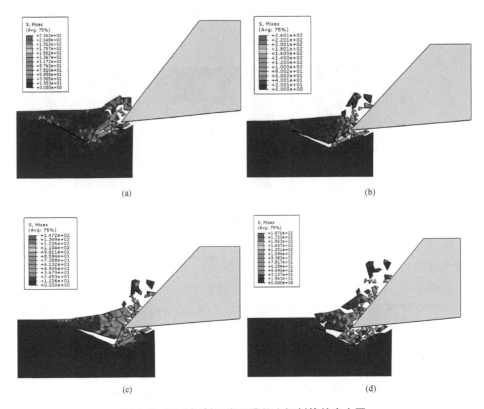

图 9.8 不同切削深度下混凝土切削等效应力图

(a) $t=5s, a=1.25mm$; (b) $t=10s, a=2.5mm$; (c) $t=15s, a=3.75mm$; (d) $t=20s, a=5mm$

上的切削力变化状况。在切削时，刀具切削力随时间不断发生变化，在刀具刚刚接触到混凝土板时，混凝土板对刀具产生较大的冲击力，由原来的空载状态突然受到极大的阻力，导致刀具切削力急剧增加，最大切削力为 7.58N，不过由于刀具不断推进，其切削力逐渐趋于平稳状态，并保持在一定范围内波动。

不同时刻刀具切削力的变化状况，具体如图 9.9 所示。在图中切削力有趋于零值的现

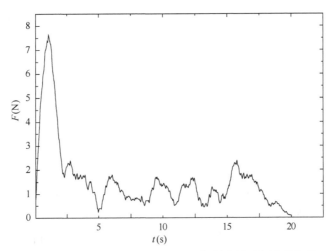

图 9.9 刀具行进速度 0.25mm/s 时切削力随时间变化规律

象,其产生的原因是由于刀尖部分接触的切削碎块是失效分离于混凝土板的碎块,导致刀具切削时受到的阻力减小。

(2) 切削刀具速度

在不同工况下,混凝土切削模拟时其混凝土板出现的裂纹扩展情况以及产生混凝土碎块尺寸均有不同。当刀具切削深度为1mm,刀具水平行进位移为5mm时,仅改变刀具水平行进速度,分析刀具行进速度变化带给混凝土切削裂纹以及切削碎块的影响。设置0.25mm/s、0.50mm/s以及1.00mm/s三种刀具行进速度,其切削仿真时所产生的切削裂纹与切削碎屑如图9.10所示。

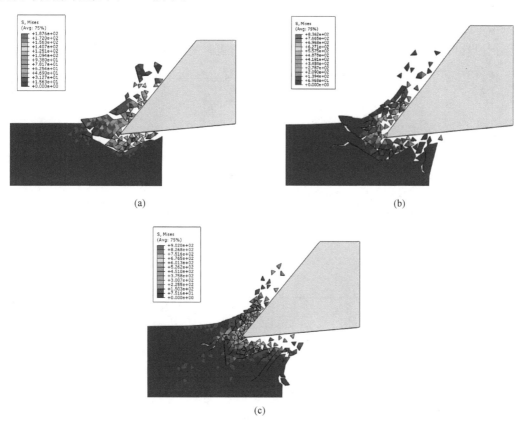

图 9.10 不同刀具行进速度下混凝土切削情况

(a) 切削速度0.25mm/s;(b) 切削速度0.50mm/s;(c) 切削速度1.00mm/s

刀具切削速度变化所得到的各项混凝土切削数据具体如表9.5所示。对比混凝土切削数据可知,刀具切削速度越小,其混凝土切削碎块的尺寸越大,在水平方向上混凝土板面裂痕扩展距离稍大,在竖直方向上混凝土板面裂痕展开距离稍小。当增大刀具的切削速度时,模型最大等效应力值也会随之增大,混凝土切削碎块愈加碎小,混凝土板产生的裂纹数量越多,裂纹分布的范围越广。

混凝土切削数据			表9.5
刀具切削速度(mm/s)	0.25	0.50	1.00
最大等效应力(MPa)	1.876×10^2	8.362×10^2	9.02×10^2

续表

切削裂纹（水平方向）(mm)	11.24	11.08	9.02
切削裂纹（竖直方向）(mm)	1.95	2.39	3.65
最大切削碎块面积(mm²)	9.75	5.65	0.46
最小切削碎块面积(mm²)	0.11	0.10	0.09
切削碎块面积集中范围(mm²)	0.25~0.75	0.12~0.38	0.09~0.37

当模拟仿真切削模型时，切削力其实是一个表现模型切削情况的典型数据。刀具切削力数值可以从侧面反映刀具切削物体的难易情况。在0.25mm/s、0.5mm/s、1.0mm/s三种不同刀具切削速度下，其刀具切削力随着刀具行进时间的变化情况如图9.11所示。

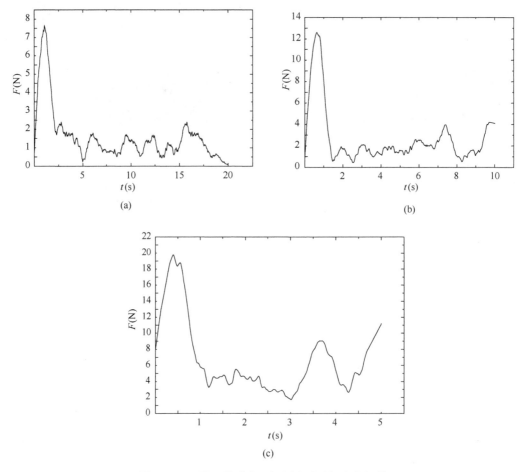

图9.11 不同刀具速度下切削力随时间变化规律
(a) 刀具速度0.25mm/s；(b) 刀具速度0.5mm/s；(c) 刀具速度1.0mm/s

当刀具刚接触至混凝土板时，其受到载荷切削力骤然由零增长至最大，并在后期刀具切削力在一定范围内进行上下波动，具体数据详见表9.6。

9.2 混凝土切削试验与仿真优化

不同切削速度刀具切削力数据　　　　表 9.6

刀具切削速度 (mm/s)	最大切削力 (N)	切削力波动范围 (N)
0.25	7.58	0～2
0.50	12.49	0.5～4
1.00	19.77	2～9

刀具初始接触混凝土板面时切削力剧增，混凝土板面受损开裂后刀具受到的阻力急剧减小，导致切削力骤减。后期刀具切削力产生波动是由于混凝土板面裂纹扩大产生混凝土切削碎块，当切削刀具所接触的混凝土碎块失效分离时，其切削力也会随之降低。

虽说刀具在切削速度大时，其切削力也较大，可以提高混凝土的切削效率，但是刀具切削力越大，则意味着刀具切削时磨损也会比较严重，刀具使用寿命将会降低，从而增加刀具成本。在本次混凝土切削模拟中仅考虑了切削速度对混凝土切削效果的影响，而在真实的切削过程中，刀具的切削速度与切削机器的工作功率有关，近似可以使用以下公式表示：

$$P = FV$$

式中，P 为盾构机功率；F 为盾构机的推进力；V 为刀具切削行进速度。

由于盾构机的工作功率一定，刀具的切削速度与其推进力成反比。一般来说切削机器推进力越大其切削效率也越大，所以在现实情况中，需要保证推进力与切削速度的平衡才可以达到最优的混凝土切削效率。

3. 混凝土基体强度

目前取三种不同强度等级的混凝土进行切削模拟比较，分别为 C30、C40 以及 C50。C30 表示混凝土可以承受的抗压强度值为 30MPa，以此类推。仿真模拟时，统一刀具行进速度为 0.25mm/s，切削厚度设为 1mm，刀具行进时间 t 为 10s。不同类型混凝土材料参数如表 9.7 所示。

三种混凝土基本材料参数　　　　表 9.7

混凝土类型	密度 (kg/m³)	弹性模量 (GPa)	破坏主应力 (MPa)
C30	2385	30.0	3
C40	2400	32.5	4
C50	2420	34.5	5

其中，破坏主应力值由各类型混凝土抗压强度值的 10% 取得。根据表 9.7 中混凝土基本材料参数进行切削仿真，其具体效果如图 9.12 所示。

考虑 C30、C40 以及 C50 三种不同强度等级混凝土在刀具行进速度 0.25mm/s，刀具切削厚度 1mm，刀具行进时间 10s 的相同工况下，三类混凝土切削数据如表 9.8 所示。

三类混凝土切削数据（$t=10$s）　　　　表 9.8

混凝土类型	切削裂纹（水平）(mm)	切削裂纹（竖直）(mm)	最大切削力 (N)	最大切削碎块面积 (mm²)
C30	9.23	6.67	7.06	14.63
C40	7.39	5.25	7.79	1.82
C50	8.92	2.63	8.44	1.56

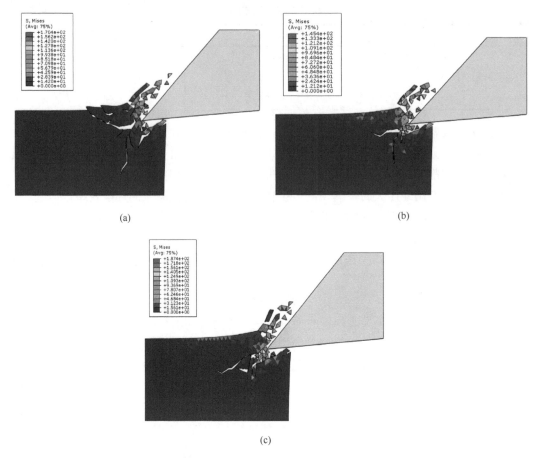

图 9.12 不同基体强度混凝土切削等效应力图（$t=10\text{s}$）

(a) C30 混凝土；(b) C40 混凝土；(c) C50 混凝土

随着混凝土基体强度的增大，切削时刀具尖端部分的混凝土切削碎块所承受的应力值越大，刀具最大切削力略有增大，但刀具切削力后期波动范围较为相近，均在 0.5～1.5N 范围波动。基体强度的增大，相同工况下混凝土板面产生的裂痕展开范围减小。

由表 9.9 可知，C30 混凝土与 C40 以及 C50 的最大切削碎块面积相差较大，说明在刀具行进 10s 时，其余两种混凝土尚未产生面积较大已完全离开混凝土板的切削碎块。因此将刀具行进时间延长至 20s，重新观察三种混凝土的切削效果（图 9.13）。

三类混凝土切削数据（$t=20\text{s}$） 表 9.9

混凝土类型	切削裂纹（水平）(mm)	切削裂纹（竖直）(mm)	最大切削碎块面积（mm²）
C30	9.50	8.04	8.75
C40	9.22	1.81	17.2
C50	8.98	5.88	4.25

通过表 9.8、表 9.9 中的最大切削碎块面积很难得出何种类型混凝土的受损情况最严重，所以只能通过裂纹扩展情况来判断。由图 9.12 和图 9.13 可知，C30 混凝土切削产生的裂纹扩展范围最大，对混凝土板面造成的破坏也是最为严重的，C40、C50 混凝土板破

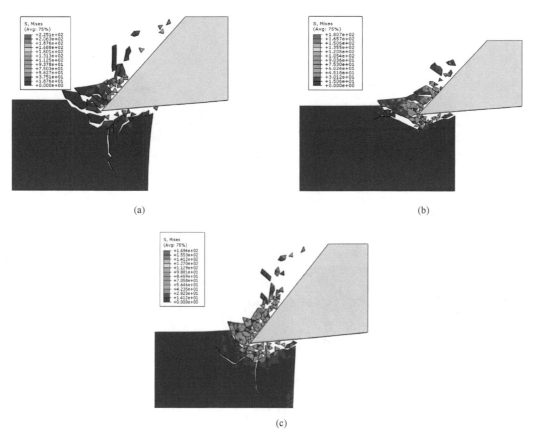

图 9.13　不同基体强度混凝土切削等效应力图（$t=20\text{s}$）
(a) C30；(b) C40；(c) C50

坏情况依次加重，由此从总体上看，在相同工况下，混凝土基体强度越大，切削时混凝土板面受损情况越小。

4. 切削厚度

在刀具切削时，切削厚度的不同对混凝土切削情况以及刀具所受到的切削阻力均有较大的影响。混凝土选用 C40，刀具切削速度为 0.5mm/s，刀具行进深度 5mm，以下分别在 Y 轴方向上设置刀具切削厚度 1mm、3mm、5mm，其切削结果如图 9.14 所示。

由图 9.15 可知，当切削厚度较小时，切削碎屑的切削状态较好，切削流动性强，刀具所受到的切削阻力较小，切削力波动情况较为稳定。随着刀具切削厚度的增加，混凝土切削碎块尺寸越大，混凝土碎块堆积刀具上方的现象也随之加剧，混凝土板面裂纹不断蔓延扩大，裂纹数量明显增多，板面开裂破坏现象更为明显，并且刀具所受到的切削阻力增大，意味着切削厚度的增加会使切刀磨损更为严重。现实工程中为了能够延长盾构切刀的使用寿命，需要适当减小切削厚度。

综上，采用 ABAQUS 软件建立二维混凝土切削仿真模型，通过改变不同切削条件，得到不同工况下混凝土切削情况，得到如下结论：

（1）使用双线性黏聚力本构模型成功模拟出混凝土切削裂纹的形成以及切削碎块的流动过程，得到刀具在不同时刻切削力的变化关系曲线。

第9章 机械法联络通道切削施工参数与影响分析

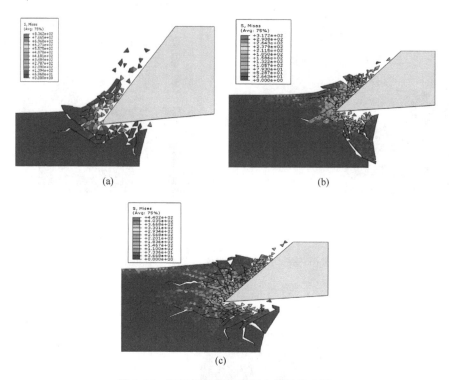

图 9.14 不同切削厚度混凝土等效应力图

(a) 切削厚度 1mm；(b) 切削厚度 3mm；(c) 切削厚度 5mm

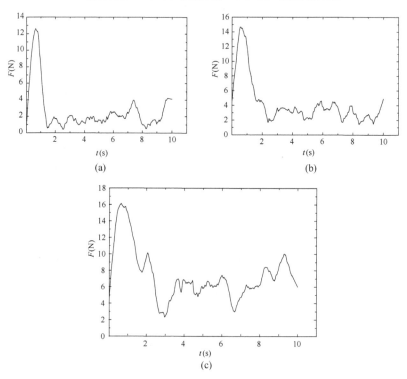

图 9.15 不同刀具切削力变化图

(a) 切削厚度 1mm；(b) 切削厚度 3mm；(c) 切削厚度 5mm

（2）刀具切削速度越大，混凝土裂纹扩展越严重，混凝土切削碎块越碎小，其切削力也较大，可以提高混凝土的切削效率，但刀具切削力越大，刀具磨损也会越严重。

（3）随着混凝土基体强度的增大，裂纹扩展减小，切削力略有增大，刀具尖端混凝土所受到的最大等效应力值也越大。在相同工况下，基体强度越大的混凝土，切削时混凝土板面受损情况越小。

（4）刀具切削厚度增加，混凝土板面开裂破坏更为明显，切削碎屑堆积状况较为严重，并且刀具所受到的切削阻力较大，导致刀具的磨损严重。现实工程中为了提高刀具的使用寿命，需要适当减小刀具切削厚度。

9.3　管片凹凸弧面刀盘切削试验

联络通道掘进机在建成隧道内始发、接收，设备进出洞时需切削主隧道混凝土管片，进洞时管片为内凹弧面，出洞时管片为外凸弧面。为了使联络通道掘进机切削管片时盾构姿态更加稳定，避免产生大块岩渣，设计了具备特殊结构中心刀的锥形切削刀盘。现进行刀盘切削试验对锥形刀盘的切削能力进行检测，为实际施工提供参数指导。如图9.16～图9.18所示。

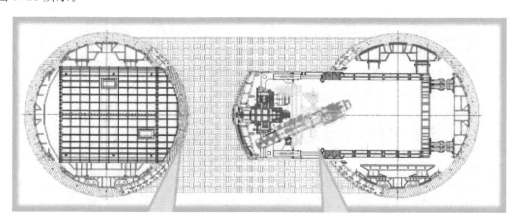

图 9.16　掘进机掘进模拟图

 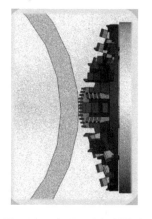

图 9.17　进洞刀盘切削状态　　图 9.18　出洞刀盘切削状态

9.3.1 试验承台

试验依托 TBM 掘进模态综合试验台开展，采用弧形模板将混凝土浇筑在试验台岩土箱内，岩石箱底部采用砂土夯实做成弧形底面，模拟出洞混凝土管片（图 9.19、图 9.20）。

图 9.19　TBM 掘进模态综合试验台

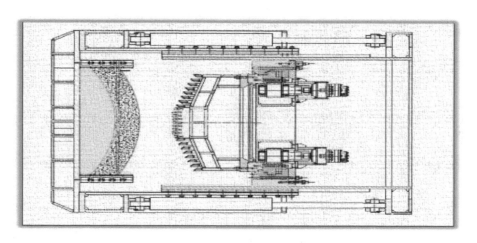

图 9.20　TBM 掘进模态综合试验台模拟图

9.3.2 混凝土强度测试

试件抗压强度表　　　　表 9.10

试件	抗压强度（MPa）
试件 1	43.9
试件 2	49.5
试件 3	55.8
均值	49.7

外凸弧面混凝土采用 C60 商用混凝土于 10 月 25 日完成浇筑，养护时间 18d，试验前通过试样进行强度抗压试验检测，强度接近 50MPa（表 9.10、图 9.21）。

9.3 管片凹凸弧面刀盘切削试验

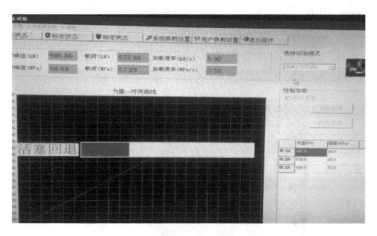

图 9.21 试件抗压强度检核

9.3.3 各阶段结果分析

为便于分析,按工况划分为如下 3 个状态:仅中心刀接触凹面、正面刀接触凹面、刀盘开始贯穿混凝土。

1. 仅中心刀接触凹面的工况

试验参数:转速 1.0r/min,掘进速度 1.8mm/min。切削扭矩 30kN·m,推力 930kN,推进平稳。如图 9.22、图 9.23 所示。

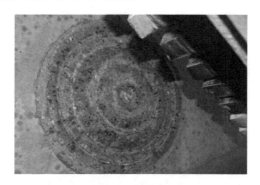

图 9.22 仅中心刀接触凹面示意图

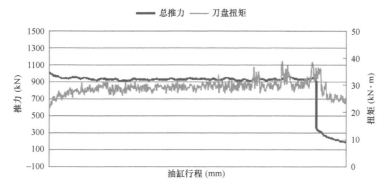

图 9.23 仅中心刀接触凹面推力扭矩图

2. 正面刀接触凹面的工况

在转速 1.0r/min，贯入度 2mm/r 时，切削扭矩 150kN·m 左右，推力 1200kN 左右，推力、扭矩均较平稳；增大贯入度到 5.9mm/r 时，切削扭矩 150～200kN·m，推力 1750kN 左右，推力、扭矩增大明显且波动较大。如图 9.24～图 9.26 所示。

图 9.24 正面刀接触凹面示意图

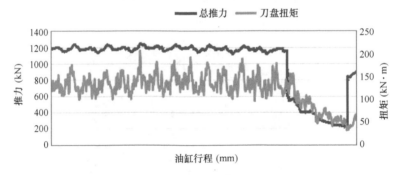

图 9.25 正面刀接触凹面推力扭矩图 1

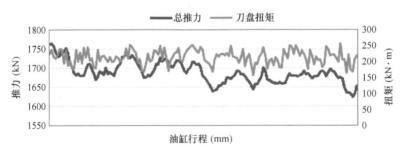

图 9.26 正面刀接触凹面推力扭矩图 2

3. 刀盘开始贯穿混凝土工况

试验参数：转速 1.0r/min，掘进速度 1.6mm/min。切削扭矩 100～120kN·m，推力 930kN 左右，推力、扭矩均较平稳。随着贯穿面不断扩大，扭矩和推力减小，刀盘掘进速度增大,加速贯穿。如图 9.27、图 9.28 所示。

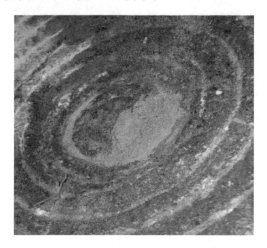

图 9.27 刀盘开始贯穿混凝土示意图

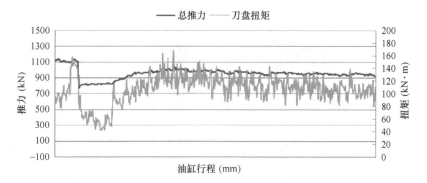

图 9.28 刀盘开始贯穿混凝土推力扭矩图

9.3.4 外弧面试验情况

外弧面试验情况如图 9.29~图 9.32 所示。

图 9.29 外弧面试验情况 1

图 9.30 外弧面试验情况 2

图9.31 切削混凝土情况1

图9.32 切削混凝土情况2

9.3.5 刀具磨损情况

经过两块混凝土模拟切削试验后(切削总厚度约700mm),刀具磨损量不足1mm,无崩刃等异常破坏。如图9.33~图9.36所示。

图9.33 鱼尾刀磨损情况1

图9.34 鱼尾刀磨损情况2

图9.35 刮刀磨损情况1

图9.36 刮刀磨损情况2

9.4 始发端混凝土管片掘进切削模拟

机械法联络通道建造技术作为一种新型施工工艺，为判定掘进机切削管片施工对正线隧道造成影响的程度，采用 LS-DYNA 有限元软件开展相应数值模拟研究。LS-DYNA 是世界上著名的显式动力分析有限元程序，可以精确可靠地处理各种高度非线性问题，如碰撞分析、爆炸分析、冲压成型分析、常规武器设计、跌落分析、热分析和流固耦合分析等。

本模拟为盾构机切削混凝土管片和盾构机冲击混凝土管片对管片连接钢索的影响，经过分析对比，本次研究中混凝土采用 solid164 单元模拟，钢索采用 beam161 单元模拟，土层采用 combi165 和 mass166 单元模拟。

9.4.1 模型建立

1. 实体模型

本模拟主要分析隧道管片在盾构切削情况下，管片钢索的受力变化以及对四周管片应力影响的变化情况；同时考虑管片四周的土体对管片受力的影响变化。

本模型采取分离式建模的方式，分别建立被切削的钢-玻璃纤维混凝土管片和周围的混凝土管片，管片之间采用接触设置和钢索连接，钢索与混凝土之间的锚固采用共节点绑定约束，由于盾构机刀头的刚度远大于钢-玻璃纤维混凝土的刚度，所以在建模时，盾构机采用刚体建模忽略其受力影响。如图 9.37 所示。

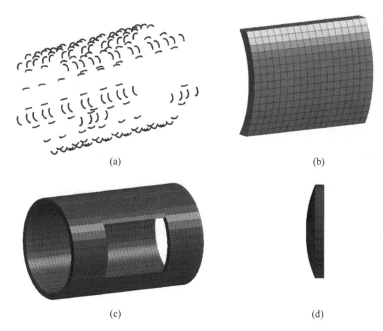

图 9.37 隧道管片切削模型

2. 边界条件

本模型共截取出工程中的 7 环隧道管片进行建模。左右两端采取固定端约束的形式简化模拟出前后隧道管片和周围土体对管片两端的约束。由于在冲击荷载作用下管片将发生局部变形位移，为模拟四周土体对其的影响，在管片后半环的节点上施加土体弹簧对隧道进行约束，如图 9.38 所示。

图 9.38　模型的约束情况
(a) 管片后侧的土体弹簧；(b) 管片前侧的土体弹簧

3. 加载求解

在工程实际中盾构机切削管片，采取盾构机刀头边推进边旋转的形式切削隧道管片上的钢-玻璃纤维混凝土。在模型计算中，采用单元侵蚀接触和单元失效的方式模拟盾构机切削的整个过程；在静力作用下，采用单元损伤计算的方式模拟计算管片在受到撞击荷载作用下的应力变化情况。

9.4.2　模拟结果分析

1. 螺栓模拟结果分析

本模型为盾构机刀片旋转推进切削钢-玻璃纤维混凝土管片，在盾构机刀盘上设置了 4 个刀头，盾构机的推进速度为 2mm/min，刀头的旋转速度为 0.8r/min。分别建立横向和纵向连接螺栓，高强混凝土管片和钢-玻璃纤维混凝土管片以及刚体盾构机刀盘模型进行数值模拟计算。

由图 9.39 可知，螺栓的轴力随着切削工作的开始而逐渐增大，分布在被切削的钢-玻璃纤维混凝土周围的螺栓，其轴力比相距较远的螺栓轴力要大很多，螺栓在切削过程中对混凝土管片起到了约束作用，有效地提高了混凝土管片的整体性。

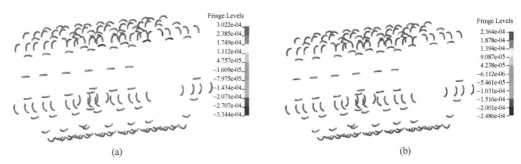

图 9.39　螺栓轴力云图
(a) 初始时螺栓轴力；(b) 开始切削时螺栓轴力

随着刀盘的切削和推进，混凝土管片发生了破坏与变形，同时导致管片之间的螺栓也发生了变形。螺栓变形较为剧烈的区域分布在钢-玻璃纤维混凝土周围的螺栓上,在钢-玻璃纤维混凝土的顶部螺栓的位移最大值为 0.6cm,切削过程对两侧螺栓的位移影响较小,其值为 0.028cm,如图 9.40 所示。结果说明:切削对同一环的螺栓影响较大,对侧旁的螺栓影响较小。

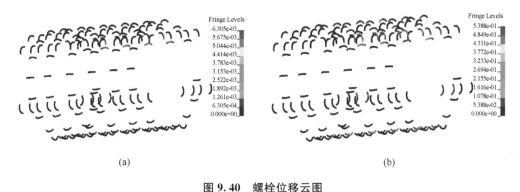

图 9.40 螺栓位移云图

(a)初始时螺栓位移;(b)开始切削螺栓位移

随着刀盘切削的推进,螺栓轴力呈现振荡波动,并且越靠近被切削混凝土的螺栓轴力振荡越剧烈,如图 9.41、图 9.42 所示;当刀盘刚接触混凝土表面时,四周螺栓的轴力都发生了剧烈的波动,随着切削的继续进行,较远处的螺栓单元 1、单元 4、单元 12133 和单元 12136 上的轴力逐渐趋于稳定,较近的螺栓单元轴力振荡幅度也有所减弱。造成这些情况的原因有以下几点:

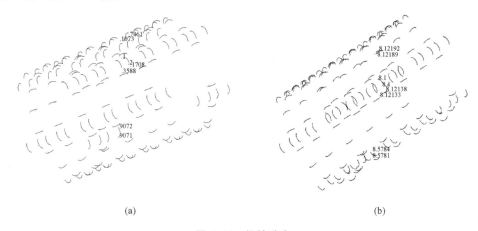

图 9.41 螺栓选点

(a)螺栓位移选点;(b)螺栓轴力选点

(1)刀盘切削混凝土的过程伴随着刀盘的旋转,并不只有推进荷载作用。

(2)由于刀头刚接触混凝土管片开始切削混凝土,混凝土逐渐失效;随着持续切削,管片被钻穿,螺栓的轴力开始趋于稳定。

(3)在整个切削过程中,刀盘对螺栓轴力的影响较大的部分主要集中在被切削的钢-玻璃纤维混凝土四周。

(4)管片之间采用"硬接触"即只有两个物体发生接触时才能发生应力传递,分离时

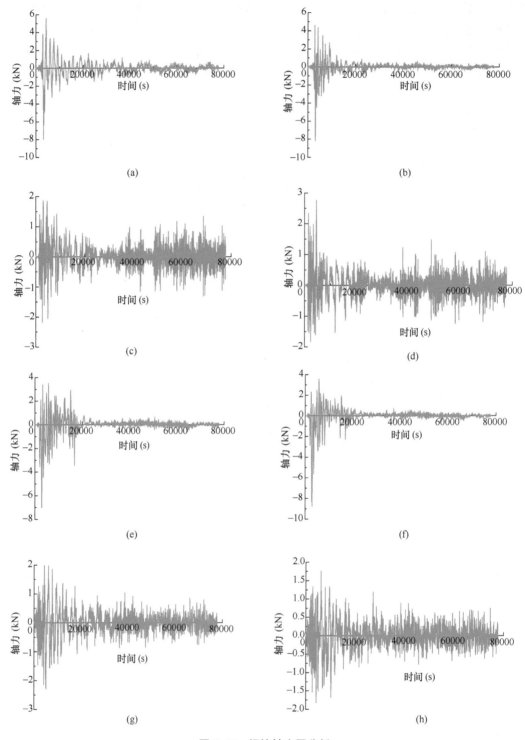

图 9.42 螺栓轴力图分析

(a) 单元 1；(b) 单元 4；(c) 单元 5781；(d) 单元 5784；
(e) 单元 12133；(f) 单元 12136；(g) 单元 12189；(h) 单元 12192

不发生应力传递；随着切削工作的进行顶部混凝土受拉，管片之间产生缝隙，被切削管片周围的作用力无法通过管片接触传递到远处，造成了整体结构中的螺栓内力分布呈现"近大远小"的特点。

随着盾构切削的进行螺栓位移发生规律性变化，从 0~4000s 呈现线性增长的趋势，之后螺栓的位移开始趋于稳定。螺栓发生较大位移的位置主要集中在被盾构切削的混凝土周围，最大值达到了 0.7cm，而较远处的螺栓也发生了较小的位移，如图 9.43 所示。造成上述情况的原因主要有以下几点：

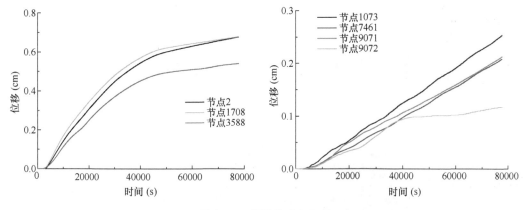

图 9.43 螺栓位移变化图

（1）随着刀盘旋转推进管片发生位移变化，导致内部螺栓连接也发生了位移变化，螺栓连接点的位移逐渐增大。

（2）当刀盘钻出管片时，混凝土管片的位移趋于稳定对内部螺栓位移的影响也逐渐趋于稳定。

2. 管片结果分析

当刚性盾构机刀头切削混凝土管片，钢-玻璃纤维混凝土达到失效应力 12MPa 被判定为失效时，单元和节点被移除。

随着盾构切削的进行，钢-玻璃纤维混凝土被切削贯穿，切应力最大值集中在切削管片上；同时随着切削的深入，应力沿上下两端传递。稍远处的混凝土管片由于管片之间相互挤压和错动产生了大约 2MPa 的应力，如图 9.44 所示。

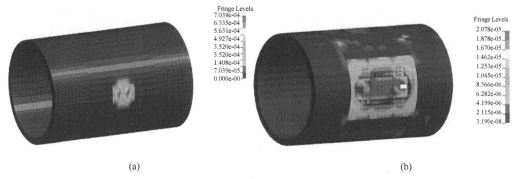

图 9.44 隧道管片应力云图
（a）开始切削时隧道管片应力；（b）切削过程中隧道管片应力

第 9 章 机械法联络通道切削施工参数与影响分析

当盾构机刀头刚接触到钢-玻璃纤维混凝土管片时,混凝土表面产生变形,同时随着刀头的旋转切削混凝土单元达到失效应力值发生破坏,混凝土单元从表向里开始逐步的消除。当盾构机完全打通混凝土管片时,管片最大的位移集中在通道的四周,四周的管片由于接触咬合的作用和螺栓的作用发生了细微的位移,如图 9.45 所示。

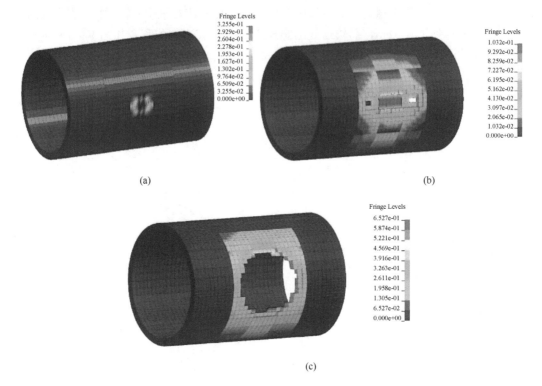

图 9.45 隧道管片位移云图
(a) 开始切削时隧道管片位移;(b) 切削过程中隧道管片位移;(c) 完成切削时隧道管片位移

混凝土管片选点如图 9.46 所示,管片上应力计算分布如图 9.47 所示,混凝土管片上的应力时程曲线如图 9.48 所示。可以看出:随着刀盘切削的推进,应力呈现振荡波动,并且越靠近被切削混凝土的应力振荡越剧烈;当刀盘刚接触混凝土表面时,四周混凝土管片上的应力发生了剧烈的波动,随着切削的继续进行,较远处的混凝土单元 584、单元

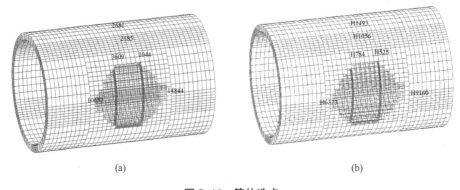

图 9.46 管片选点
(a) 管片位移选点;(b) 管片应力选点

9.4 始发端混凝土管片掘进切削模拟

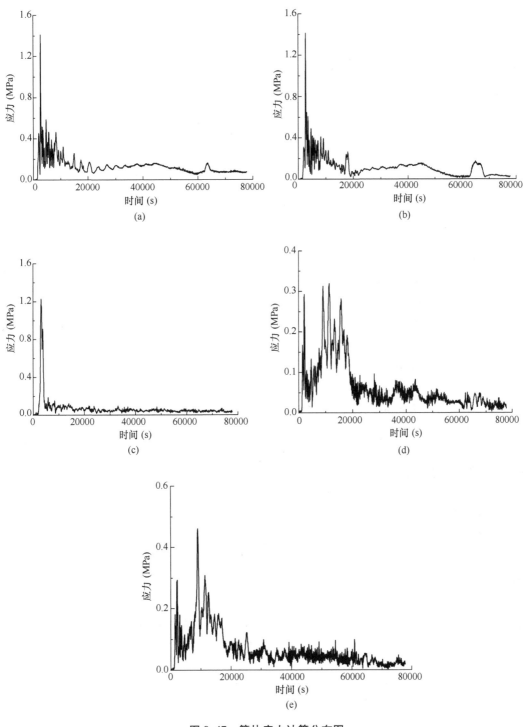

图 9.47 管片应力计算分布图
(a) 单元 525；(b) 单元 784；(c) 单元 1056；
(d) 单元 6373；(e) 单元 9160

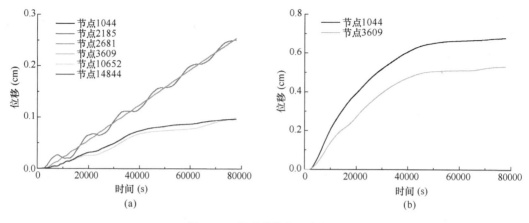

图 9.48　隧道管片位移变化图

784 和单元 1056 上的应力逐渐趋于稳定，较近的混凝土管片单元应力振荡幅度也有所减弱。造成这些情况的原因有以下几点：

（1）刀盘的切削混凝土的过程伴随着刀盘的旋转，并不只有推进荷载作用；

（2）由于刀头刚接触混凝土管片开始切削混凝土，混凝土逐渐失效，导致混凝土上的应力逐渐减小；

（3）管片之间采用"硬接触"，即只有两个物体发生接触时才能发生应力传递，分离时不发生应力传递；随着切削工作的进行顶部混凝土受拉，管片之间产生缝隙，被切削管片周围的作用力无法通过管片接触传递到远处，造成了混凝土管片上的应力分布呈"近大远小"的特点。

9.5　本章小结

本章首先开展混凝土切削性能试验、混凝土切削仿真与优化研究，再开展刀盘切削试验对锥形刀盘的切削能力进行检测，主要结论如下：

（1）混凝土切削性能对刀具使用性能及磨损量有一定的影响，陶粒组、砂浆和碎石组刀盘磨损量在 0.1～0.4mm 之间。

（2）刀具切削速度越大，混凝土裂纹扩展越严重，混凝土切削碎块越碎小，其切削力也较大，可以提高混凝土的切削效率，但刀具切削力越大，刀具磨损也会越严重；刀具切削厚度增加，混凝土板面开裂破坏更为明显，切削碎屑堆积状况较为严重，并且刀具所受到的切削阻力较大，导致刀具磨损严重。

（3）撕裂刀能够满足 C50 混凝土和玻璃纤维筋的切削需求，刀具无异常磨损和崩刃现象，但施工时需控制掘进参数。

（4）采用普通商用混凝土在纯撕裂刀配置的条件下，岩块尺寸多在宽 100mm、长 200mm 以内，满足螺旋输送机出渣要求；如优化混凝土配比，采用更易切削的混凝土更有利于施工。

（5）根据试验情况，施工时推荐优选施工参数 1r/min，推进速度 3mm/min 以内；施工时注意主机的振动情况，如主机振动剧烈，适当降低推进速度。

（6）刀盘切削试验能确保刀盘切削能力，避免施工过程中由于刀盘的切削能力不足而导致盾构机停机等事故的发生。通过对试验数据的分析，总结出适用于机械法联络通道掘进的初始参数控制值，再通过现场实际监控反馈，逐步调整参数，直至稳定。

第 10 章　全环境足尺模型切削模拟试验研究

10.1　概述

第 9 章分析了切削施工参数及对周围的影响，试验方面采用的是凹凸弧面的混凝土试件，显然未能模拟实际的切削施工环境，因此不能反映主隧道管环结构受切削施工的影响，需要进一步构建盾构隧道试验平台，以模拟切削过程对整体结构的影响。传统上，盾构法隧道试验平台均采用水平加载方式，通过对称张拉自平衡体系来加载，探究隧道的力学性能，但该方法中隧道管片无法"站立"，进而无法模拟隧道自身重力的影响及土层压缩变形的影响，不能真实反映隧道结构的受力情况。此外采用对称张拉自平衡加载方式，无法考虑隧道管片切削等非对称荷载的情况。改进的竖直加载试验装置，一般只针对单环立式管片隧道结构的力学性能进行探究，宁波大学、宁波轨道交通集团有限公司等单位研究建立了盾构法隧道全环境足尺模型试验平台，该平台能同时实现多环（最多整 7 环）管片同步运输和托举，模拟多环管片承受土压力载荷、水平切削顶推载荷等。本章即介绍试验平台的情况、试验测试过程，分析主隧道管环结构在切削荷载作用下的整体结构受力变形影响规律特征，从而为实际施工参数以及施工安全性提供参照。

10.2　全环境足尺模型试验平台简介

10.2.1　试验平台架构

试验平台基本组成包括模块化土压力模拟装置、模块化支撑底座、地层模拟装置、隧道管片纵向加载模拟装置、多环管片隧道试验单元拼装与运输装置、多环管片隧道试验单元托举装置、联络通道盾构机接收模拟装置，如图 10.1、图 10.2 所示。综合了传统试验

图 10.1　试验平台整体图

图 10.2　待加载的多环管片模型

装置的优势及改进了不足，进行优化设计形成了可进行盾构法隧道 1：1 实体模型试验，能够更加真实地模拟管片衬砌结构在正常荷载、极限荷载条件下的细部特征及结构承载力、失稳、破坏机理、环间力学传递等力学特性测试；有效探索机械法联络通道施工过程中切削主隧道管片对管片自身及相邻环管片结构变形及内力的影响；合理探究不同施工因素对机械设备施工有效性的影响，并对其设计优化及高效施工提供依据，为丰富机械法联络通道结构设计理论及现场施工提供技术支持及指导。

10.2.2　试验流程

全环境模拟试验平台开展试验流程如下：
（1）在多环管片隧道试验单元拼装与运输装置上完成管片拼装；
（2）利用隧道管片纵向加载模拟装置对管片预压；
（3）利用多环管片隧道试验单元拼装与运输装置把多环管片隧道试验单元运输至固化在模块化支撑底座上的模块化土压力模拟装置内；
（4）利用多环管片隧道试验单元托举装置把拼装好的多环管片隧道试验单元托举到试验要求的位置；
（5）利用模块化土压力模拟装置对多环管片隧道试验单元根据试验方案加载；
（6）启用地层模拟装置；
（7）启动盾构机切削掘进试验；
（8）试验结束后，盾构机及台车设备退场。

10.2.3　试验试件

试验研究所采用的试件为设计主隧道盾构管片，特殊环参考外径尺寸为 6.2m，全环由一块封顶块（F）、两块邻接块（L1、L2）、三块标准块（B1、B2、B3）组成。管片厚度为 0.35m，环宽为 1.5m。普通环外径 6.2m，全环由一块封顶块（F）、两块邻接块（L1、L2）、三块标准块（B1、B2、B3）组成。管片厚度为 0.35m，环宽为 1.2m。衬砌圆环构造见图 10.3。

10.2.4　加载系统

平台以 7 连环钢圈反支架构成的反力架为主体，辅助以每环 24 个油缸共计 168 个油缸组成，油缸位移精度为 0.1mm。油缸可实现三种控制方式：荷载控制，位移控制以及荷载-位移曲线控制，旨在模拟真实土层的荷载-位移变化（图 10.4，图 10.5）。

采用对称千斤顶对称加荷的方式进行分级加载，用以模拟真实试验的情况。

10.2.5　测试内容及测点布置

现场试验的整体编号如图 10.6，图 10.7 所示。

第10章 全环境足尺模型切削模拟试验研究

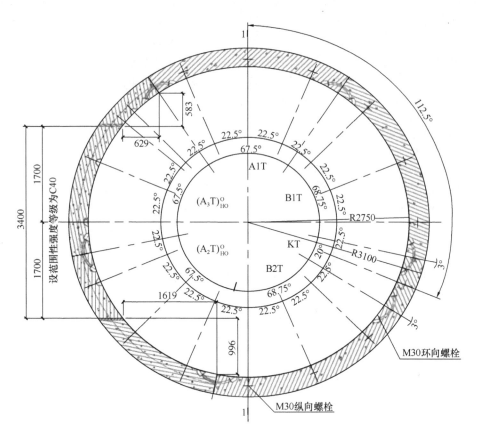

图 10.3 衬砌圆环构造图

图 10.4 外加载装置布置图

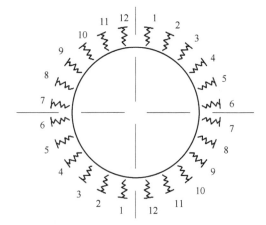

图 10.5 模拟加载方式

168

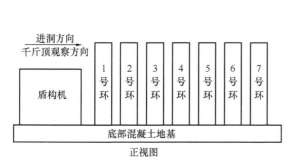

图 10.6 现场试验正视图

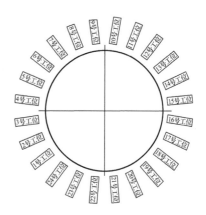

图 10.7 现场试验左视图

规定第 1、2、6、7 环为普通环;第 3、5 环为半切削环;第 4 环为切削环。

10.3 模型试验说明

总体试验设计工况如表 10.1 所示。

试验工况说明表　　　　表 10.1

试验工况	对照工况	说明
初始工况	第一次足尺试验初始工况、现场试验外部水土荷载	利用现场试验的水土荷载给出初始工况荷载
预撑工况	足尺试验初始工况、现场试验预撑工况	依据现场试验和足尺试验现象不明显,拟加大预撑力进行测量
切削工况	足尺试验切削工况	切削工程与现场试验盾构切削做对比
偏向切削工况	现场试验	依据现场试验的实测数据设计这一工况以研究切削工程出现的偏载工况
拆撑工况	足尺试验拆撑工况	根据足尺试验放慢拆撑过程以观察现象

10.3.1 起始工况

1. 工况介绍

该工况为进行始发端初始情况模拟。千斤顶调节在原有整圆状态下进行荷载分级加载。保持下部 19~24 共 6 个油缸的位移不变,其余采用荷载控制加载至不同水土压力的初始值(图 10.8、图 10.9)。

第10章 全环境足尺模型切削模拟试验研究

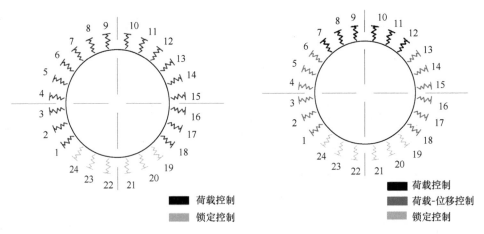

图 10.8 初始工况控制图　　　　图 10.9 初始工况第二阶段控制图

2. 加载表

特殊环的加载表（kN）　　表 10.2

油缸	1	2	3	4	5	6	7	8	9
	32.1	29.2	27.3	27.3	29.2	32.1	35	37.2	38.5
	64.2	58.4	54.6	54.6	58.4	64.2	70	74.4	77
	96.3	87.6	81.9	81.9	87.6	96.3	105	111.6	115.5
	128.4	116.8	109.2	109.2	116.8	128.4	140	148.8	154
	160.5	146	136.5	136.5	146	160.5	175	186	192.5
	192.6	175.2	163.8	163.8	175.2	192.6	210	223.2	231
	224.7	204.4	191.1	191.1	204.4	224.7	245	260.4	269.5
第一次试验	229	203	189	189	203	229	259	284	297
	256.8	233.6	218.4	218.4	233.6	256.8	280	297.6	308
	288.9	262.8	245.7	245.7	262.8	288.9	315	334.8	346.5
15m	321	292	273	273	292	321	350	372	385
	347	298.5	304	304	298.5	347	376	402.5	412.5
17.5m	373	305	335	335	305	373	402	433	440
油缸	10	11	12	13	14	15	16	17	18
	38.5	37.2	35	32.1	29.2	27.3	27.3	29.2	32.1
	77	74.4	70	64.2	58.4	54.6	54.6	58.4	64.2
	115.5	111.6	105	96.3	87.6	81.9	81.9	87.6	96.3
	154	148.8	140	128.4	116.8	109.2	109.2	116.8	128.4
	192.5	186	175	160.5	146	136.5	136.5	146	160.5
	231	223.2	210	192.6	175.2	163.8	163.8	175.2	192.6
	269.5	260.4	245	224.7	204.4	191.1	191.1	204.4	224.7
第一次试验	297	284	259	229	203	189	189	203	229
	308	297.6	280	256.8	233.6	218.4	218.4	233.6	256.8
	346.5	334.8	315	288.9	262.8	245.7	245.7	262.8	288.9
15m	385	372	350	321	292	273	273	292	321
	412.5	402.5	376	347	298.5	304	304	298.5	347
17.5m	440	433	402	373	305	335	335	305	373

10.3 模型试验说明

普通环的加载表（kN）　　　　　　　　　表 10.3

油缸	1	2	3	4	5	6	7	8	9
	25.68	23.36	21.84	21.84	23.36	25.68	28	29.76	30.8
	51.36	46.72	43.68	43.68	46.72	51.36	56	59.52	61.6
	77.04	70.08	65.52	65.52	70.08	77.04	84	89.28	92.4
	102.72	93.44	87.36	87.36	93.44	102.72	112	119.04	123.2
	128.4	116.8	109.2	109.2	116.8	128.4	140	148.8	154
	154.08	140.16	131.04	131.04	140.16	154.08	168	178.56	184.8
	154.08	140.16	131.04	131.04	140.16	154.08	168	178.56	184.8
	179.76	163.52	152.88	152.88	163.52	179.76	196	208.32	215.6
第一次试验	183	162	151	151	162	183	207	227	237
	205.44	186.88	174.72	174.72	186.88	205.44	224	238.08	246.4
	231.12	210.24	196.56	196.56	210.24	231.12	252	267.84	277.2
15m	256.8	233.6	218.4	218.4	233.6	256.8	280	297.6	308
	277.6	238.8	243.2	243.2	238.8	277.6	300.8	322	330
17.5m	298.6	244	268	268	244	298.4	321.6	346.4	352
油缸	10	11	12	13	14	15	16	17	18
	30.8	29.76	28	25.68	23.36	21.84	21.84	23.36	25.68
	61.6	59.52	56	51.36	46.72	43.68	43.68	46.72	51.36
	92.4	89.28	84	77.04	70.08	65.52	65.52	70.08	77.04
	123.2	119.04	112	102.72	93.44	87.36	87.36	93.44	102.72
	154	148.8	140	128.4	116.8	109.2	109.2	116.8	128.4
	184.8	178.56	168	154.08	140.16	131.04	131.04	140.16	154.08
	184.8	178.56	168	154.08	140.16	131.04	131.04	140.16	154.08
	215.6	208.32	196	179.76	163.52	152.88	152.88	163.52	179.76
第一次试验	237	227	207	183	162	151	151	162	183
	246.4	238.08	224	205.44	186.88	174.72	174.72	186.88	205.44
	277.2	267.84	252	231.12	210.24	196.56	196.56	210.24	231.12
15m	308	297.6	280	256.8	233.6	218.4	218.4	233.6	256.8
	330	322	300.8	277.6	238.8	243.2	243.2	238.8	277.6
17.5m	352	346.4	321.6	298.4	244	268	268	244	298.6

荷载加载完部分油缸改为荷载-位移控制。

特殊环（1.5m）（kN）　　　　　　　　　表 10.4

油缸	1	2	3	4	5	6
数值	53564	53564	53564	14608	14608	14608
油缸	13	14	15	16	17	18
数值	14608	14608	14608	53564	53564	53564

第10章 全环境足尺模型切削模拟试验研究

普通环（1.2m）（kN)　　　　　　　　　表10.5

油缸	1	2	3	4	5	6
数值	42851	42851	42851	11686	11686	11686
油缸	13	14	15	16	17	18
数值	11686	11686	11686	42851	42851	42851

10.3.2 预撑工况

1. 工况介绍

外部荷载根据上一工况调整后的荷载直接作用在本试验工况（考虑后部支撑加力后对传感器保护问题）。

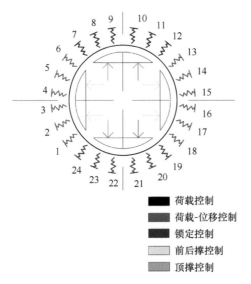

图10.10 预撑工况控制图

2. 加载表

内支撑体系各支撑的加载如表10.6所示。（表中各支撑力数值为每个油缸的顶力，所以总顶力为数值乘4）。

各支撑加载表（后部油缸）　　　表10.6

级数	前后撑力（kN)	前后撑压强（bar)	顶撑力（kN)	顶撑压强（bar)
1	50	52.6	100	18.9
2	50	52.6	200	37.7
3	50	52.6	300	56.6
4	50	52.6	400	75.4
5	50	52.6	500	94.3

采取逐级加载的方式，位移保证观测到顶部5mm位移为止，后恢复至初始贴近状态。

10.3 模型试验说明

10.3.3 切削与偏向切削工况

1. 工况介绍

切削工况模拟内支撑体系就绪后切削过程中对结构的影响，模拟差异盾构顶力对切削过程中的影响。外荷载加载方式不变。

偏向切削工况模拟内支撑体系就绪后切削过程中由于水土压力改变的影响，模拟外部荷载对切削过程中的影响。外荷载加载方式不变，荷载控制采用实测荷载用以模拟侧面漏水工况的情况。采用静态模拟，在切削停止工况时进行，在盾构机切削到一半管片时进行这一工况。切削过程中在露头后停机的时刻开始，先将荷载-位移曲线改为此刻的荷载并固定，表10.7、表10.8按初始工况最后一级工况进行，具体根据实际情况更改。

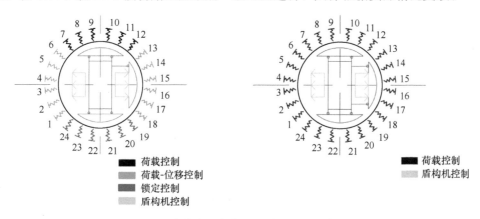

图 10.11 切削与偏向切削工况控制图（切削环为例）

2. 加载表

特殊环加载表（kN） 表 10.7

油缸	1	2	3	4	5	6
	370	300	335	335	300	370
	333	270	301.5	301.5	270	333
	296	240	268	268	240	296
油缸	13	14	15	16	17	18
	370	300	335	335	300	370
	333	270	301.5	301.5	270	333
	296	240	268	268	240	296
	259	210	234.5	234.5	210	259

普通环加载表（kN） 表 10.8

油缸	1	2	3	4	5	6
	296	240	268	268	240	296
	266.4	216	241.2	241.2	216	266.4
	236.8	192	214.4	214.4	192	236.8

续表

油缸	13	14	15	16	17	18
	296	240	268	268	240	296
	266.4	216	241.2	241.2	216	266.4
	236.8	192	214.4	214.4	192	236.8
	207.2	168	187.6	187.6	168	207.2

10.3.4 拆撑工况

1. 工况介绍

拆撑前拟进行支撑进一步加载，在拆撑前进行几次加载，出现明显现象即可。先利用加载表进行拆撑后再进行以下步骤。第一阶段外荷载油缸1~24号油缸全部采用锁定控制，开始台车的撤离，直至台车全部撤出。第二阶段全部外荷载采用荷载控制，按照等级卸载原理开始卸载。

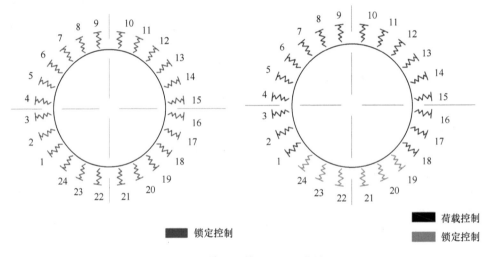

图10.12 拆撑工况第一、二阶段控制图

2. 加载表

特殊环加载表（kN） 表10.9

油缸	1	2	3	4	5	6
	296	240	268	268	240	296
	333	270	301.5	301.5	270	333
	370	300	335	335	300	370

油缸	13	14	15	16	17	18
	259	210	234.5	234.5	210	259
	296	240	268	268	240	296
	333	270	301.5	301.5	270	333
	370	300	335	335	300	370

10.4 模型试验结果分析

普通环加载表（kN）   表 10.10

油缸	1	2	3	4	5	6
	236.8	192	214.4	214.4	192	236.8
	266.4	216	241.2	241.2	216	266.4
	296	240	268	268	240	296
油缸	13	14	15	16	17	18
	207.2	168	187.6	187.6	168	207.2
	236.8	192	214.4	214.4	192	236.8
	266.4	216	241.2	241.2	216	266.4
	296	240	268	268	240	296

内部支撑加载表   表 10.11

级数	前后撑（kN）	前后撑（bar）	顶撑（kN）	顶撑（bar）
1	50	52.6	500	94.3
2	50	52.6	600	113.2
3	50	52.6	700	132.1
4	50	52.6	600	113.2
5	50	52.6	500	94.3
6	50	52.6	400	75.4
7	50	52.6	300	56.6
8	50	52.6	200	37.7
9	50	52.6	100	18.9

以实际内部支撑最终撑力递减进行加载。

10.4 模型试验结果分析

参照宁波地铁主隧道和联络通道设计参数，具体试验数据结果如表 10.12 所示。

10.4.1 切削环结果分析

1. 切削环收敛变形

切削环的收敛位移采取千斤顶的位移变形。将各工况的收敛变形绘制如图 10.13 所示。

切削环收敛变形结果（mm）   表 10.12

角度（°）	初始工况	运营工况	预撑工况	切削工况	偏向工况	拆撑工况
232.5	−6.77	−2.08	−1.11	0.13	0.75	0.50
247.5	−8.34	−2.42	−1.12	0.25	1.39	0.89
262.5	−9.21	−3.08	−1.49	0.25	2.08	1.12
277.5	−7.97	−3.09	−1.24	0.87	3.54	2.33
292.5	−4.92	−1.98	−0.02	2.09	5.27	4.18
307.5	1.83	2.33	3.55	5.43	8.75	9.39

续表

角度（°）	初始工况	运营工况	预撑工况	切削工况	偏向工况	拆撑工况
322.5	14.29	12.22	10.97	12.47	15.31	20.96
337.5	20.07	15.06	12.60	14.20	17.26	25.09
352.5	22.94	16.19	13.13	15.35	18.17	27.37
7.5	23.31	15.08	11.86	14.48	16.70	26.52
22.5	21.25	12.23	9.53	12.59	13.96	23.59
37.5	17.03	8.58	7.08	11.15	29.57	36.20
52.5	7.84	2.96	2.71	6.88	15.24	10.46
67.5	−0.52	−1.00	−0.27	—	—	—
82.5	−2.72	−2.69	−3.78	—	—	—
97.5	−12.15	−1.38	−0.02	—	—	—
112.5	−11.71	−1.99	−0.89	—	—	—
127.5	−8.88	−3.34	−2.49	−0.13	10.93	5.53
142.5	−5.64	−3.87	−3.87	−1.91	0.68	0.03
157.5	−3.19	−3.19	−3.56	−3.30	−3.41	−3.63
172.5	−1.23	−1.97	−2.22	−3.04	−2.78	−2.53
187.5	−2.97	−3.22	−3.23	−3.32	−2.94	−2.81
202.5	−4.85	−3.84	−3.48	−2.72	−2.21	−2.45
217.5	0.00	−3.72	−2.75	−1.61	−1.44	−1.43

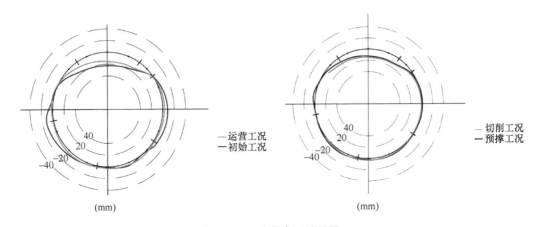

图 10.13 收敛变形结果图

按照工况进行描述：

在初始工况下我们可以看到由于底部的固定，底部几乎没有什么收敛变形。收敛变形主要集中在顶部，顶部均匀下降，收敛在 20mm 左右。左右腰部收敛在 10mm 左右。左右有略微不对称，切削侧收敛集中向下。

在运营工况下，由于腰部的土弹簧挤压作用较大，导致腰部收敛迅速减小。左右收敛达到 5mm 左右，顶部收敛减小至 15mm 左右。这一过程后，左右腰部收敛基本对称。

在预撑工况下，由于内支撑体系的顶撑作用，顶部收敛进一步减少，减小至10mm左右。由于侧撑的存在，腰部收敛减少至1mm左右后基本维持。

在切削工况下，可以看到由于盾构机的顶推力作用，顶部收敛还是有增加的趋势。增加幅度为2~3mm。可以看到在切削侧由于切削了部分后，靠近切削侧的收敛已经有增大的趋势。

在偏向切削工况下，可以看到靠背侧90°偏上有向右移动的趋势，增量为3mm左右，靠近开口侧可以看到由于大部分已经被切削掉，所以外部有向内推的趋势，即形成了悬臂压缩段。且可以看到接缝影响较大，这里靠近接缝位移是应引起注意的。

在拆撑工况下，顶部收敛迅速增加，增量为10mm左右。几乎回到原始收敛，且比原始收敛略大。

2. 切削环纵缝错台变形

切削环错台变形情况如表10.13所示。

切削环错台变形结果（mm）　　　　表10.13

位置	初始工况	运营工况	预撑工况	切削工况	偏向切削工况	拆撑工况
34°	2.84	2.73	2.44	1.84	1.21	1.01
54°	−1.58	−1.57	−1.3	−1.53	−1.46	−2.15
122°	0.07	0.1	0.12	0.1	0.05	0.05
258°	−1.1	0.35	0.15	0	0	—
326°	0.01	−6.6	−0.28	0.23	−7.87	−21.11

将每两个工况的对比数据绘制如图10.14所示。

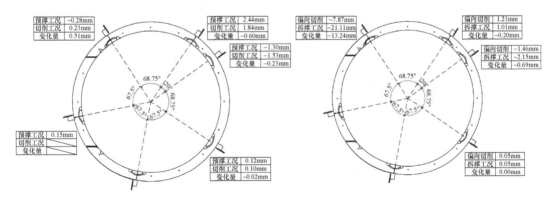

图10.14　纵缝错台变形结果

切削环错台变形规律结论：

（1）初始工况下封顶块被压紧，两段被压紧2mm左右，切削部分有1mm的压紧，主要是由于此处的纵向螺栓被拆除导致的。导致此块的管片被压紧较多，这也解释了收敛变形中的切削侧此块的管片向里较多。

（2）运营工况下由于腰部的力增大导致腰部收敛减小，腰部的错台主要受此影响。主要体现在切削侧的管片向内的一个错台量。

（3）预撑工况下切削环纵缝错台几乎没有。

(4) 切削工况下,变化量较小,是由于切削只切削了一半左右。

(5) 偏向切削工况下,手切削的管片产生向下掉的趋势,产生负的错台。

(6) 拆撑工况下变化较大的为顶部靠左的纵缝,产生较大的负的错台,B1 相当于悬臂类型,有向里的趋势,达到 21.11mm 的错台。类似于偏向切削工况此处的反应。

3. 切削环纵缝张开变形

切削环张开变形情况如表 10.14 所示。

切削环张开变形表(mm)　　　　　　　　　　　　表 10.14

位置	初始工况	运营工况	预撑工况	切削工况	偏向切削工况	拆撑工况
34°	2.05	1.83	1.19	0.99	0.50	1.92
54°	−7.43	−7.16	−6.28	−6.31	−6.19	−8.37
122°	1.46	1.76	1.74	1.50	1.12	1.44
258°	−3.14	−0.32	−0.02			
326°	0.65	−0.09	−0.20	0.09	1.88	4.21

切削环的纵缝张开规律如下:

(1) 初始工况下封顶块靠下压紧,上部张开。腰部切削侧压紧,相当于起始的缝隙补充结束。

(2) 运营工况下,切削侧张开(2.8mm),是由于上下的 k 值不同导致的。顶部靠左有略微压紧(0.7mm)。预撑工况下封顶块位置产生相反的作用。

(3) 其余工况几乎不变,主要发生在拆撑工况。拆撑工况下,顶部靠左纵缝张开(悬臂,2.33mm),封顶块位置上部张开,下部持续压紧。

4. 切削环内力变化

将切削环、半切削环和普通环的各环内力分布计算如表 10.15 所示(初始工况选取为变荷载前的工况)。其中切削环不同工况的内弯矩(kN·m)分布如图 10.15 所示。

切削环的内弯矩表(kN·m)　　　　　　　　　　　表 10.15

角度(°)	初始工况	运营工况	预撑工况	切削工况	偏向切削工况	拆撑工况
0	239	152	92	39	50	107
10	255	170	126	96	110	148
20	231	183	138	105	77	152
68	−135	−64	−35	−31	−33	−90
79	−227	−190	−130	−161	−154	−138
90	−246	−166	−86	−144	−169	−140
110	−196	−166	−69	−97	−100	−83
145	74	−4	−82	−3	−31	−34
180	223	183	163	166	114	167
315	−6	60	24	110		114
340	209	129	65	−66	−90	92
350	244	154	92	−2	21	106

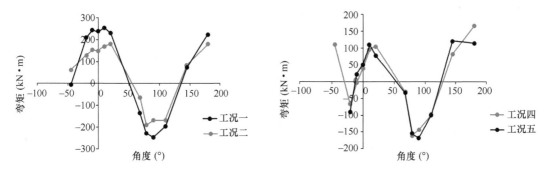

图 10.15 不同工况内弯矩结果对比图

结论：

（1）切削环初始工况基本符合计算，顶部正弯矩和腰部负弯矩大约为250kN·m。

（2）在运营工况下，可以看到由于腰部的外荷载增大。顶底和腰部的弯矩均减小至170kN·m，且靠上位置的弯矩较大，为负弯矩190kN·m，是由于腰部靠下外荷载增加较多导致的。从弯矩可以判断，靠背侧位置的弯矩增大较多。

（3）在预撑工况下，顶部弯矩进一步减小，减小至100kN·m左右。

（4）在切削工况后可以看到由于切削侧有部分管片被切削掉，所以导致出现悬臂效应，且越靠近顶部效应越明显。340°弯矩由正变负，对应于收敛变形此处有一个较大的向内变形趋势可以理解。350°弯矩几乎为0；0°受此效应影响弯矩下降60kN·m；靠背侧的弯矩也相应减小30kN·m左右；腰部弯矩增大30～50kN·m。

（5）偏向切削工况下，各位置的变化量较小，基本与切削工况类似，弯矩变化在10kN·m左右。

（6）拆撑工况后，顶部弯矩迅速增大，增大60kN·m左右，最大弯矩在顶部靠背侧20°左右，且略小于运营工况。腰部负弯矩减小20kN·m左右，最大负弯矩在80°～90°之间，下部的弯矩较小。

（7）靠近切削侧的弯矩变化量较大，形成了较大的弯矩振荡位置。

切削环的轴力分布如表10.16所示。

切削环轴力分布（kN） 表10.16

角度（°）	初始工况	运营工况	预撑工况	切削工况	偏向切削工况	拆撑工况
0	−1308	−1002	−479	−300	−121	−446
10	−1292	−760	−486	−847	−571	−484
20	−1394	−2139	−2180	−2013	−1835	−1972
68	−1530	−1063	−997	−1044	−939	−896
79	−1703	−1562	−942	−1110	−1237	−1475
90	−1643	−1177	−711	−1092	−1251	−934
110	−1818	−1253	−863	−960	−948	−1110
145	−1237	−2193	−1865	−1011	−1216	−2360
180	−1168	−1485	−1546	−712	−783	−807
315	−1638	−1486	−1237	−2103	—	−1844
340	−1286	−759	−1209	−1460	−1273	−736
350	−1319	−717	−605	−492	−394	−663

不同工况的轴力结果对比如图10.16所示。

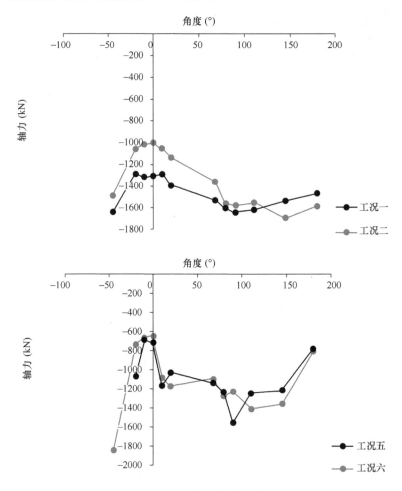

图10.16 不同工况轴力结果

轴力的变化规律如下:
(1) 初始工况下,轴力基本符合计算轴力,顶底位置轴力最小,腰部轴力最大。
(2) 运营工况和预撑工况下轴力均匀减小。
(3) 切削工况下,反弯点轴力增大,其余部分缓慢减小。
(4) 偏向切削工况下,轴力几乎不变。
(5) 拆撑工况下,顶底轴力略有减小,反弯点轴力增加。

10.4.2 邻近环结果分析

主要包括第3环和第5环的变形和内力测试结果及分析,仅以第3环为例。

1. 第3环收敛变形

第3环的收敛位移采取千斤顶的位移变形。各工况的收敛变形如表10.17所示。
收敛变形规律如下:
在初始工况下,由于底部的固定,底部几乎没有什么收敛变形。收敛变形主要集中在顶部，顶部均匀下降，收敛在20mm左右。左右腰部收敛在10mm左右，左右腰部收敛对称。

第3环收敛变形表（mm） 表10.17

角度（°）	初始工况	运营工况	预撑工况	切削工况	偏向工况	拆撑工况
232.5	−6.39	−2.21	−1.37	−1.11	−0.84	−1.33
247.5	−8.23	−2.71	−1.74	−1.37	−0.97	−1.83
262.5	−8.36	−2.44	−1.23	−0.98	−0.59	−1.67
277.5	−7.96	−3.04	−1.71	−1.57	−1.08	−2.66
292.5	−4.72	−1.76	−0.64	−0.61	0.14	−1.47
307.5	2.07	2.47	2.82	2.96	4.07	2.97
322.5	13.59	10.52	9.41	9.80	11.67	12.51
337.5	18.88	13.50	11.75	12.27	14.38	16.09
352.5	20.87	14.13	12.16	12.79	14.87	16.71
7.5	20.27	13.06	11.20	11.97	13.82	15.16
22.5	17.69	10.59	9.32	9.95	11.10	11.72
37.5	12.38	6.50	5.86	6.50	6.63	6.53
52.5	6.24	4.54	4.88	5.02	3.46	2.97
67.5	0.10	−0.13	0.71	0.73	−2.08	−2.21
82.5	−5.14	−1.72	−0.41	−0.60	−4.16	−3.40
97.5	−9.38	−2.11	−0.65	−1.00	−4.28	−2.58
112.5	−9.13	−2.48	−1.39	−1.62	−3.94	−2.45
127.5	−6.75	−2.11	−1.39	−1.61	−2.94	−1.97
142.5	−4.24	−2.43	−2.46	−2.75	−2.89	−2.72
157.5	−2.09	−2.09	−2.62	−3.43	−3.40	−3.28
172.5	−1.12	−1.75	−3.24	−4.07	−3.94	−3.92
187.5	−3.58	−3.09	−4.09	−5.05	−5.03	−5.38
202.5	−3.23	−2.23	−2.25	−2.59	−2.45	−2.57
217.5	−4.48	−2.70	−2.42	−2.23	−2.22	−2.20

在运营工况下，由于腰部的土弹簧挤压作用较大，导致腰部收敛迅速减小。左右收敛达到3mm左右，顶部收敛减小至14mm左右。

在预撑工况下，由于内支撑体系的顶撑作用，顶部收敛进一步减少，减小至10mm左右。由于侧撑的存在，腰部收敛减少至1mm左右后基本维持。

在切削工况下，可以看到由于盾构机的顶推力作用，顶部收敛略有增加，增加幅度为0.5mm。

在偏向切削工况下，可以看到顶部有收敛增大的趋势，增量为2mm左右，切削侧腰部向外收敛也相应增大。

在拆撑工况下，顶部收敛增加，增量为3mm左右，靠背侧腰部向外收敛增大2mm左右。

2. 第3环纵缝错台变形

第3环纵缝错台变形结果（mm） 表10.18

位置	初始工况	运营工况	预撑工况	切削工况	偏向切削工况	拆撑工况
34°	5.17	4.94	4.75	4.78	4.81	5.16
54°	−6.03	−6.04	−5.98	−6.66	−6.65	−6.67
122°	0.01	0	0	0	0	0.01
326°	−0.45	−0.7	−0.7	−0.66	−0.58	−0.5

由表10.18可以看到除开始阶段的封顶块被压紧外，其余时刻的变化量均较小，即纵缝的纵向收敛变化量较小。

3. 第3环纵缝张开变形

第3环纵缝张开变形结果（mm） 表10.19

位置	初始工况	运营工况	预撑工况	切削工况	偏向切削工况	拆撑工况
34°	7.26	7.07	6.86	6.73	6.76	7.11
54°	−4.93	−4.54	−4.53	−4.19	−4.29	−4.99
122°	1.20	1.44	1.47	1.56	1.59	1.57
258°	−1.89	−0.09	0.13	0.05	−0.12	0.19
326°	0.89	0.53	0.30	0.37	0.46	0.48

综上所述，纵缝张开变形除最开始的封顶块位置的偏移与压紧外，其他过程几乎没有变化。

4. 第3环内力变化

第3环的弯矩分布（kN·m） 表10.20

角度（°）	初始工况	运营工况	预撑工况	切削工况	偏向切削工况	拆撑工况
0	249	160	109	129	143	164
10	269	185	124	135	144	165
20	242	189	128	137	107	155
68						
79	−205	−170	−114	−119	−109	−125
90	−254	−151	−67	−59	−31	−130
110	−184	−143	−76	−60	−22	−90
145						
180						
315						
340	238	131	72	76	61	138
350	249	174	118	131	152	190

小结：

（1）第3环初始工况基本符合计算，顶部正弯矩大约为250kN·m。腰部弯矩大约为200kN·m。

（2）在运营工况下，可以看到由于腰部的外荷载增大。顶底正弯矩均减小至170kN·m。

腰部负弯矩减小至160kN·m左右。从弯矩可以判断，靠背侧位置的弯矩增大较多。可能是由于外荷载不平衡导致的。

(3) 在预撑工况下，顶部弯矩进一步减小，减小至100kN·m左右。

(4) 在切削工况下，由于内支撑体系的作用，以及第5环在整个过程中收敛变形变化量较少，所以第5环的弯矩变化量较少。

(5) 在偏向切削工况下，各位置的变化量较小，基本与切削工况类似。弯矩变化在10kN·m左右。

(6) 拆撑工况后，顶部弯矩迅速增大，增大30kN·m左右，最大正弯矩基本还在顶部，最大负弯矩还在腰部，腰部负弯矩增大50kN·m左右。

轴力的变化规律如下：

(1) 初始工况下，轴力基本符合计算轴力，顶底位置轴力最小，腰部轴力最大。

(2) 运营工况下轴力均匀减少，预撑工况轴力基本不变。

(3) 切削工况下，腰部轴力基本不变，顶底轴力缓慢减少。

(4) 偏向切削工况下，轴力几乎不变。

(5) 拆撑工况下，各位置轴力均匀增大。

10.4.3 环间对比及结果分析

1. 特殊环收敛

(1) 顶底收敛

初始工况下在初始整圆后顶部位移达到20mm左右。在初始工况下达到40mm左右，第3环的顶底收敛为35mm。在改为荷载-位移控制后由于腰部外部荷载增大，所以顶底收敛立刻减少，减少5mm，在内支撑加力后，顶底收敛继续减少3mm，是由于顶撑对顶底加力导致在切削过程中顶底收敛有略微增加，均发生在两次切削的过程中。拆撑后逐级增加至稳定。大于切削开始前的收敛10mm左右（4环），3环和5环的影响较小，几乎恢复到原始状态，传力效果较小。

(2) 腰部收敛

由图10.17可以看到左部收敛在初始工况下的变化相同，在荷载-位移控制改变后立刻减少，后在预撑工况下进一步减少。在开始切削后第4环左边收敛立刻增大，在破洞后又进一步增大，直至最后完全破坏，而第3环和第5环在切削过程中几乎没有变化。

由图10.18可以看到右部收敛在初始工况下的变化相同，在荷载-位移控制改变后立刻减少，后在预撑工况下进一步减少，在整个切削过程中变化较小，包括最后的拆撑阶段，右部收敛几乎没有变化。

2. 普通环收敛

(1) 顶底收敛

由图10.19可以看到在整个过程中，初始工况下在初始整圆后顶部位移达到10mm左右。在初始工况下顶部收敛达到20~40mm，即加载过程中越靠近第7环的收敛变形越大。在改为荷载-位移控制以及预撑工况下变化趋势是相类似的。而后的变化过程中，顶底收敛几乎不变，而第2环和第6环有受到部分影响的顶底收敛增加，第1环和第7环没有任何影响。

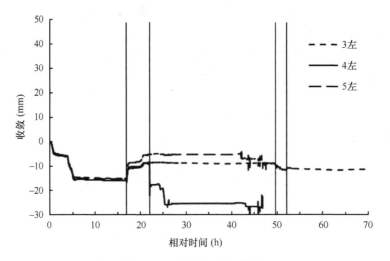

图 10.17 特殊环左部收敛

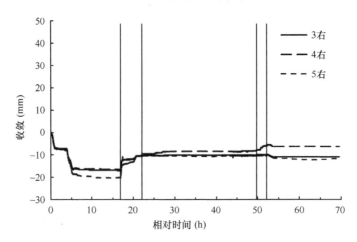

图 10.18 特殊环右部收敛

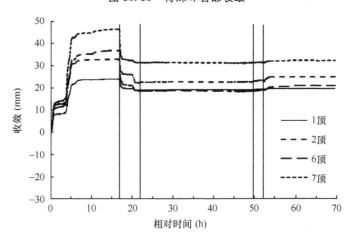

图 10.19 普通环顶底收敛

（2）腰部收敛

由图 10.20 可以看到左部收敛在初始工况下的变化相同，在荷载-位移控制改变后立刻减少，后在预撑工况下进一步减少。在开始切削后全部环变化较小，而在完成破洞后第 2 环和第 6 环有些许增加，第 1 环和第 7 环在切削过程中没有变化。

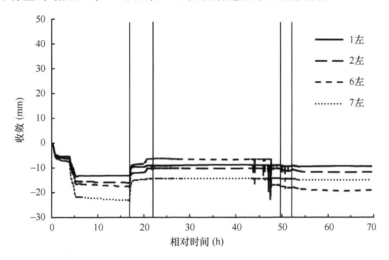

图 10.20 特殊环左部收敛

由图 10.21 可以看到右部收敛在初始工况下的变化相同，在荷载-位移控制改变后立刻减少，后在预撑工况下进一步减少。在整个切削过程中变化较小，包括最后的拆撑阶段，右部收敛几乎没有变化。

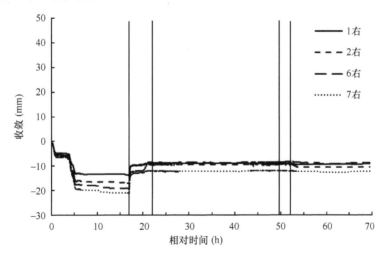

图 10.21 特殊环右部收敛

10.4.4 结构收敛变形特性分析

可将全过程中的结构收敛值绘制变形图，其中切削环各工况对比如图 10.22 所示。

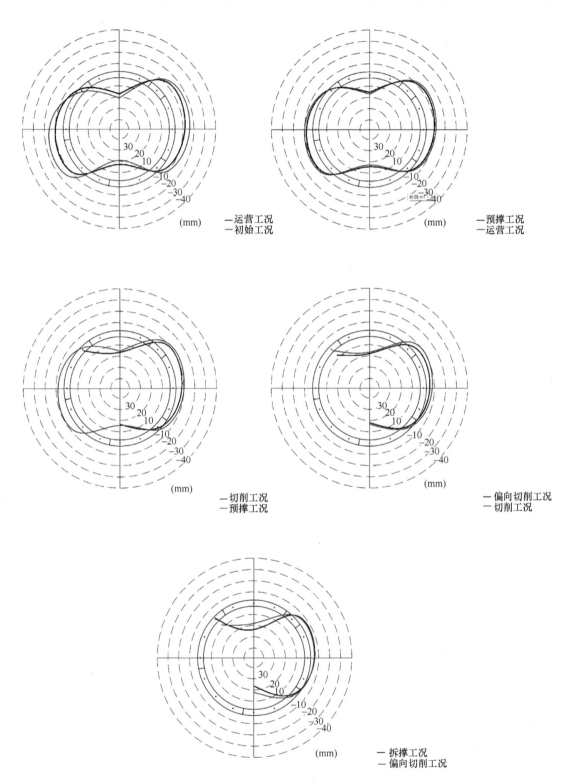

图 10.22 不同工况结构收敛绘制变形图

10.4 模型试验结果分析

小结:

(1) 在切削过程中,预撑工况可以起到较大的约束位移收敛的作用。

(2) 可以看出由于外部荷载的缘故,预撑工况更类似于拆撑工况的外部荷载情况,且可以看到各环的分担作用情况。

(3) 普通环第1环和第7环几乎没有变化。即其不受撑力的影响,且切削后也没有分担作用,其后的计算过程可以按照其为内力标定。

(4) 可以看到普通环第2环和第6环受到部分影响,该影响较小,且第2环和第6环主要受到运营工况和预撑工况的影响,影响幅度不大。

(5) 第3环和第5环的变形过程由于第4环的较大变形有较明显的变化过程,但变化还是远小于第4环的变形过程,所以分担作用有限,主要是由于环间的共同作用引起的(无凹凸榫)。

(6) 由于收敛变形不明显,所以基本除第4环以外其余均为恢复到预撑工况状态下的收敛变形。预撑工况发生位移的变化主要是由于催动产生外部的荷载变化引起的,实际是不会出现这种情况的。

(7) 除运营工况和预撑工况下的改变外,切削环在切削和偏向切削均发生了偏向的位移,但是由于量较少,半切削环几乎不随之承担这个位移的改变量,而仅发生了环向变形的内力传递过程。

(8) 试验过程简述:在初始工况下,结构腰部产生较大的位移,变为荷载-位移控制后,腰部力增加,位移减少在后预撑工况下,预撑施加,腰部收敛进一步减少,腰部荷载减少,几乎恢复至初始工况没有改位移曲线的荷载,而此时收敛也减少了,所以后期卸撑后荷载继续增加值较少。从第1环和第7环的数据可以得出结论,顶部影响大概3mm。

10.4.5 环缝张开规律分析

环缝张开量(mm) 表10.21

位置	初始工况	运营工况	预撑工况	切削工况	偏向切削工况	拆撑工况
2/3环90°	−0.05	−0.06	−0.09	0.04	0	0.22
2/3环270°	0.81	0.24	0.31	1.07	0.91	1.07
3/4环90°	0.52	0.39	0.32	0.16	0.09	0
3/4环0°	0.28	0.07	0.24	0.22	0.16	−0.35
3/4环270°	0	0.12	0.04	—	—	—
4/5环90°	−0.4	−0.49	−0.35	−0.28	−0.23	−0.86
4/5环0°	0.43	0.46	0.08	−0.05	0.12	1.19
5/6环0°	0.71	0.67	0.57	0.74	0.76	0.81
6/7环270°	0.04	−0.26	−0.37	−0.21	−0.09	0.09

从各环的张开量可以看出变化量均在0.5mm以内,这里就不再绘制图表。

由表10.21可以看到第2环和第3环的切削侧在改变荷载-位移曲线后以及切削过程中有少量张开出现,且初始工况也有微小张开出现。

3/4环与4/5环的顶部在拆撑过程中张开量增加只有1mm左右,说明纵向方向各环接触较好。

整个过程中除切削侧其余位置的张开量较少。

10.4.6 纵缝张开及错台规律

各工况下纵缝的切削环错台变形量见表10.13，第3环和第5环的错台变形量见表10.22、表10.23。

第3环错台变形量（mm）　　　表10.22

位置	初始工况	运营工况	预撑工况	切削工况	偏向切削工况	拆撑工况
34°	5.17	4.94	4.75	4.78	4.81	5.16
54°	−6.03	−6.04	−5.98	−6.66	−6.65	−6.67
122°	0.01	0	0	0	0	0.01
326°	−0.45	−0.7	−0.7	−0.66	−0.58	−0.5

第5环错台变形量（mm）　　　表10.23

位置	初始工况	运营工况	预撑工况	切削工况	偏向切削工况	拆撑工况
54°	−0.5	−3.68	−3.68	−4.06	−3.86	−3.54
34°	2.2	2.28	2.24	2.21	2.21	2.12
122°	−2.39	−2.23	−2.21	−2.21	−2.19	−2.33
258°	−0.01	0	0	0	0	−0.04
326°	1.1	1.38	1.41	1.43	1.43	1.3

半切削环的纵缝错台规律如下：初始工况下封顶块一样被压紧，除此之外，各个工况均没有较大的错台，说明整体性较为良好。

半切削环：（1）半切削环在运营工况同样出现切削侧张开的现象。（2）其余工况变化不大，变化主要集中在拆撑工况，封顶块位置产生了压紧。相当于由于第4环的影响有一个收缩的过程。

10.4.7 内支撑系统作用机理分析

由于套筒不存在，整个切削过程中主要是内支撑受力为主，且在切削过程中的两次切削过程中可以看到明显的撑力变化。切削过程中可以看到内支撑作为内部的结构，首先可以保证结构的变形没有增加。理论上来讲只要切削速度够慢，内力重分布对于是否有内支撑是相同的，内支撑的作用类似于保护切削过程的安全储备。

试验上出现的现象本质上在真实过程中会恢复至原始初加荷载，类似于本试验中的未改荷载-位移控制的初始工况和拆撑工况。所以本试验的内支撑体系改变外荷载在实际过程中是不存在的，最终是会恢复原状的。本次试验的环间的内力重分布主要是由于环间的摩擦和纵向螺栓的影响导致的。

对管片与内支撑的刚度进行对比验算分析如下：

管片采用1.5m环宽进行验算（1.2m环宽的刚度相当于1.5m环宽的0.8倍），顶底施加100kN的单位力，计算可得顶底收敛变形为3.52mm，接着对内支撑结构横跨5环的结构进行验算。即顶部有：
$$100 \times 3 + 80 \times 2 = 460 \text{kN}$$
顶底收敛为：
$$\Delta l = \frac{N \times l}{E \times A} = \frac{460 \times 4.375}{8 \times 200 \times 10^6 \times 0.03487} = 7.84 \times 10^{-3} \text{mm}$$

所有内支撑与单环管片的刚度比为112，即内支撑体系刚度远大于管片刚度。

10.4.8 环内内力重分布变化特性

对切削环、半切削环和普通环内力分布计算，其中初始工况选取为变荷载前的工况，其外部荷载类似于拆撑工况，预撑和变荷载均利于结构受力。切削环内弯矩分布如表10.24所示。

切削环内弯矩分布变化　　　　表10.24

角度（°）	初始工况	运营工况	预撑工况	切削工况	偏向切削工况	拆撑工况
0	239	152	92	39	50	107
10	255	170	146	96	110	148
20	231	183	138	105	77	152
68	−135	−64	−35	−31	−33	−90
79	−197	−190	−130	−141	−154	−138
90	−246	−166	−86	−144	−169	−140
110	−196	−166	−69	−97	−100	−153
145	74	−4	−82	−3	−31	−34
180	223	183	163	166	114	167
315	−6	60	24	110	—	114
340	209	129	−25	−126	−90	92
350	244	84	92	−2	21	156

结论：

(1) 切削环环内发生内力重分布现象。

(2) 顶部弯矩在整个工况过程中呈现先减小后增大的趋势。由于预撑工况有利于结构受力，所以通过预撑工况和拆撑工况的对比，可以发现拆撑工况后弯矩更大，抵消了预撑工况下的有利影响。且靠近靠背侧的压力增加大，即弯矩发生向后偏移的现象。偏向切削工况下顶部弯矩有增大的趋势。

(3) 腰部的弯矩也呈现先减小后增大的趋势。同样90°位置的现象不如靠上和靠下的现象明显，一方面是由于产生偏压效应的影响，另一方面是由于此两处位置的内支撑作用不到。

(4) 靠近切削侧的反弯点变化较大。从几乎没有弯矩到后期出现较大的弯矩，说明此处内力变化较为敏感，应引起注意。

(5) 偏向切削工况下顶底腰部弯矩都有增大趋势。

(6) 弯矩增加主要是最后一工况引起的，其余时刻的变化量较少，而且两个切削过程的弯矩变化不大。

切削环的轴力分布如表10.25所示。

切削环轴力分布变化　　　　　　　　　表10.25

角度（°）	初始工况	运营工况	预撑工况	切削工况	偏向切削工况	拆撑工况
0	−1308	−1002	−479	−300	−121	−446
10	−1292	−760	−486	−847	−571	−484
20	−1394	−2139	−2180	−2013	−1835	−1972
68	−1530	−1063	−997	−1044	−939	−896
79	−1703	−1562	−942	−1110	−1237	−1475
90	−1643	−1177	−711	−1092	−1251	−934
110	−1818	−1253	−863	−960	−948	−1110
145	−1237	−2193	−1865	−1011	−1216	−2360
180	−1168	−1485	−1546	−712	−783	−807
315	−1638	−1486	−1237	−2103	—	−1844
340	−1286	−759	−1209	−1460	−1273	−736
350	−1319	−717	−605	−492	−394	−663

轴力的变化规律如下：

(1) 顶底轴力整个变化过程中有一个轴力减小的过程。即在初始工况后运营工况和预撑工况的不均匀加载后轴力有较不均匀的变化。整体是减小，增加是在拆撑工况后轴力增加。

(2) 腰部轴力在预撑后有一个轴力增大的过程，即由于偏压导致的轴力增大。

(3) 同样对于切削侧的轴力变化有较大的轴力变化过程，所以此处应该引起注意。

(4) 反弯点轴力增加较大，是由于靠背侧的偏载引起的轴力增大。

同样可以总结半切削环第3环、第3环的内力变化情况，整个过程的变化方式是类似于切削环的情况，但是可以看到半切削环的变化过程是均匀变化的。作为参考可以参考普通环的内力情况，可以看到腰部的弯矩第4环的减少量是分担给第3环和第5环的腰部内力增加。

10.5　本章小结

通过全环境模型试验平台进行的试验测试，分析了不同工况下切削影响范围之内的主隧道7管环结构受力变形影响规律特征，表明切削环、半切削环以及普通环的内力和变形随切削和支撑作用等发生一定变化，环内力发生重新分布，相关规律结论可为设计施工以及安全评估提供参考。

第 11 章 机械法联络通道掘进始发与接收技术

11.1 概述

机械法联络通道施工前,应开展工程地质调查、建筑物管线调查、施工方案审查、工程总体筹划的审核、管片生产施、盾构机运输、吊装、吊出方案、盾构掘进和管片拼装施工组织、施工测量方案、盾构掘进施工监测方案等技术方案的编制和审核,本章重点介绍机械法联络通道施工前主隧道的微加固技术、始发套筒安装技术、掘进机吊装、运输及定位,以及反力架安装及负环管片拼装等技术。

在接收时,盾构机需切削接收端管片,掘进参数按照管片切削试验结果适当调整,推力控制在 2000kN,扭矩控制在 2000kN·m。密切注意观察盾体振动情况,盾构机渣土改良效果,随时关注渣土温度,渣土结块情况,检查泡沫发生情况,防止泡沫堵管现象的发生。为此,本章重点阐述机械法联络通道掘进机始发与接收技术。

11.2 通道掘进始发技术

11.2.1 主隧道微加固技术

在联络通道施工前,应适当地进行二次注浆来对主隧道管片进行加固,如图 11.1 所示,其优点在于可以控制主隧道管片在推进反力作用下的位移量;弥补同步注浆凝固收缩、在地层中的扩散出现局部填充不均匀、不密实等缺陷;并且提高联络通道位置管片衬砌背后同步注浆层的防水性及密实度。

1. 微加固技术

在盾构始发之前,一般要根据洞口地层的稳定情况评价地层,并采取有针对性的处理措施。地层处理一般采取搅拌桩、旋喷桩、注浆法、SMW 工法、冷冻法等措施进行地层加固处理。加固后的地层要具备最少一周的侧向自稳能力,且不能有地下水的损失。

联络通道位置周围环境复杂,通常位于城市主干道路下方,部分联络通道位于江堤、铁路附近,无法采用搅拌桩技术对洞门进行加固处理,只能采取注浆法加固,因此

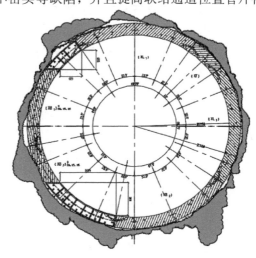

图 11.1 微注浆加固

设计中增加主隧道钢混管片的注浆孔数量，调整注浆孔位置，达到类似"加固区"的效果。注浆孔位置如图11.2所示，考虑到盾构机始发后泥水会从洞门与盾构壳体形成环形的空隙窜入主隧道内，洞门附近这部分土体是洞门密封的关键。

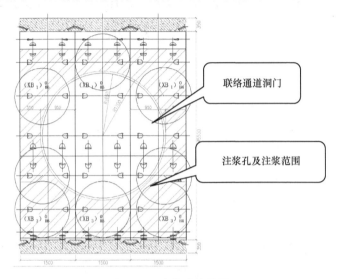

图11.2 注浆孔位置图

主隧道钢混管片前后20环注浆，弥补同步注浆凝固收缩、在地层中的扩散出现局部填充不均匀、不密实等缺陷；提高联络通道位置管片衬砌背后同步注浆层的防水性及密实度；控制联络通道施工时，主隧道管片在推进反力作用下的位移，对主隧道管片进行加固。

2. 注浆方法

联络通道施工前，需对联络通道左、右线前后20环范围内进行二次注浆。在浆液搅拌筒中按设计的水灰比进行双液浆（水泥浆与玻璃液）拌制，严禁浆液中有结块存在，以免注浆管堵塞。

(1) 水泥浆（按质量配比）水：水泥＝1:1；

(2) 玻璃液（按体积配比）水：水玻璃＝1:1；

(3) 双液浆（按体积配比）水泥浆：玻璃液＝1:1；

(4) 注入过程中应严密监视压力情况，控制注浆压力在0.3MPa以内；

(5) 进行二次注浆时，起动注浆泵，然后打开水泥浆控制阀（进出洞口以及出现渗漏严重时，应待水泥浆液流量稳定后再打开水玻璃浆液控制阀）；

(6) 注浆结束标准以注浆压力与注浆量进行双重控制，正常情况下要求每环注浆量为$1m^3$，每孔每次控制在$0.5m^3$左右。以下情况应例外：

1) 在开孔时发现注浆孔内有大量水喷出，应增加注浆量直至注浆压力达到上限；

2) 当每孔注浆量未达到设计值而注浆压力达到规定压力的上限时，应停止注浆；

(7) 二次注浆利用二次注浆机在主隧道内进行；

(8) 二次注浆结束后，对每一个注浆孔进行密封，以防渗水；

(9) 注浆开孔位置为主隧道3、11点位与7、15点位交替循环，例：第一环开孔为3、11点位，第二环开孔为7、15点位（图11.3）。

11.2 通道掘进始发技术

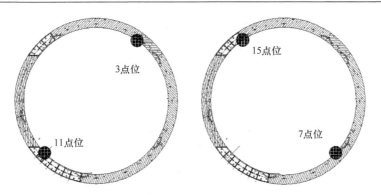

图 11.3 注浆孔位示意图

11.2.2 始发套筒安装技术

1. 洞门钢环焊接

始发与接收钢套筒随 3 号与 5 号台车整体运输至进出洞门处，与洞门套筒连接操作空间小，需要施工前在洞门位置预先焊接连接法兰，即洞门钢环（钢套筒前端）。为保障洞门钢环在焊接过程中产生的变形量不影响后期钢套筒连接，制作焊接工装，如图 11.4 所示。将洞门钢环与套筒前端相连，并定位，与洞门钢管片焊接，待自然冷却后拆除焊接工装。

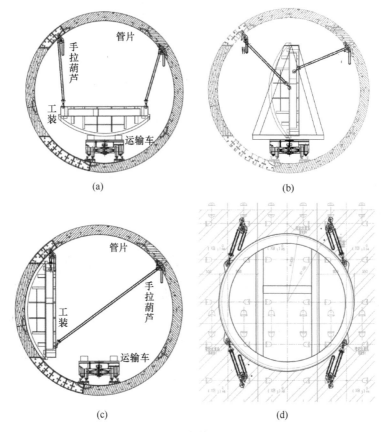

图 11.4 安装工序说明
（a）步骤一；（b）步骤二；（c）步骤三；（d）步骤四

(1) 将洞门钢环及工装通过法兰面连接成整体;

(2) 将工装及钢环随电瓶车整体运输至洞门处,于图 11.4(a) 位置预设 4 个手拉葫芦(依据现场管片实际情况布设),将手拉葫芦通过吊耳连接至工装,将其一端逐渐抬起,另一端逐渐放下,缓慢吊起,保证平衡,然后进行洞门钢管片与钢环的满焊作业;

(3) 焊接完成后,待其自然冷却后拆除工装,留下洞门钢环。

联络通道洞门采用可切削的混凝土管片,内部钢筋采用可切削的玻璃纤维筋,因此没有传统意义上洞门破除过程。但主隧道施工中,管片之间连接的螺栓应采用取芯机拔除,并且在第二环管片中有一个吊装孔,在拔除前在该吊装孔内进行二次注浆,提高土体自稳性,拔出后为防泥水渗漏,用软木封堵。

从上面的施工步骤可以看出,为保证管片的稳定性及防泥水渗漏,螺栓及吊装孔拆除应在套筒焊接与注浆之后进行。

钢管片焊接参数表　　　　　　　　　　　　　　　　　表 11.1

母材		Q235B	结点图（钢管片）								施焊要求
焊接材料	焊丝	ER50-6									1. 焊前将坡口两侧 30mm 范围内的油污水分及脏物去除干净
	保护气体	80%Ar+ 20%CO_2									
清根手段		手砂轮									2. 焊缝表面及热影响区表面不得有咬边、裂纹、未融合等缺陷
预热温度		100～150℃									
预热方法		乙炔									3. 焊后焊缝进行 UT 检测,Ⅱ级合格
焊接规范参数	焊层	焊接方法	焊材牌号	直径 (mm)	电源种类及极性	电流 (A)	电压 (V)	焊接速度 (mm/min)	喷嘴直径 (mm)	焊丝伸出量 (mm)	气体流量 (L/min)
	1	GMAW	ER50-6	1.2	直流反接	130～160	20～30	300～500	φ20	15～18	20～30
	2	GMAW	ER50-6	1.2	直流反接	180～250	20～30	300～500	φ20	15～18	20～30
	其余	GMAW	ER50-6	1.2	直流反接	180～250	20～30	300～500	φ20	15～18	20～30

2. 始发套筒设计

在常规盾构掘进中,洞门密封常采用橡胶帘布板,该密封装置能够防止泥水从洞门与盾构壳体形成环形的空隙窜入端头井内,确保盾构机开挖面泥水压力、开挖面土体的稳定,而在联络通道施工中,联络通道处覆土较深,无法进行常规的端头加固,因此无法采用安装橡胶帘布板这一密封装置。受盾构机盾尾设计启发,科研小组研制出了一种快速安拆的密封装置,即始发套筒。其实际上是由前后两部分组成,两部分之间采用法兰连接,如图 11.5 所示。

从洞门整体的密闭性考虑,施工中选择焊接的方式将套筒与钢管片连接。但焊接所

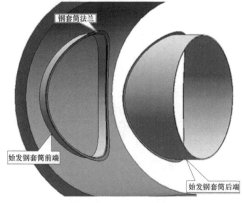

图 11.5　套筒前端

需时间较长,加上主隧道空间狭小,因此将套筒拆分出一个较小的前端,使得焊接工作可以在拼装完成后任意时间进行,同时也不会对后续施工造成影响,有效地保障了施工进度。并且从后期套筒拆除过程看,可以将套筒从安装时洞门处的焊缝附近割除,套筒前端虽有部分损失,但经加工后仍可再次使用,而套筒后端完整保留,从而节约施工成本。

除考虑设计因素外,套筒前端施工还需解决一些实际操作上的问题,套筒前端结构跨度大,钢材自身密度高,焊接过程中钢材热胀冷缩,因此套筒前端在焊接中极易出现变形,造成套筒定位出现误差。为解决这一问题,实际操作中设计了一种工装标准件来精确定位套筒,如图11.6所示,其采用法兰连接的方式与套筒前端连接,能够方便吊装定位,也能够控制焊缝变形,保证焊接质量,同时焊接方式采用上下、左右对称焊接,每条焊缝控制在1m内。

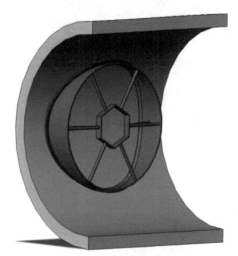

图11.6 工装标准件

套筒后端主要是解决密封问题,其通过法兰与套筒前端连接,将联络通道洞门密封位置延长至套筒尾端,套筒尾端仿照盾构机尾刷设计,设有盾尾油脂注入口,增加套筒的密封性,如图11.7、图11.8所示。

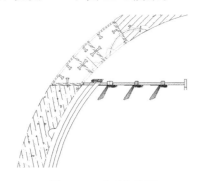

图11.7 成型套筒图

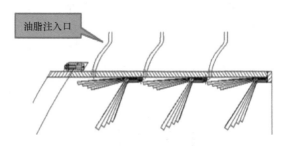

图11.8 尾刷设计图

在始发阶段,套筒后端包裹着掘进机被运送至联络通道处,与套筒前端连接,尾刷在整个过程中完全压缩。当始发掘进后,盾尾脱离套筒尾刷后,套筒尾刷需要完全弹起,使其紧紧包裹住负环管片,起到密封效果。此后随着盾构机掘进,盾尾刷与套筒尾刷之间出现空隙,需及时注入填充物,调节空隙处的压力,填充物的压力应与土压持平,阻止泥水外溢。因此套筒尾刷设计应考虑三个因素:弹性、长度、强度。

(1)尾刷弹性和长度

盾构机盾体外径3280mm,套筒内径3420mm,所形成的环形空隙宽度为70mm用于涂抹盾尾油脂。管片外径为3250mm,与套筒形成的环形空隙宽度为85mm,尾刷设计厚度为35mm,但考虑到管片姿态较差时,其与套筒形成的空隙宽度最大值为170mm,因此,理论尾刷弹起量为170m。当尾刷与管片夹角为45°时,尾刷的力学效果最好,因此尾刷长度为240mm,其安装示意图如图11.9、图11.10所示。

图11.9 现场施工图

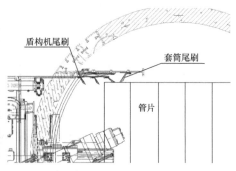

图11.10 安装示意图

(2) 尾刷强度

套筒内需注入填充物来减小洞门内外压力差,因此套筒尾刷需有一定的强度,隧道埋深为30m时,其土压力为0.28MPa,而通常注浆压力为尾刷强度的60%,因此尾刷需能承受0.47MPa的压力。

11.2.3 掘进机吊装、运输及定位

1. 套筒内"导轨"的安装

始发段套筒需要与洞门钢管片焊接,其空间位置在设计中便已被固定,并且套筒包裹着盾构机,如图11.11所示,而设计中始发端套筒内径与洞门外径相同,其值为3400mm,刀盘直径为3290mm,盾体外径为3280mm。可以看出若不采取措施将套筒内盾体抬高,在始发时套筒与刀盘将接触而影响刀盘旋转。同时考虑到盾构机轴线与套筒轴线重合,才能保证盾构机能按设计轴线掘进。因此在套筒内加设导轨,导轨材料为钢板切割加工后的钢条,将钢条在套筒内部对称焊接,水平间距为1.2m,厚度控制在5cm左右,可以根据洞门高度及设计的始发姿态调整,但必须要大于套筒尾刷厚度3.5cm,否则安装后盾构机后端高于前端,导致盾构机栽头。

2. 始发架设计及安装

在实际复测26个联络通道位置的三维坐标及复核设计图纸中发现,主隧道上下行线的方向并不完全相同,即联络通道进洞洞门与出洞洞门之间存在夹角,这是由于主隧道洞门钢环在拼装成型后的里程差、自转等多因素导致。因此为了保证联络通道的始发及接收能够顺利进行,必须精确控制始发姿态。但主隧道内空间狭小,不满足吊装条件,这给始发架定位带来了困难,为此,在始发托架下部安装千

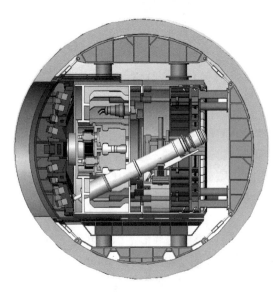

图11.11 始发盾构机布置图

斤顶，将原有的固定式托架改为可调节式托架，增加始发架的自由度，避免了主隧道内的吊装过程，如图 11.12 所示。始发托架位于盾构机下，其存在多个自由度，能够通过对千斤顶的控制调整始发姿态。

通过自锁液压千斤顶调整左右及上下方向，并且在调整架上设置上下顶升的导向柱。导向柱允许调整架存在上下和左右方向的运动，但是限制调整架在主机前进方向的运动，保证调整油缸的稳定性。

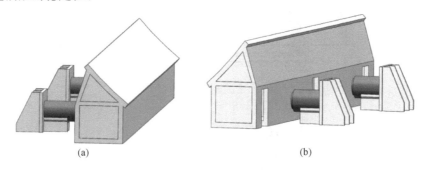

图 11.12　始发架设计示意图

始发架安装在 3 号台车上，始发架内设有竖向与横向千斤顶，横向千斤顶能够对掘进机初始位置进行横向调节，但竖向千斤顶只能对掘进机由初始位置进行顶升调整，初始位置不能下降，因此掘进机放置的初始高度不能高于理论中心位置。理论上洞门高度是固定的，但由于主隧道成型质量、管片自传等原因，洞门高度会存在一定量的偏差，因此盾构机下井前，需要复测洞门高度，若洞门高度不符合要求，及时对设备进行调整。

始发架的主要作用是固定盾构机方位、承载盾构机自重、调整盾构机中心标高，而在此基础上，为解决吊装困难问题，始发架中设置的千斤顶还能够调整盾构姿态。千斤顶分四组，分别在盾构机两侧安装，水平方向两组，可以调整盾构机的水平姿态，垂直方向分前后两组，可以调整盾构机的垂直姿态。千斤顶采用单作用自锁液压千斤顶，其主要应用于活塞长时间伸展持续支撑负荷的顶升作业，需要使用配套的电动液压泵站，因此在调整盾构姿态后才能进行下一步工序。

通过始发架调整盾构姿态应满足与设计轴线竖直趋势偏差＜2‰，水平趋势偏差＜±3‰。但应注意调整过程中盾尾变形情况，始发姿态确定后需复测盾尾变形情况。

3. 主隧道支撑体系

联络通道埋深 16.94m，其在掘进过程中主要受土压力及掘进推力影响，因此对管片受力进行分析。在土压力的作用下，主隧道管片变形为横向椭圆，而在联络通道始发掘进中，沿掘进方向的水平推力及反力都作用在管片上，使得竖向应力远大于水平应力，将加大主隧道管片的变形，造成管片破碎，危及联络通道施工的安全。

因此，在处于掘进位置的 3 号台车上设置支撑体系，支撑体系长约 7m，与主隧道接触部分设有撑靴，起到将应力扩散的作用，很好地保护了主隧道管片。如图 11.13 所示，其通过撑靴设计，将掘进反力很好地扩散至主隧道管片上，而掘进反力引起的主隧道管片竖向变形，又能够通过竖向支撑得到有效的控制。

4. 掘进机吊装

城市轨道交通隧道空间较小，不具备掘进机、台车和其他设备隧道内安装条件，需在

第11章 机械法联络通道掘进始发与接收技术

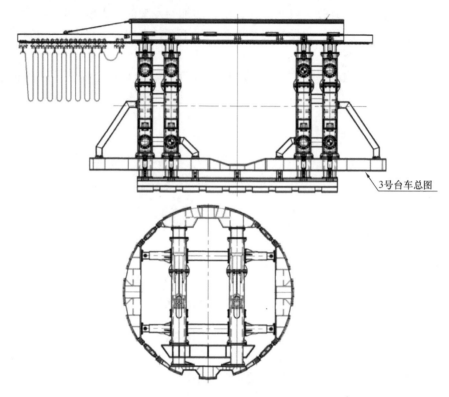

图 11.13 支撑体系

车站端头井部位整体吊装组装完成后运送至联络通道指定位置。

竖井内已进行填仓处理,台车下井前,先在端头井底板铺轨,使用工字钢横担作为轨枕,然后铺设轨道连接隧道内轨道。1、2、4号台车下井时,用4根钢丝绳与台车的4个吊耳连接,附带2根溜绳,对角牵引,下降过程中用溜绳控制其摆动,防止碰撞。各台车下井后由电瓶车单节运送至隧道内,待电瓶车返回后进行下一节台车下井。

3号台车由台车、掘进机、套筒和支撑系统等设备集成,吊装工艺复杂,总体吊装顺序如下:

立柱总成地面组装→台车下部结构总成下井→始发套筒下部下井组装→主机下井组装→始发套筒上部下井组装→台车左部支撑环下井组装→台车右部支撑环下井组装→台车上部支撑环下井组装→运送至隧道内→各节台车管路连接。

吊装流程图 表11.2

步骤	内容	示意图	
第1步	于地面将立柱总成组装在底部平台上,最大起重13t		

11.2 通道掘进始发技术

续表

步骤	内容	示意图	
第2步	于地面将下部支撑环组装在立柱总成下部,形成台车下部总成,最大起重46t	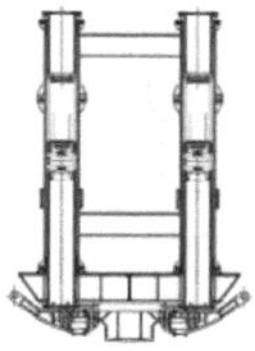	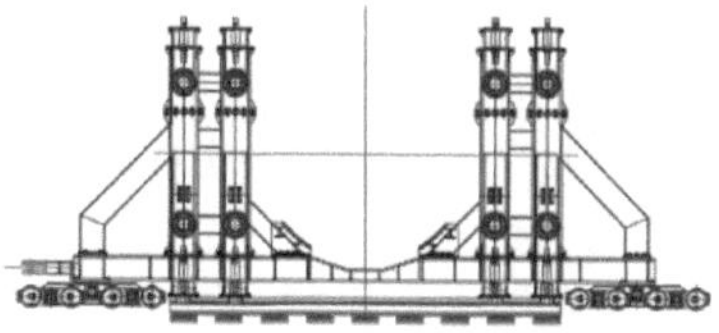
第3步	将台车下部总成吊装下井,最大起重55.5t	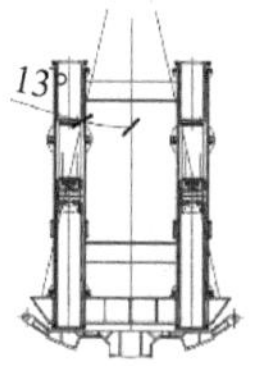	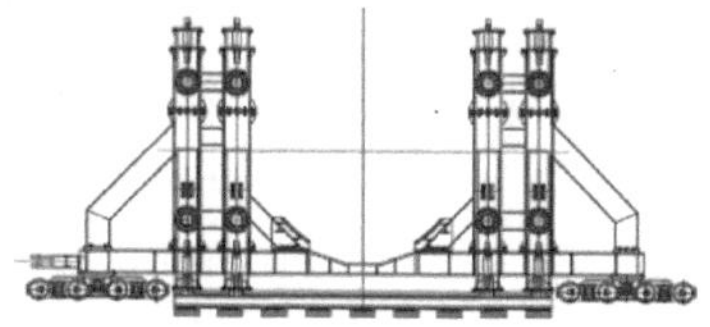
第4步	始发套筒下部下井组装,在两侧进行拉紧,防止主机坐落后变形,并安定定位销,最大起重4.3t	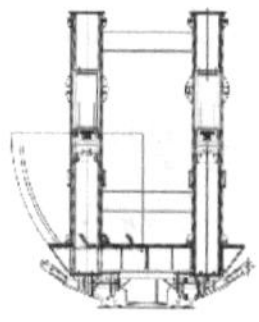	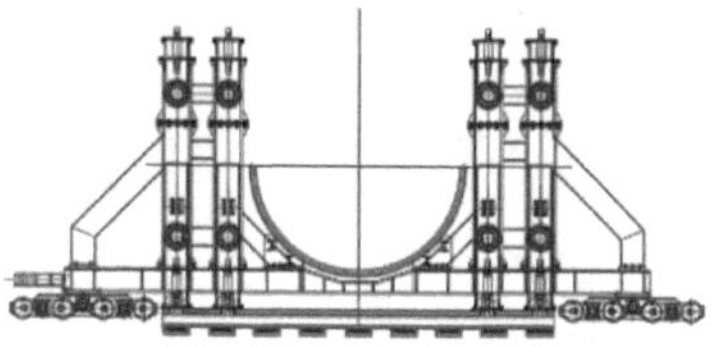
第5步	主机整体下井放置于套筒内,通过钢丝绳拉紧固定,最大起重48t	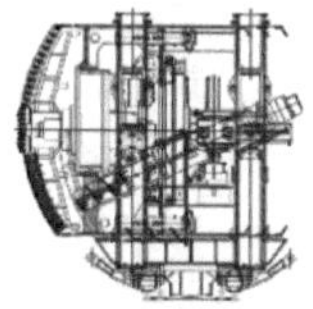	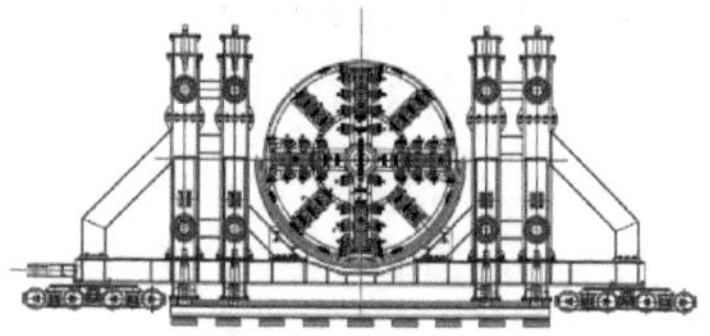
第6步	始发套筒上部下井组装,通过拉紧葫芦将其拉紧,最大起重3.7t	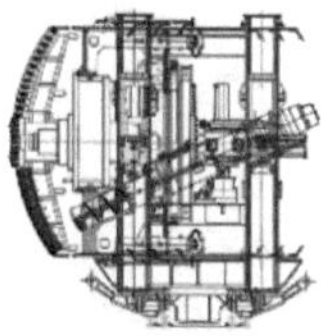	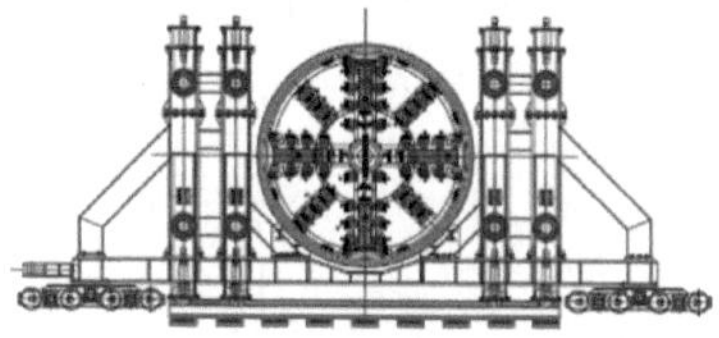
第7步	反力架分块下井,于盾尾内部组装	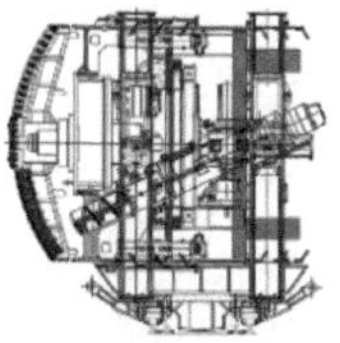	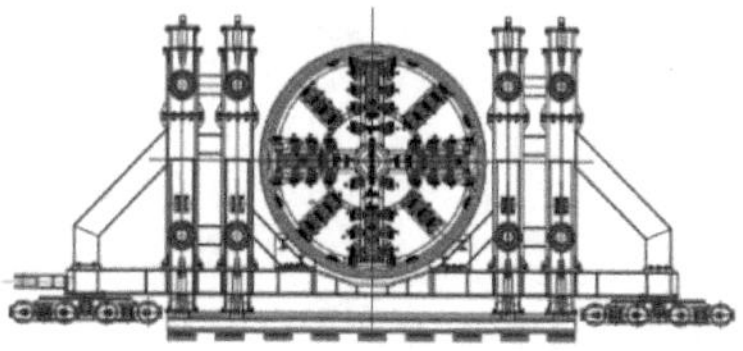
第8步	左部支撑环下井组装,需要佩戴2个5t手拉葫芦调整垂直度,最大起重19t	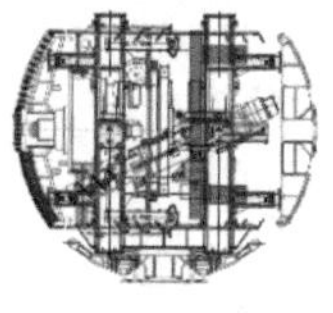	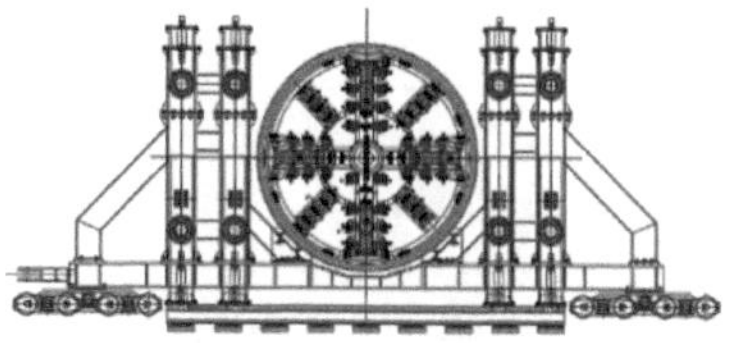

续表

步骤	内容	示意图	
第9步	右部支撑环下井组装,需要佩戴1个2t手拉葫芦调整垂直度,最大起重2t		
第10步	上部支撑环下井组装,最大起重17t		
第11步	悬臂吊机梁下井组装		

5. 设备隧道内运输及定位

掘进机设备重量较大,尤其3号台车可重达300t,可能对隧道产生结构上的影响,因此,运输掘进过程中疏散整体设备对隧道荷载为重中之重。经研究讨论,常规地铁隧道运输采用铺设轨道,台车配备钢轮运输,降低隧道荷载的同时保证安全性和运输体系使用寿命。借鉴盾构隧道运输系统,重新设计新型的双轨轨枕,增加隧道荷载至少2倍,同时在隧道内铺设4轨P43钢轨,轨枕间距0.6m,内侧轨间距0.6m,可保证材料运输电瓶车同时运行,外侧轨间距1.3m,主要用作设备运输,如图11.14所示。

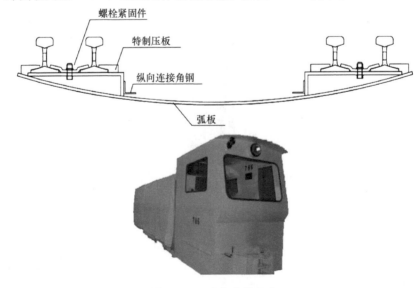

图 11.14 设备安装示意

11.2 通道掘进始发技术

为保证设备正常运行,每辆台车均安装钢轮,轮间距与轨枕相同,但每个钢轮均不带有动力装置,不具有自行功能。盾构隧道施工运输采用电瓶车托运平板实现,本研究项目使用电瓶车作为台车运输动力装置,将台车分节缓慢运至联络通道指定位置,运输过程中保证设备平稳运行。到位后使用始发架调节功能调整掘进机姿态,满足要求始发后撑出支撑体系撑板,保证支撑体系发挥保护隧道变形的功能,实际预加应力可结合地层埋深具体确定。

11.2.4 反力架安装及负环管片拼装

1. 反力架设计及安装

常规的反力架固定在地面上,以便在掘进中提供必要的掘进反力。但联络通道施工掘进反力完全是由盾构机后靠管片提供,所以反力架不需要与地面固定,只需掘进反力的传递装置,将掘进反力传递至支撑体系上。因此将反力架设计成如图 11.15 所示结构,其包括与千斤顶接触的圆环,及与支撑体系接触的支撑,支撑内有千斤顶,反力架的作用仅是传递反力,其可以省略,但考虑到以下原因,反力架必不可少。

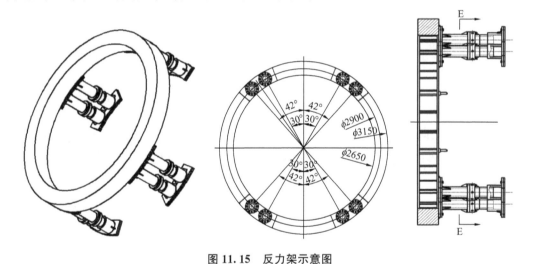

图 11.15 反力架示意图

(1) 反力架支撑与主隧道支撑体系之间提供了一个宽 80cm 的运输口,可以满足人员进出、管片吊装及出土的通道。

(2) 反力架长度可以通过千斤顶调节,能够修正联络通道管片的里程差,保证隧道成型质量。

(3) 反力架能够调整管片姿态,通过调整支腿长度对管片姿态进行微调,避免破碎。

为克服主隧道内不满足吊装条件、施工空间狭小问题,反力架在井口处便与盾构机一起组装,其前端安装盾构机内,后端与支撑体系的后靠撑靴通过螺栓连接。

在始发姿态确定后,开始进行反力架定位,反力架的定位主要是调整负环里程,实际上主隧道管片内径固定为 5500mm,即负环长度已经固定,反力架的支腿伸缩主要是调节组装过程中机械因素导致的管片里程误差。

由于支撑体系后靠撑靴厚度已知,因此只需调节反力架长度到设计值,再对反力架至洞门距离进行复测即可。可以通过调节反力架的 4 个支腿长度控制负环管片姿态,因此反力架水平偏差控制在 5mm 之内，高程偏差控制在±5mm 之内。

2. 负环管片拼装

在安装负环管片之前，为保证负环管片不破坏尾盾刷、负环管片在拼装好以后能顺利向后推进，在盾壳内安设厚度不小于盾尾间隙的型钢，以使管片在盾壳内的位置得到保证。负环管片采用可重复使用的钢环进行拼装，钢环无楔形量，其原因是盾构机在削切洞门管片至盾尾脱出过程中，无法调整盾构姿态。因此，也不需要调整管片姿态。第一环管片采用 K1 点位，F 块位于正上方，以便于管片拼装。管片脱出盾尾时，及时安放钢楔块，每环管片安放 4 个（左右各 2 个）。在安放过程中，不应用力敲击，否则导致管片上浮，管片与发射架轨道的间隙为 70mm。

3. 空载推进

掘进机安装定位后，刀尖与前端管片均在一定距离，可依靠拼装负环的方式补充掘进行程，向前空载推进。掘进机在空载向前推进时，主要控制盾构的推进油缸行程和限制盾构每一环的推进量。要在盾构向前推进的同时，检查盾构是否与始发架、始发套筒发生干涉或是否有其他异常事件或事故发生，确保盾构安全地向前推进。

11.2.5　始发密封及检测

借助 CAD 模拟和现场实测判定掘进机刀尖位置，当刀尖顶进至混凝土内弧面时可停止推进，用负环补偿掘进行程。

掘进机始发密封套筒完成拼装固定后，需对套筒进行密封处理，保证始发套筒密封安全。套筒密封需做到以下几点：

（1）盾构机刀尖顶进到位后可停止向前推进，并在套筒尾部密封环内冲入密封油脂，此处使用油脂需性能优良，具有较好的蠕动性和延展性，黏性较强，可抵抗至少 0.5MPa 的泥水冲击。

（2）尾部密封为套筒防水关键，油脂从套筒下部注入，需饱满密实，不得存在孔洞或虚填部分，并时刻检查套筒顶端出气孔油脂渗出情况。

（3）当出气孔内流出油脂时，可关闭出气孔，继续注入油脂，终止压力不得低于 30MPa。

油脂注入完成后，套筒密封舱内需做密水试验，在仓内注水并检查是否存在渗漏点，合格后排空密封仓，准备掘进机始发。

11.3　通道掘进接收技术

11.3.1　接收套筒安装

接收套筒与洞门连接的方式与始发套筒一致，都是将套筒分为两部分，套筒前端与洞门焊接，套筒间采用法兰连接。但套筒中没有设置套筒尾刷，而是将套筒后端做整体密封设计如图 11.16 所示，接收套筒位于 5 号台车，其设计与 3 号始发台车设计相同，设有接收架及支撑体系。

当盾构机接收时，将套筒内注入填充物，以保证套筒内压力与外部土压平衡，防止泥水从洞门与盾构壳体形成环形的空隙窜入套筒内。

1. 填充物要求

套筒填充物是为了提供一定水土压力平衡，保证开挖面的稳定性，其理想材料越接近当前土层性质越好，但若采用当前土层的黏土，其流动性较差，不宜泵送，加水稀释后，由于黏土的透水性较差，其流动性太高，不易形成压力，因此参考当前土层性质，按照以下几点要求寻找理想填充材料：

（1）高密度、良好充填性

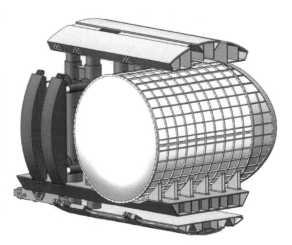

图 11.16 接收套筒

土体的密度为 1.7g/cm³ 左右，理想材料应接近或略高于这一值，能够较好地充填套筒空隙。

（2）体积收缩率低

填充物注入套筒空隙后，在地层压力作用下，体积收缩越小越好。体积的收缩是由于在地层压力作用下，浆液中的水向地层渗出而收缩的。低收缩率有助于更长时间的保证压力，但由于施工中填充物可以反复注入，因此可相对降低对此性质的要求。

（3）填充物不分层、不离析

填充物在泵送中及注入后不分层，不离析，填充物性质稳定，保证较好填充效果，即填充物中的水分不会因为离析而从套筒缝隙中流出。

（4）良好的假固性，不易流失

当填充物静止时，填充物具有较好的假固性，类似固体，不发生流失。即浆液注入套筒空隙后，不容易由自身的流动性使得填充物向开挖面压力舱内窜入流失。

（5）良好的施工性（流动性）

填充物经搅拌后，具有较好的流动性，能够满足泵送要求，不发生堵管。

（6）经济比选

填充物具有很好的经济性，材料经济，工艺简单，便于制备。

2. 配比试验

施工中主要材料为膨润土，具有强吸湿性和膨胀性，可吸附 8～15 倍自身体积的水量，体积膨胀可达数倍至 30 倍；在水介质中能分散成胶凝状和悬浮状，这种介质溶液具有一定的黏滞性、触变性和润滑性。这些性质符合套筒填充物要求，但仅采用膨润土浆液，其流动性过高，因此需加入高分子化合物来减小其流动性，增加其假固性。

常见的膨润土主要为钙基膨润土及钠基膨润土，因此在相同掺量的条件下比较这两种膨润土与高分子聚合物的结合性及达到的效果。

膨润土和高分子聚合物的比例采用 2∶1，钙基膨润土在搅拌后易溶水，无颗粒，静放 2h 后，呈离析状（水和膨润土完全分离），不建议使用。钠基膨润土在搅拌后易溶水，无颗粒，静放 2h 后，不离析，符合要求。

钠基膨润土的分散程度较钙基膨润土高，钠基膨润土的吸水率高、膨胀倍数大。

通过试验得到以下两个试验结果：

(1) 采用钠基膨润土；

(2) 水、膨润土、高分子聚合物的比例为 1∶2∶1。

11.3.2 接收掘进

1. 负环拼装

为保证联络通道最后一环正环管片顺利脱出盾尾，盾构机进入接收套筒后还需拼装两环负环管片，盾构机推进至设计里程。

盾构机进入接收套筒后，洞门与管片形成的环形空隙量较大，容易导致泥水窜入主隧道内，因此洞门附近这部分土体加固是洞门密封的关键。

设计中在进洞与出洞处各设两环钢管片，每环钢管片包含 10 个注浆孔，因此对洞门位置进行二次止水注浆，包含主隧道及洞门钢环，如图 11.17 所示。并在注浆位置附近打探孔检测止水效果，确保无渗漏水及管片结构变形稳定后，方可拆除负环，断开套筒，整体撤场。

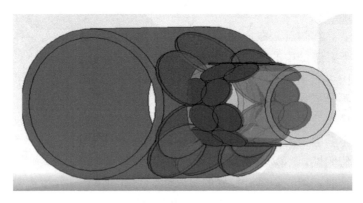

图 11.17　主隧道及洞门钢环示意图

2. 负环拆除

(1) 始发负环拆除

1) 拆除前，为保证洞口的管片不受影响，拆除负环管片前先对洞口的管片进行拉紧固定，通过槽钢将所有负环管片连接为整体，将固定负环管片的槽钢与支撑体系的后部支撑环连接。

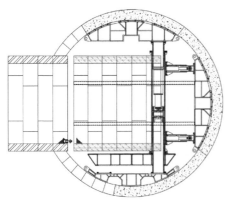

图 11.18　始发端负环拆除

2) 在正环管片与负环管片之间设置临时支座并放置机械千斤顶。

3) 松开正环管片与负环管片之间的连接螺栓，拆除反力架，通过支撑体系的横撑油缸与临时设置的机械千斤顶同时加力，从而使负环管片与正环管片脱离，如图 11.18 所示。

4) 负环管片脱离后，沿着洞门焊缝将套筒割除，将套筒、管片、支撑体系随 3 号台车一同运送至隧道外。

5）负环管片运输至井口后，将吊带穿过负环管片，利用吊车将其吊出井口，完成负环管片拆除。

（2）接收负环拆除

1）拆除前，为保证洞口的管片不受影响，拆除负环管片前先对洞口的管片进行拉紧固定，通过槽钢将所有负环管片连接为整体，将固定负环管片的槽钢与支撑体系的后部支撑环连接。

2）在正环管片与负环管片之间设置临时支座并放置机械千斤顶。

3）松开正环管片与负环管片之间的连接螺栓，拆除反力架，通过盾构机油缸与临时设置的机械千斤顶同时加力，从而使负环管片与正环管片脱离。

4）负环管片脱离后，沿着洞门焊缝将套筒割除，将盾构机、套筒、管片、支撑体系随5号台车一同运送至隧道外。

11.3.3 洞门防护结构施工

1. 临时密封拆除

补充注浆检验合格后，利用专用工具脱离负环与正环连接，进行负环的拆除，负环整体拆除后随同台车运输出洞。砂浆凿除采用人工手持风镐施工，凿至套筒根部及洞门内钢板完全出露，清理干净，再进行密封套筒割除。套筒割除过程中应留存上下沿部分套筒，充当混凝土浇筑时外模（图11.19）。

2. 防水钢板焊接

防水钢板采用Q235B级钢，水密性焊缝，遵循"先上下，后左右"焊接的原则。对接焊应搭设45°坡口满焊，搭接焊应满焊，焊接采用E43型焊条。焊接完成后应铲平表面，并进行100%磁探伤。焊接破坏后的防腐涂层均应再次涂刷无溶剂超厚型环氧涂料2道。洞门防水钢板焊接如图11.20所示。

图11.19 套筒留存部分示意图

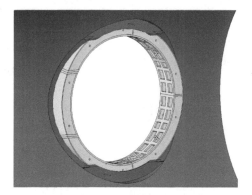

图11.20 防水钢板焊接示意图

3. 绑扎钢筋

钢筋在加工车间进行加工，要保证主筋圆弧准确、圆顺；运至工作面进行绑扎、焊接，可临时焊接固定钢筋；靠近模板的钢筋要绑上混凝土预制块，以保证混凝土保护层厚度，以免发生漏筋现象。防水条安装前须涂刷2道缓膨剂，并采用钢筋及胶水固定。洞门

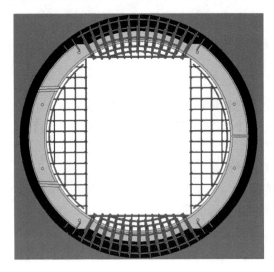

图 11.21 防水钢板焊接示意图

配筋如图 11.21 所示。

4. 立模、浇筑混凝土

模板采用现场制作的覆塑竹胶合模板（钢模板安装如图 11.22 所示），确保洞口的尺寸精度，混凝土表面光洁、美观。所有洞门采用现浇混凝土结构施工，混凝土等级 C40，抗渗等级 P10；主筋保护层厚度 40mm，上下环梁主筋间距为 100mm，腰部立柱主筋间距为 150mm。洞门以侵入主隧道范围负偏差控制，宽度不小于 200mm。模板、钢筋、防水层等经检查验收达到设计、规范要求，即开始浇筑混凝土；采用商品混凝土，坍落度控制在 100～120mm，人工接驳入模，分层浇筑，插入式振捣器捣固，确保封顶混凝土充填密实。

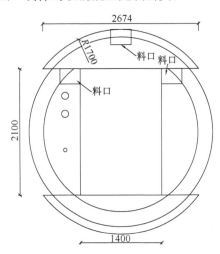

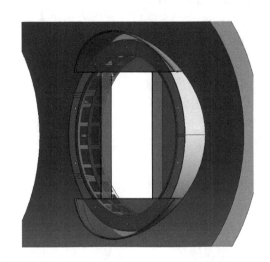

图 11.22 模板安装示意图

11.4 本章小结

（1）本章针对机械法联络通道施工的特点和难点，研发了联络通道施工前主隧道钢混管片前后 20 环注浆的微加固技术。为考虑洞门整体密闭性，施工中选择焊接的方式将套筒与钢管片连接，研制出了一种快速安拆的密封装置，即始发套筒通过法兰与套筒前端连接，将联络通道洞门密封位置延长至套筒尾端，套筒尾端仿照盾构机尾刷设计，设有盾尾油脂注入口，增加套筒的密封性。研发了主隧道支撑体系，在处于掘进位置的 3 号台车上设置支撑体系，支撑体系长约 7m，与主隧道接触部分设有撑靴，起到应力扩散的作用，很好地保护了主隧道管片，以及反力架安装及负环管片拼装等技术，确保盾构安全地向前推进。

（2）阐述了机械法联络通道掘进机接收及撤场技术，根据工程应用结果表明，联络通道施工过程中地面沉降控制良好，工期仅为15d，大大缩短了建造周期，节约施工成本，保证地铁隧道按时或提前通车。此次联络通道施工引入了新型施工设备，其没有可供参考的技术标准，因此文中详细地介绍了新型联络通道建造技术，并针对性地提出了相应的技术标准。在宁波市范围内广泛征求了勘察、设计、施工、科研、高校和建设管理部门的意见，经反复讨论、修改，完成了施工数据及施工建议，旨在为今后相同或相近的联络通道施工提供借鉴。

第12章 施工环境影响数值模拟与监测

12.1 概述

机械法联络通道施工时靠近和穿越主隧道结构，对隧道结构以及周围环境产生一定影响，可以借助数值试验与监测分析手段，评估施工对周围环境的影响。监测项目除了包含地表沉降监测、周边建筑物变形监测、管片收敛监测，还特别涉及了支撑体系内力监测、管片接缝监测。本章依托宁波机械法联络通道施工工程，介绍相关理论计算和监测分析的设计方案和实施情况，可为类似联络通道施工安全问题研究提供参照。

12.2 联络通道掘进施工有限元模拟

12.2.1 计算模型

以宁波市轨道交通3号线一期工程南部商务区站—鄞州区政府站区间联络通道建设项目为例，根据隧道结构设计、场地土的物理力学参数，选择计算模型的尺寸为宽度80m，长度80m，深度50m，初始地下水位设在地表处。模型底面完全固定约束，模型上表面为自由面。其中两条主隧道中心相隔17m，主隧道顶面距土体表面的埋深为12.3m，主隧道外径6.2m，管片厚0.35m。小隧道外径3.15m，管片厚度为0.25m。主隧道长度为80m，处在模型中间对称布置，小隧道设在主隧道中间40m处的位置。

数值建模首先要选择土体的本构模型，前面章节中对适合软土地区基坑开挖工程的土体本构模型做了相应的介绍，所以在此土体本构选择HSS本构模型，具体土层参数如表12.1所示。

基坑HSS模型参数 表12.1

土层	土名	c' (kPa)	φ' (°)	ψ (°)	E_{50}^{ref} (MPa)	E_{oed}^{ref} (MPa)	E_{ur}^{ref} (MPa)	G_0^{ref} (MPa)	$\gamma_{0.7}$ ($\times 10^{-4}$)	ν_{ur}	K_0
①	黏土	29.9	12.7	0	2.2	2.6	10.8	30	1.0	0.2	0.78
②	淤泥	14.8	12.1	0	3.4	3.9	15.0	59	1.0	0.2	0.79
③	粉质黏土	21.3	17.4	0	4.4	4.8	15.0	60	1.0	0.2	0.70
④	淤泥质粉质黏土	20.7	16.8	0	6.5	7.0	25	71	1.0	0.2	0.71
⑤	黏土	23.7	15.9	0	5.0	5.5	15	60	1.0	0.2	0.73
⑥	粉砂	9	30	0	5.1	5.0	15.2	75.1	1.0	0.2	0.83
⑦	粉质黏土	29.6	17.4	0	7.5	7.6	27.8	80.1	1.0	0.2	0.70

采用等效刚度法模拟既有隧道，假定混凝土管片在基坑开挖过程中一直处于弹性变形

阶段，根据相应的研究成果，定义盾构隧道横向刚度有效率为75%，用以反映管片间接头存在对既有隧道变形产生的影响。弹性模量取C50混凝土模量值（$E_{C50}=50\mathrm{GPa}$）的75%，即$E=0.75E_{C50}=37.5\mathrm{GPa}$，泊松比取为0.25。

土层的深度根据勘察报告确定，总共取8层土体，土层深29.5m，每层土深分别为3.4m、2.8m、3.9m、4.3m、6.0m、3.6m、6m和20m。具体结构图及土层如图12.1所示。

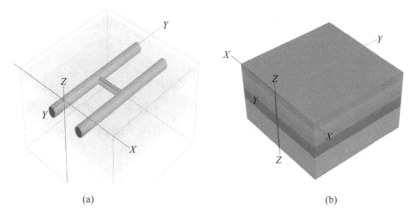

图12.1　隧道模型及土层模型图
（a）隧道模型图；（b）土层模型图

12.2.2　网格划分

PLAXIS软件中程序自动划分网格，网格的粗细程度根据研究结果需要的精确度可以适当调整。其中隧道结构和土体结构的网格划分如图12.2所示。

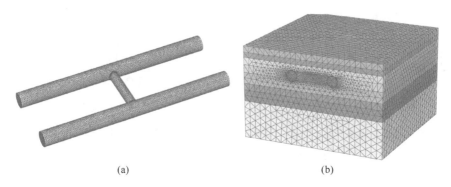

图12.2　隧道模型及土层模型图
（a）隧道模型图；（b）土层模型图

12.2.3　施工步的定义

（1）初始阶段：利用K_0过程生成初始应力，初始阶段采用程序默认设置。

（2）生成主隧道：直接生成主隧道，并将主隧道中的土体冻结，完成主隧道的施工。

（3）联络通道施工（推进第一环）：首先消除上步主隧道施工引起的位移值。模拟盾构机在土体内的推进，首先冻结需要开挖的土体，激活外侧的钢套筒，同时激活该段面的面收缩和外侧的注浆荷载，完成一环施工模拟。

（4）联络通道施工（推进第二环）：冻结需要开挖的土体，激活对应外侧的钢套筒，冻结上一段面的面收缩和注浆荷载，同时激活该段面下的面收缩与注浆荷载，完成第二环的施工。

（5）同上一步的模拟措施相同进行接下来开挖模拟，直到开挖连接到另一侧的主隧道。

（6）最后冻结钢套管，然后激活联络通道的管片，完成联络通道的施工模拟。

12.2.4 结果分析

1. 地表沉降分析

本节取模型中部 $y=40m$ 处（联络通道中心对应的地表点）的截面为例进行分析，结果如图12.3所示，为 $y=40m$ 处不同联络通道开挖距离下地表纵向沉降曲线。联络通道由左侧开挖至右侧，可以看出，随着开挖的进行，地表沉降值在不断增大，最大值也一直向右侧移动，最大达到18.12mm。

取模型中部 $x=-3.2m$ 处的截面，此截面位于联络通道开挖产生的沉降最大处。在 $x=-3.2m$ 截面下，不同联络通道开挖距离下地表横向沉降曲线如图12.4所示。由图可知，随着联络通道开挖的进行，地表沉降不断地增大，最大值达到18.12mm。图中能明显看到开挖的影响区域在隧道中心左右20m范围内，地表沉降曲线在联络通道上方呈现出一个下凸的峰值。

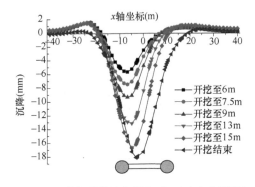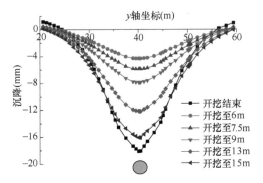

图12.3 联络通道地表纵向（x方向）沉降图　　图12.4 联络通道地表横向（y方向）沉降图

2. 深层土体沉降分析

对于深层土体的沉降分析，分别取 $x=0m$ 处的截面与 $y=40m$ 处的截面进行分析。图12.5即为两处不同截面下的沉降云图，由图12.5（a）可知，最大沉降值达到43.78mm，联络通道上部土体发生沉降，下部土体由于突然卸荷发生轻微隆起。由图12.5（b）可知，沉降值最大达到44.5mm，联络通道下部土体呈现隆起趋势，联络通道两端（两主隧道附近）的隆起值较大，而联络通道中部的隆起值较小。

3. 深层土体水平位移分析

图12.6为联络通道开挖结束后深层土体的水平位移图，由图12.6（a）可知，联络

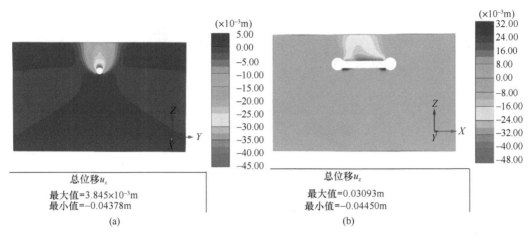

图 12.5　不同截面下土体沉降云图

(a) $x=0$m 处的截面；(b) $y=40$m 处的截面

通道开挖使得其附近土体产生较大的水平位移，在联络通道附近水平位移呈现突增的峰值，最大值达到 23.25mm。由图 12.6（b）水平位移云图可知，在联络通道两侧的水平位移最大，且深层水平位移呈现出关于联络通道中心对称。

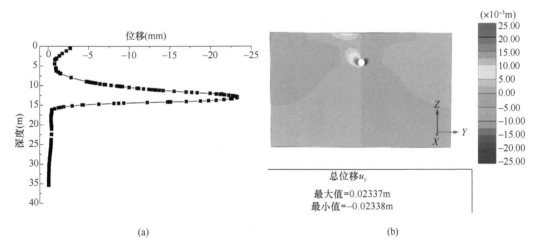

图 12.6　深层土体水平位移图

(a) 开挖结束联络通道外侧深层土体水平位移；(b) $x=0$m 处截面土体水平位移

4. 隧道位移分析

图 12.7 为开挖结束隧道竖向位移云图。由图 12.7（a）可知，联络通道顶面表现出较大的沉降，而底面出现较大的隆起现象。顶面的最大沉降发生在联络通道的中部，而底面的最大隆起出现在联络通道两端。图 12.7（b）为联络通道中心剖面图下的沉降云图，从图中可以看出联络通道底部出现隆起，隆起值呈现出两头大中间小的趋势；联络通道上部表现为沉降，沉降值呈现出中间大两头小的趋势。图 12.7（c）为联络通道中间横向剖面，由图可知联络通道上部表现出沉降，下部表现出隆起。

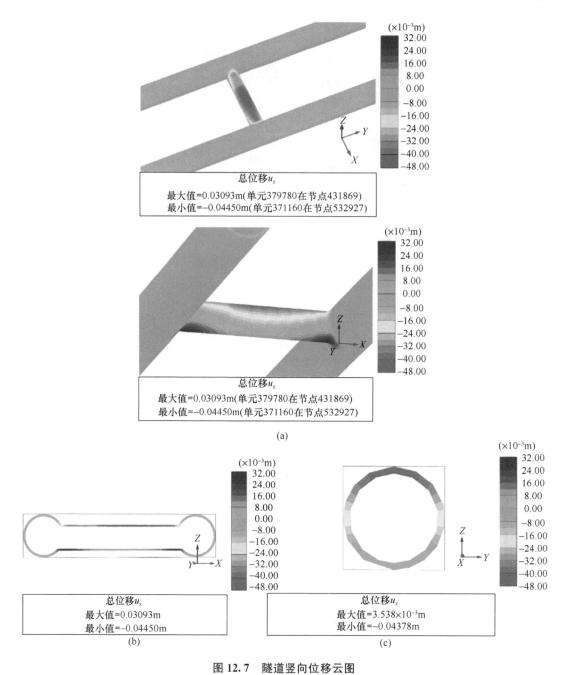

图 12.7 隧道竖向位移云图

(a) 隧道竖向位移；(b) $y=40$m 处截面隧道沉降；(c) $x=0$m 处截面隧道沉降

从上述结果可知，机械法联络通道开挖对周边环境影响范围是隧道周边 20m 内，其地表沉降影响值为 18mm 左右，对周围环境影响不大。从模拟的隧道位移结果可知，联络通道顶面表现出较大的沉降，而底面出现较大的隆起现象。顶面的最大沉降发生在联络通道的中部，而底面的最大隆起出现在联络通道两端。同时主隧道开口处也呈现出上部洞口沉降、下部洞口隆起的现象。

12.3 联络通道掘进施工监测方案设计

12.3.1 监测说明

1. 监测目的

(1) 确定机械法联络通道施工对周边环境影响规律；

(2) 形成完善的现场试验及监测分析报告；

(3) 通过数值分析提供最优化施工参数建议。

2. 前期施工调研

(1) 沿线建（构）筑物调研

通过实地考察，查清机械法联络通道施工工点周边建（构）筑物基本情况（包括：基础形式、与机械法联络通道施工工点相对位置等）和机械法联络通道施工完成后沿线规划的建（构）筑物基本情况，对已建和待建建（构）筑物进行分类，为下一步计算不同建（构）筑物产生沉降提供帮助。

(2) 地面沉降规律调研

因地下水的大量开采，导致宁波地区地面沉降量大，通过实地调研，查清机械法联络通道施工工点周边近几年地面沉降的变化规律，为后续分析机械法联络通道施工对周边环境影响规律提供参考。

(3) 主隧道结构调研

通过实地调研，对主隧道管片结构、管片自转、线型进行分析。为施工时各个工况增加荷载后主隧道受力状态改变、应力变化、整体变形提供参考条件。

3. 监测项目

(1) 区间隧道左、右行线轴线地表点沉降监测，剖面地表点沉降监测。

(2) 盾构推进隧道收敛、隧道拱底沉降、拱顶沉降监测。

(3) 区间隧道两侧 2 倍埋深内建（构）筑物沉降、倾斜监测、裂缝观测。

12.3.2 周边环境监测

1. 沉降施工监测方法

(1) 土体沉降

在地面土体沉降监测点布设时须穿透路面结构硬壳层，沉降标杆采用 ϕ25mm 螺纹钢标杆，螺纹钢标杆应深入原状土 60cm 以上，沉降标杆外侧采用内径大于 13cm 的金属套管保护。保护套管内的螺纹钢标杆间隙须用黄砂回填。金属套管顶部设置管盖，管盖安装须稳固，与原地面齐平，为确保测量精度，螺纹钢标杆顶部应在管盖下 20cm 为宜。轴线监测点、进出洞剖面监测点宜采用如图 12.8 所示方式埋设。

(2) 剖面地表、河坎、桥梁沉降

在盾构推进施工时，为了解各个施工对外侧土体的扰动影响，沿盾构剖面走向、河流河坎布设沉降点。在沥青道路且车辆不经过的地方，可直接将道钉埋入地面，其顶部突出地面 5mm 以下。在软土质区，首先用小钻机钻破土层，开一个直径不小于 13cm（便于标

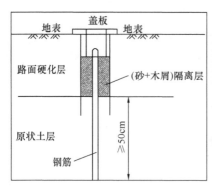 

图 12.8 地表沉降监测点示意图

尺放入)的孔,用铁锤将不短于 80cm 的钢筋敲入土层(注意地下管线埋深),钢筋顶部应低于路面 3~5cm,钢筋周围用混凝土加固后进行测量。

2. 建(构)筑物变形、倾斜监测

(1) 建(构)筑物变形监测点布置

1) 竖向位移监测

测点设于建(构)筑物四角、沿外墙每 10~15m 一处或每隔 2~3 根柱基上,且每侧不少于 3 个。不同地基或基础的分界处,不同结构的分界处,变形缝,抗震缝或严重开裂处的两侧,新、旧建筑或高、低建筑交接处的两侧,高耸构筑物基础轴线的对称部位,每一建(构)筑物不应少于 4 点,每幢建筑物上一般至少在四角布置 4 个观测点,特别重要的建筑物布置 6 个或更多测点,比较长的建筑物每 20m 左右设一个监测点。

2) 水平位移监测

监测点应布置在建(构)筑物的外墙墙角、外墙中间部位的墙上或柱上、裂缝两侧以及其他有代表性的部位,监测点间距视具体情况而定,一侧墙体的监测点不宜少于 3 点。

(2) 建(构)筑物倾斜监测点监测

监测点布置在建(构)筑物角点、变形缝两侧的承重柱或墙上;监测点应沿主体顶部、底部上下对应布设,上、下监测点应布置在同一竖直线上;当由基础的差异沉降推算建筑倾斜时,监测点的布置与建(构)筑物竖向位移监测点的要求相同。

(3) 埋设方法

在建筑物的基础或墙上钻孔,然后将预埋件放入,孔与测点四周空隙用水泥砂浆填实。测点基本布设在被测建筑物的角点上,测点的埋设高度应方便观测,同时测点应采取保护措施,做好明显标志,并进行编号,避免在施工和使用期间受到破坏,建(构)筑物变形监测点埋设示意图如图 12.9 所示。

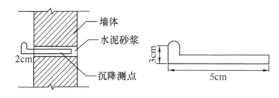

图 12.9 建(构)筑物变形监测点埋设示意图

12.3.3 隧道结构监测

1. 盾构拱顶、拱底收敛监测

隧道结构垂直位移监测点利用原有隧道长期沉降监测点或者在隧道道床上用电锤钻

孔，埋进顶面为半圆形的不锈钢测量标志并用快干水泥固定。采用天宝 DINI03 精密水准仪进行测量，如图 12.10 所示。

2. 隧道结构收敛变形监测

收敛观测是根据量测数据做出时间-位移及距离-位移散点图，并用收敛量测结果判断隧道的稳定性（图 12.11）。埋设：采用红油漆标记管片上监测部位。测量仪器：测距仪。

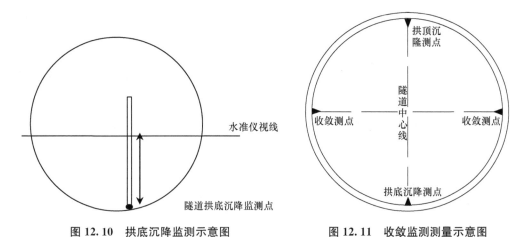

图 12.10 拱底沉降监测示意图　　图 12.11 收敛监测测量示意图

12.3.4 管片接缝监测

管片接缝监测使用 JTM-V7000B 型振弦式表面测缝计进行监测，如图 12.12 所示。

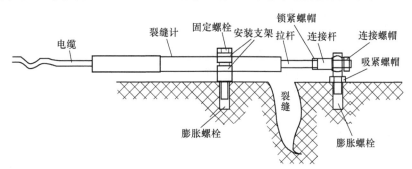

图 12.12 JTM-V7000B 型振弦式表面测缝计安装示意图

1. 工作原理

当被测结构物发生变形时，通过前、后端座传递给位移传感器，带动传感器内振弦，使其产生应力变化，从而改变振弦的振动频率。电磁线圈激振钢弦并测量其振动频率，频率信号经电缆传输至 JTM-V10 型频率读数仪上，即可测出被测结构物的变形量。

2. 埋设安装

（1）按设计要求在开合缝两侧的测点处划好准确位置，如图 12.13 所示。

（2）用冲击钻在裂缝一侧选定位置打一个 $\phi 10mm \times 30mm$ 小孔，插入膨胀螺栓，用钉子敲进滑芯，使其膨胀牢固。

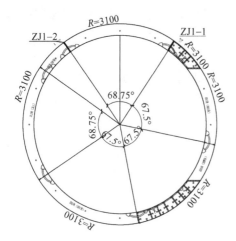

图 12.13　特殊环表面应变计位置布设图

(3) 把拉杆端 M6 的活动关节固定在膨胀螺栓上，调整活动关节孔的中心在距安装平面 20mm 时用锁紧螺帽固定，在螺栓上可适当加涂胶或漆，并调整好轴线方向。

(4) 安装好测缝计拉杆的一端后，将测缝计一端用固定支架试夹一下，并检查传感器方向和确认安装高度两端一致，若有误差可调节活动关节或在安装支架底部加减垫圈来微调，调整后再次确认安装支架端的孔位。

(5) 在确认的孔位上先打出定位印记，然后用冲击钻打 2 个 $\phi 10\text{mm} \times 30\text{mm}$ 的小孔，用同样方法埋好自攻螺钉。

(6) 用 2 个 $M6 \times 50\text{mm}$ 的固定螺栓把传感器与支架固定在已埋好的膨胀螺栓上（固定时将传感器预拉在合适的位置）夹紧。做好记录，填写安装考证表。

(7) 固定好仪器的电缆引线，根据现场情况做好系统保护。

12.3.5　管片应变监测

管片应变监测采用 JTM-V5000G 型钢板计。将装好钢板计的安装架焊接在钢支撑表面（选好的安装点），一般在支撑的两侧面对称焊接，如图 12.14 所示。焊接时钢板计必须与支撑轴线平行，最好是重合。焊接标准是电焊牢固即可，焊点在安装架的两侧面与支撑的接合处。待焊接温度降低到常温时，用频率读数仪读一下读数，是否与 f_2 相差在 $\pm 50\text{Hz}$ 内，若超出可松开 M6 内六角螺钉，按工序重新进行调整，直至达到要求。这样一只表面钢板计已安装完毕，记下此时的零点频率值。

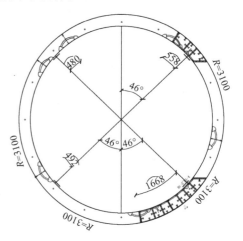

图 12.14　特殊环表面应变计位置布设图

12.3.6　监测精度及数据处理

1. 监测精度

区间监测对象及精度表　　　　　表 12.2

序号	监测对象	监测项目	监测精度（mm）	备注
1	地表	沉降	±0.5	
2	建筑物沉降	沉降	±0.5	
3	管线	沉降	±0.5	
4	隧道结构	拱底沉降	±1	
5		收敛	±1	

2. 数据误差的寻找及处理

只要进行测量数据采集就离不开数据的误差，误差是不可避免的，但数据的误差一般还是有规律的。测量误差分系统误差和偶然误差，偶然误差一般符合正态分布的，也正因为数据采集中的误差存在着正态分布的特点，为我们寻找错误的数据（粗差）和分析测量得到的数据提供了路径。根据多余观测值计算所测结果的精度，再用 3 倍中误差作为限差分析同批测量成果中有无粗差。对每次监测结果要按类进行误差检验，只有合格通过的数据才可以生成监测报告上传。

监测数据的误差在限差规定的范围内，只要计算测量成果的精度是否满足要求就行了。但当测量的监测数据不能满足误差要求时（数据误差超限），需要重新采集监测数据并及时分析造成数据异常的原因，要根据人、机、料、法、环五个要素查清造成异常数据的原因。

12.3.7 测点布置

1. 地表沉降监测点

以联络通道为中心，正上方地面投影外侧两边 20m 内布置 4 条沉降断面，断面间距为 6m（5 环），测点间距为 2.4m、4.8m、6m、7.2m（2 环、4 环、5 环、6 环）。编号按 XD（SD）＋环号＋测点号编制。如图 12.15 所示。

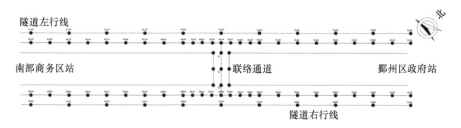

图 12.15 监测点布置图 1

监测自 2017 年 12 月 29 日开始第一次记录，持续不断进行连续监控，至 2018 年 2 月 4 日完成最后一次记录。

2. 隧道结构内监测点

对隧道局部进行较密集的沉降监测，即在联络通道两侧各 50m（42 环）范围内布设 25 个监测点，如图 12.16 所示。按每 6m（5 环）布置一个拱底沉降监测点，联络通道中心两侧各 10 环内按每 3m 加密一个拱底沉降监测点，点号按 GDL/GDR＋环号编制。

分别在联络通道两侧各 50m（42 环）范围内布设 11 个水平收敛监测断面，按每 12m（10 环）布置一个监测断面，点号按 SL＋环号编制。在联络通道泵站结构完成后中间布设一组收敛监测断面，点号为 Lo1。

区间联络通道及泵站结构完成后，在联络通道内布设一组沉降监测断面，共 3 个点，点号为 Ltt1~Ltt3，以及时了解区间联络通道及泵站结构的沉降量和区间联络通道及泵站结构与区间隧道的差异沉降量。

3. 管片应变监测

监测点的埋设：为观测主隧道应变变化，于主隧道周边埋设 19 个应变片。其中，应

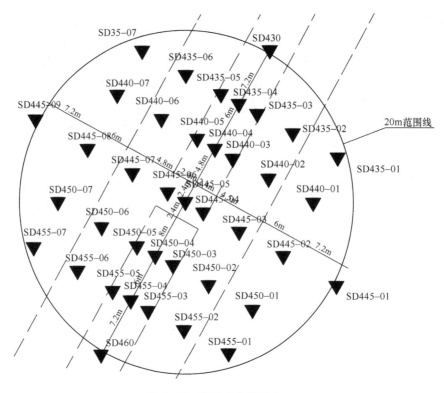

图 12.16 监测点布置图 2

变片 1、3、6、10、11、12、14、17、19 为花片，应变片 2、4、5、7、9、13、15、16、18、20 为直片，如图 12.17 所示，应变片应力测试数据（MPa）如图 12.18 所示。

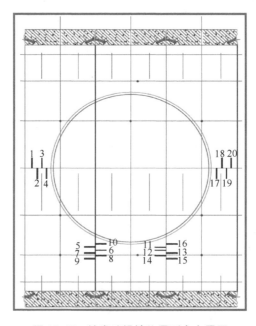

图 12.17 始发端焊缝位置测点布置图

12.3 联络通道掘进施工监测方案设计

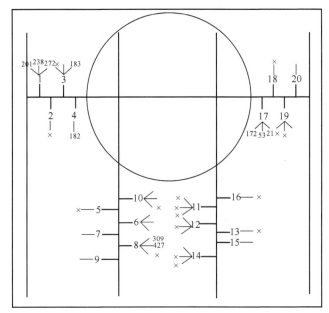

图 12.18 应变片应力测试数据示意图

注：1. 应变片上没有标注数据的表示数据没有被测试得到；
2. 标注有数据的为测试应力数据；
3. 标注为×的表示测试的数据不可靠。

12.3.8 监测报警值

监测报警值确定的原则：
(1) 满足设计计算的要求，不可超出设计值；
(2) 满足测试对象的安全要求，达到保护目的；
(3) 对于相同的保护对象应针对不同的环境和不同的因素而确定；
(4) 满足各保护对象主管部门提出的要求；
(5) 满足现行相关标准的要求；
(6) 在保证安全的前提下，综合考虑工程质量和资金流动等因素，减少不必要的资金投入。

盾构法隧道施工监测报警值1 表 12.3

序号	监测内容	日报警值	累计报警值		备注
1	盾构区间地表沉降	±3mm （连续2d）	隆起 下沉	10mm −30mm	

续表

序号	监测内容	日报警值	累计报警值		备注
2	管线沉降	±3mm（连续2d）	隆起	10mm	
			下沉	−30mm	
3	隧道拱底沉降	±3mm	上抬	20mm	
			下沉	−20mm	
4	收敛	±2mm	10mm（0.15%D）		D为开挖直径

盾构法隧道施工监测报警值2 表12.4

序号	监测项目	特级、一级环境	二、三级环境	备注
1	地表竖向位移	累计值：−30～+10mm；变化速率：2mm/d	累计值：−40～+15mm；变化速率：4mm/d	
2	建筑物倾斜（如无特殊要求）	累计值：2/1000；变化速率：0.1D/1000（连续3d），D为建筑层间高度	累计值：2/1000；变化速率：0.1D/1000（连续3d），D为建筑层间高度	
3	煤气、给水等刚性管线直接点竖向位移	累计值：10mm；变化速率：2mm/d	累计值：20mm；变化速率：2mm/d	
4	电力、通信等柔性管线位移，管线间接点竖向位移	累计值：−30～+10mm；变化速率：2mm/d	累计值：−40～+15mm；变化速率：4mm/d	

12.4 监测结果分析

监测施工进程如下：

(1) 2017年12月29日～2018年1月3日，主隧道注浆，联络通道尚未开始磨环；
(2) 2018年1月4日～2018年1月5日，联络通道开始磨环；
(3) 2018年1月6日～2018年1月10日，联络通道正常掘进；
(4) 2018年1月10日～2018年1月15日，接收端管片磨环推出；
(5) 2018年1月16日～2018年2月4日，盾构机掘进完毕，持续观测地表沉降情况；
(6) 2018年1月2日～2018年2月4日，掘进进程姿态控制。

12.4.1 阶段一（磨环前）

1. 地表沉降及隧道收敛监测

累计沉降表1（12月28日） 表12.5

项目	本次最大变化量（mm）			累计最大变化量（mm）		
	点号	本次变量	累计值	点号	本次变量	累计值
周边地表垂直位移	4号SD455-02	8.94	8.94	4号SD455-02	8.94	8.94
压力管线垂直位移	4号Wc1	7.96	7.96	4号Wc1	7.96	7.96
非压力管线垂直位移						
隧道垂直位移	4号GDR448	1.59	1.59	4号GDR448	1.59	1.59
隧道收敛	4号SLR455	−2	−2	4号SLR455	−2	−2

12.4 监测结果分析

累计沉降表 2（1 月 3 日）   表 12.6

项目	本次最大变化量（mm）			累计最大变化量（mm）		
	点号	本次变量	累计值	点号	本次变量	累计值
周边地表垂直位移	4 号 SD440-05	−1.08	−0.90	4 号 SD450-02	−0.38	8.57
压力管线垂直位移	4 号 Wc1	−0.89	7.36	4 号 Wc1	−0.89	7.36
非压力管线垂直位移						
隧道垂直位移	4 号 GDR448	−0.53	1.06	4 号 GDR455	−0.23	5.40
隧道收敛	4 号 SLR405	−3	−1	4 号 SLL425	1	3

2. 管片应变监测

应变计数据汇总表（1 月 2 日 0：20）   表 12.7

点位编号	元器件编号	标定系数 K	初始值 f_0	测定值 f_i	应变值	控制值
38-11	109968	4.27E−04	3151.84	3144.38	−20.05610511	−2000
38-04	109973	4.31E−04	1806.91	1807.18	0.420571653	200
38-16	109978	4.22E−04	1734.2	1736.22	2.958324825	200
33-06	109962	4.36E−04	1239.11	1243.52	4.773501659	200
38-02	109966	3.88E−04	3364.34	3291.37	−188.4388576	−2000
38-09	109963	4.21E−04	3159.96	2923.76	−604.9663335	−2000
38-08	109975	4.15E−04	2612.77	2612.45	−0.693909216	−2000
33-09	109956	3.87E−04	1533.37	1533.7	0.39169551	200
38-01	109977	4.31E−04	1906.27	1904.56	−2.808619818	−2000

测缝计数据汇总表（1 月 2 日 0：20）   表 12.8

点位编号	元器件编号	标定系数 K	初始值 f_0	测定值 f_i	接缝张开量（mm）	控制值（mm）
33-01	20665	6.12E−06	1580	1400.92	−3.268599169	4.5
38-04	20688	6.12E−06	1807.07	1807.18	0.002433113	4.5
38-13	20656	5.89E−06	1795.19	1796.78	0.033639158	4.5
38-14	20658	4.78E−06	2588.73	2596.66	0.196554282	4.5
33-11	20669	6.08E−06	1824.98	1827.71	0.06062881	4.5

3. 主隧道受力监测

内支撑油缸压力及位移统计表（1 月 2 日 20：20）   表 12.9

位置	位移（mm）	压力（bar）	位置	位移（mm）	压力（bar）
顶撑油缸左前	0	0	顶撑油缸右前	403.54	35.39
顶撑油缸左后	433.25	26.29	顶撑油缸右后	443.62	36.11
后部油缸左上	284.49	20.14	后部油缸右上	258.78	21.88
后部油缸左下	264.73	29.3	后部油缸右下	281.47	22.64
前部油缸 1 左上	209.38	23.83	前部油缸 2 右上	202.4	24.25
前部油缸 1 左下	205.31	26.66	前部油缸 2 右下	200.17	24.52

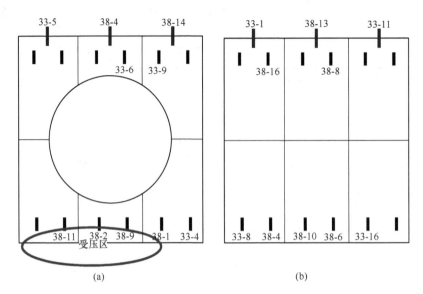

图 12.19 管片应变计与测缝计监测点布设图（注：未编号监测点已被破坏）
(a) 洞门侧；(b) 靠背侧

4. 阶段性分析

（1）管片应变分析

应变计数据显示洞门处 3 环管片上侧受拉、下侧受压，拉应变数据较小，压应变数据相对较大；其中，中间环下侧管片受压明显，监测点 38-02、38-09 处压应变分别为 −188.44、−604.97；管片所发生的拉、压应变均小于其控制值，安全可控。

（2）接缝张开量分析

当前盾构掘进过程中，管片纵向接缝变形量较小，接缝最大变形量出现在 33-01 点位处，其数值为 −3.27mm，小于 4.5mm 张开量控制值，管片接缝变形安全可控。

（3）焊缝应变监测

当前焊缝应变最大值为 312，小于控制值 335，焊缝变形处于可控状态。

（4）地表沉降监测

周边地表垂直位移本次变量 −1.08mm；压力管线垂直位移本次变量 −0.89mm；隧道垂直位移本次变量 −0.53mm；隧道收敛本次变量 −3mm，地表沉降处于可控状态。

12.4.2 阶段二（进洞磨环时）

1. 地表沉降及隧道收敛监测

累计沉降表 3（1月4日，中午）　　　　表 12.10

项目	本次最大变化量（mm）		累计最大变化量（mm）		
	点号	本次变量	累计值	点号	本次变量	累计值
周边地表垂直位移	4号 SD445-05	0.99	2.61	4号 SD450-02	0.08	7.62
压力管线垂直位移	4号 Wc1	0.24	6.79	4号 Wc1	0.24	6.79

12.4 监测结果分析

累计沉降表 4（1月4日，夜间）　　　　　　　　　　　　　　　表 12.11

项目	本次最大变化量（mm）			累计最大变化量（mm）		
	点号	本次变量	累计值	点号	本次变量	累计值
周边地表垂直位移	4号SD447-05	−1.33	−3.72	4号SD450-02	−0.65	6.28
压力管线垂直位移	4号Wcl	−0.82	4.77	4号Wcl	−0.82	4.77

累计沉降表 5（1月5日，白班）　　　　　　　　　　　　　　　表 12.12

项目	本次最大变化量（mm）			累计最大变化量（mm）		
	点号	本次变量	累计值	点号	本次变量	累计值
周边地表垂直位移	4号SD445-01	0.51	1.71	4号SD455-02	0.21	6.97
压力管线垂直位移	4号Wcl	0.02	5.50	4号Wcl	0.02	5.50
非压力管线垂直位移						
隧道垂直位移	4号GDR395	0.55	−0.47	4号GDL410	−0.21	−1.33
隧道收敛	4号SLL395	2	0	4号SLR425	1	2

2. 管片应变监测

应变计数据汇总表（1月5日 20：15）　　　　　　　　　　　　表 12.13

点位编号	元器件编号	标定系数 K	初始值 f_0	测定值 f_i	应变值	控制值
38-11	109968	4.27E−04	3151.84	3168.42	44.75	
38-16	109978	4.22E−04	1734.2	1733.88	−0.47	
33-06	109962	4.36E−04	1239.11	1240.89	1.92	
38-02	109966	3.88E−04	3364.34	3401.39	97.26	−2000～200
38-09	109963	4.21E−04	2368.83	2222.22	−283.37	
38-08	109975	4.15E−04	2612.77	2647.76	76.39	
33-09	109956	3.87E−04	1533.37	1533.14	−0.27	
38-01	109977	4.31E−04	1906.27	1919.81	22.33	

测缝计数据汇总表（1月5日 20：15）　　　　　　　　　　　　表 12.14

点位编号	元器件编号	标定系数 K	初始值 f_0	测定值 f_i	接缝张开量（mm）	控制值（mm）
38-04	20688	6.12E−06	1807.07	1806.42	−0.01	
38-13	20656	5.89E−06	1795.19	1795.71	0.01	4.5
38-14	20658	4.78E−06	2588.73	2597.74	0.22	
33-11	20669	6.08E−06	1824.98	1816.9	−0.18	

净空收敛数据汇总表（1月5日 20：15）　　　　　　　　　　　表 12.15

点位编号	初始值（mm）	上次测值（mm）	本次测值（mm）	累计变量（mm）	本次变量（mm）	累计变量控制值（mm）
SL01-01	4903	4905	4906	3.00	1.00	
SL01-02	4898	4899	不可使用			10
SL01-02新	4892	4892	4892	0.00	0.00	

第12章 施工环境影响数值模拟与监测

焊缝应变数据汇总表（1月5日20：15） 表12.16

点位编号	应变值	控制值	点位编号	应变值	控制值
34	310		22	−20	
33	281		28	−69	
4	−221		27	141	
7	320		15	−22	
8	−117	335（3倍安全系数）	14	−50	335（3倍安全系数）
1	−233		2	−24	
40	异常		37	−103	
39	异常		24	−19	
23	异常		9	−1	
16	−54				

监测点分布如图12.20、图12.21所示。

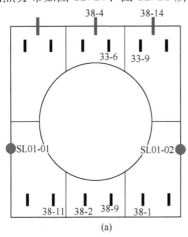
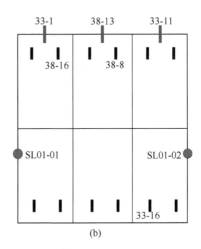

(a) (b)

图12.20 管片应变计与测缝计监测点布设图
（a）洞门侧；（b）靠背侧

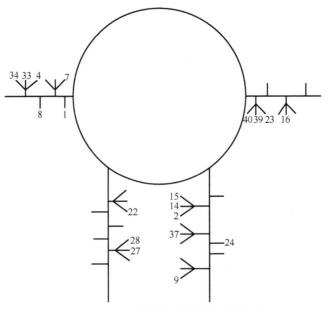

图12.21 焊缝应变监测布点图

12.4 监测结果分析

3. 主隧道受力监测

内支撑油缸压力及位移统计表（20：15）　　　表 12.17

位置	位移（mm）	顶力（t）	位置	位移（mm）	顶力（t）
顶撑油缸左前	0.00	16.66	顶撑油缸右前	406.16	29.47
顶撑油缸左后	436.39	18.84	顶撑油缸右后	450.26	29.21
后部油缸左上	285.19	1.08	后部油缸右上	258.04	0.83
后部油缸左下	264.41	1.03	后部油缸右下	281.48	1.14
前部油缸1左上	210.09	0.42	前部油缸2右上	203.21	0.08
前部油缸1左下	206.24	1.08	前部油缸2右下	201.64	0.79

4. 阶段性分析

（1）管片应变分析

随着盾构机推进，洞门处3环管片应变分布规律发生一定变化，上侧、下侧均出现不同程度的拉、压应变；监测点38-09处压应变为－283.37，小于既定控制值－2000；管片所发生的拉、压应变均小于其控制值。

（2）接缝张开量分析

当前盾构掘进过程中，管片纵向接缝变形量较小，接缝最大变形量出现在38-14点位处，其数值为0.22mm，较上期数据发生压缩变形减小0.06mm，小于4.5mm张开量控制值。

（3）水平净空收敛监测

水平收敛最大累计变量为2.00mm，小于10.00mm的控制值；结合前期数据分析认为管片结构水平向基本未发生变形，管片结构变形处于安全可控状态。

（4）地表沉降监测

周边地表垂直位移本次变量0.99mm；压力管线垂直位移本次变量0.24mm；隧道垂直位移本次变量－1.33mm；隧道收敛本次变量－0.82mm，地表沉降处于可控状态。

12.4.3 阶段三（正常掘进时分析）

1. 管片应变分析

接收端3环管片应变总体呈现靠近切削洞口呈现压应变、远离切削洞口呈现拉应变的规律；监测点33-08处压应变最大，其值为－137.65，小于既定控制值－2000；管片所发生的拉、压应变均小于其控制值。

2. 接缝张开量分析

当前盾构掘进过程中，接收端管片纵向接缝变形量较小，接缝最大变形量出现在38-11点位处，其数值为0.08mm，小于4.5mm张开量控制值。

3. 地表沉降监测

周边地表垂直位移本次变量－1.1mm；压力管线垂直位移本次变量－0.42mm；隧道垂直位移本次变量－0.71mm；隧道收敛本次变量－2mm，地表沉降处于可控状态。

12.4.4 阶段四（出洞磨环时分析）

1. 管片应变分析

接收端 3 环管片应变总体呈现靠近切削洞口发生压应变、远离切削洞口发生拉应变的规律；监测点 33-08 处压应变最大，其值为 -271.54，小于既定控制值 -2000；管片所发生的拉、压应变均小于其控制值。

2. 接缝张开量分析

盾构掘进过程中，接收端管片纵向接缝变形量较小，接缝最大变形量出现在 38-14 点位处，其数值为 0.30mm，小于 4.5mm 张开量控制值。

3. 水平净空收敛监测

水平收敛最大累计变量为 1.00mm，小于 10.00mm 的控制值；结合前期数据分析认为管片结构水平向基本未发生变形，管片结构变形处于安全可控状态。

4. 地表沉降监测

周边地表垂直位移本次变量 -0.72mm；压力管线垂直位移本次变量 -0.24mm；隧道垂直位移本次变量 -2.91mm；隧道收敛本次变量 -2.24mm，地表沉降处于可控状态。

12.4.5 阶段五（出洞后分析）

1. 净空收敛监测

收敛最大累计变量为 -1.00mm，小于 10.00mm 的控制值；结合前期数据分析认为管片结构未发生变形，管片结构变形处于安全可控状态。

2. 地表沉降监测

周边地表垂直位移本次变量 1.94mm；压力管线垂直位移本次变量 -0.4mm；隧道垂直位移本次变量 0.46mm；隧道收敛本次变量 2mm，地表沉降处于可控状态。

12.4.6 始发端切削时主隧道的管片弯矩时程分析

选取 3 组相对完整的管片数据进行了弯矩分析，用于研究始发端盾构切削管片时对周围管片的影响。

图 12.22 分别为中间需要切削的管片附近正线隧道管片上的弯矩，从图 12.22（a）可知，整个切削过程中，该处的弯矩在不停地波动，这是由于切削本身在管片上有很大的振动作用。从图 12.22（b）也可以看出弯矩在不停地波动，且波动值比图 12.22（a）还大，主要是该测点离切削洞口更近一些，受到的振动影响更大。图 12.22（c）上的弯矩结果与前两个不太一样，可能是应变计测试得不太准确的原因。

12.4.7 盾构掘进对周边环境影响监测分析

监测数据分析显示，横剖面沉降影响宽度约 60m，纵剖面影响范围约 50m，整体地表沉降符合预期，效果较好。机械初始掘进时，未进行大面积注浆，地表沉降逐步加大，最大沉降约 22mm；1 月 18 日开始大面积注浆时，地表沉降有明显回升，直至 1 月 23 日沉降基本恢复，在这阶段过程中，周边孔隙水压力及周边土体土压力上升约 50MPa，之后压力逐渐消散，地表沉降及压力均趋于稳定，具体变化如图 12.23~图 12.27 所示。

12.4 监测结果分析

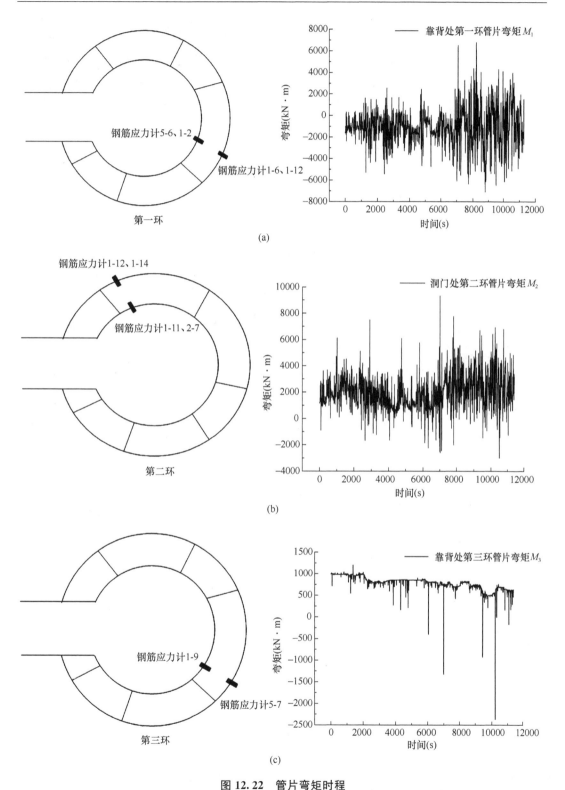

图 12.22 管片弯矩时程
(a) 第一环管片弯矩时程；(b) 第二环管片弯矩时程；(c) 第三环管片弯矩时程

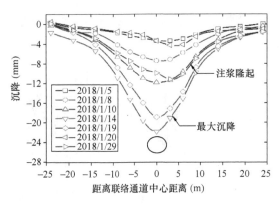

图 12.23 联络通道地表横向沉降示意图

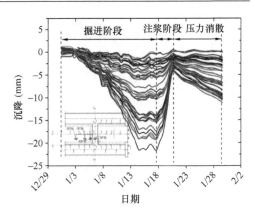

图 12.24 地表沉降时程曲线示意图

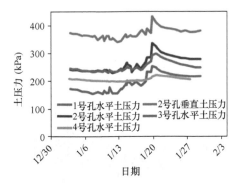

图 12.25 周边土体土压力时程曲线图

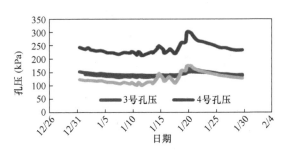

图 12.26 周边孔隙水压力时程曲线

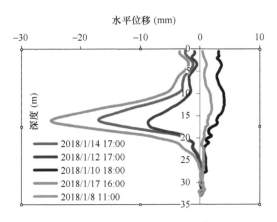

图 12.27 深层土体水平位移曲线

12.5 联络通道掘进机掘进实时监测

12.5.1 机械法联络通道掘进导向系统监测

掘进监测采用力信 RMS-D 自动导向系统,具体见 8.8.2 节。

12.5.2 机械法联络通道盾构机掘进参数监测

通过盾构机上监测系统,对盾构机掘进时油缸位移、推力、扭矩、速度、里程等进行监控,并通过对数据分析提供有价值的技术参考意见,联络通道掘进实时监测数据记录如表 12.18 所示。

联络通道掘进实时监测数据记录表(部分) 表 12.18

环号	速度 (mm/min)	推力 (t)	扭矩 (kN·m)	盾构机姿态 (水平前后;垂直前后)	土压 (bar)
−3	0	170	347	10,−33;3,−18	
−2	0.498	222	163	12,−31;12,−15	1.69
1	5.5	219	178	3,−30;13,−10	2.13
2	4.5	210	180	5,−29;5,−3	1.9
3	6.7	232	173	5,−30;8,−3	1.2
4	2.8	228	167	4.2,−31;8.5,−12	2.1
5	6.67	241	172	9,−33;6,−13	2.33
6	5	246	179	15,−38;17,−32	2.45
7	3.794	250	167	18,−36;20,−40	2.4
8	2.174	253	180	10,−37;12,−40	2.3
9	3.46	253	165	12,−37;15,−42	2.4
17	0.556	366	530	−1,−37;−6,−26	2.41
18	0.4	330	351	−6,−41;−29,−63	2.3
21	1.9	353	579	4,−46;−41,−68	0.4
24	1	231	190	−4.2,−50.4;−24.9,−75	

受联络通道掘进机影响,掘进机最大工作扭矩约为 800kN·m,于正常区段掘进时,波峰扭矩约为 590kN·m,波谷扭矩为 200kN·m,推进平稳,逐渐开始磨环时,由于管片强度过高,如不控制推进速度小于 1mm/min,扭矩波动十分明显,始发磨环期间发生数次停机情况。

盾构机自带导向系统结合人工复测,盾构机正常掘进时姿态平稳,接收端开始磨环时,盾构机刀盘顶进,盾构机发生下沉现象,最终出洞门钢环时,盾构机姿态为:水平前−2.45mm,水平后−51.4mm,垂直前−34.4mm,垂直−74.2mm。

盾构进洞前处于导轨之上,前进趋势无法调整,当盾构机全部进入土体后,盾构机司机通过姿态分析,对推进油缸行程及推力进行调整,确保盾构机按既定轴线掘进。实际施工过程中,扭矩波动剧烈,司机依据显示屏反馈参数及时降低掘进速度,保证盾构机安全出洞。

图 12.28 为始发端切削管片时盾构机扭矩波动示意图,整个切削过程扭矩如图 12.28 (a) 所示,切削时盾构机扭矩一直在变化,包括现场出现暂时性停工等现象,整个切削过程大约需要 51h。在平稳切割时,扭矩一般在 200~600kN·m 之间,能保证混凝土管片顺利地被切削,只是比较耗费时间。

第12章　施工环境影响数值模拟与监测

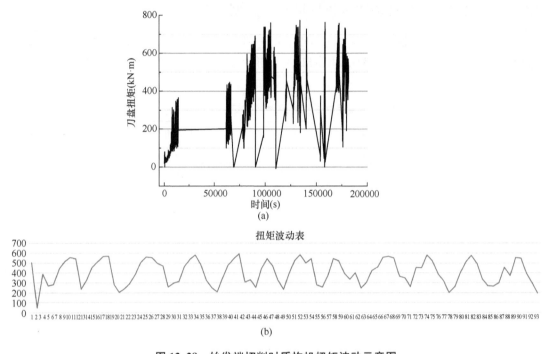

图 12.28　始发端切削时盾构机扭矩波动示意图
(a) 始发端整个过程切削扭矩；(b) 平稳切削时切削扭矩

图 12.29 为始发端切削时盾构机切削总推力的时程曲线，从图中可以看到，盾构机推力平稳切削时一直维持在 1500kN 上下波动，中间有几次反复切削的情况出现，导致之后的总推力也有很大的波动。

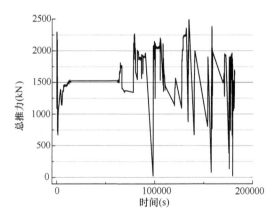

图 12.29　始发端切削时盾构机切削总推力

图 12.30 为始发端切削时盾构机尾部 4 个油缸的位移时程变化，从图中可以看出，油缸的位移在平稳地增大，其中出现几次停机休息的情况。油缸的位移反映了切削速度的快慢和切削的平稳程度。

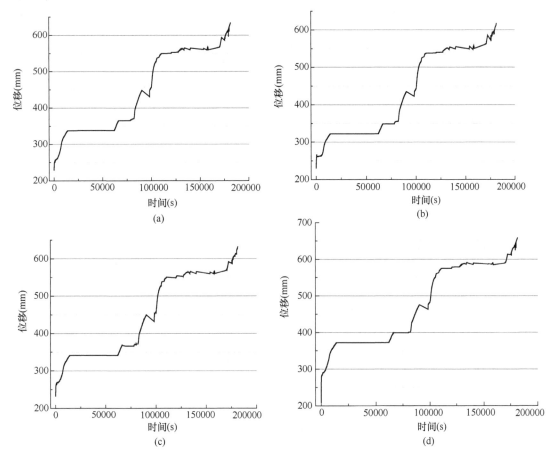

图 12.30 始发端切削时盾构机尾部 4 个油缸的位移
(a) A组；(b) B组；(c) C组；(d) D组

12.6 本章小结

本章依托宁波某示范施工工程，研究了机械法联络通道施工对隧道结构和周围岩土层等环境影响问题，通过数值模拟分析了地表和隧道结构的变形位移，表明总体位移可控。进一步对周边环境监测和盾构机掘进实时监测，监测结果显示：联络通道施工对地表沉降影响的横剖面宽度约 60m；纵剖面影响范围约 50m；整体地表沉降符合预期，效果较好。机械初始掘进时，未进行大面积注浆，地表沉降逐步加大，最大沉降约 22mm；开始大面积注浆时，地表沉降有明显回升，直至沉降基本回复，在这阶段过程中，周边孔隙水压力及周边土体土压力上升约 50MPa，之后压力逐渐消散，地表沉降及压力均趋于稳定。在盾构机掘进全过程中，平稳切削时，扭矩一般在 200~600kN·m 之间，推力一直维持在 1500kN 左右。监测分析表明机械法联络通道施工过程中结构、环境、设备施工响应状况总体正常。

第13章 不同工法经济指标对比分析

13.1 冷冻法施工造价分析

采用传统冷冻法开展项目施工造价包含以下4部分：(1) 土建施工费用（冷冻+矿山法开挖）；(2) 联络通道位置钢管片费用；(3) 联络通道处混凝土管片费用；(4) 泵房设备费用；(5) 钢圈加固费用；(6) 设计费用为专业分包设计，按照每条通道10万元计。

冷冻法造价分析表　　　　　　　　　　　　　表13.1

序号	工法	项目	单价	计量单位	备注
1	冷冻法联络通道	土建费用	3550000	项	包含联络通道冷冻费用+矿山法开挖费用
2		钢管片	660000	项	2整环+2单块共计约30t。单价1.1万元，总价约33万×2=66万
3		混凝土管片	48000	项	左右线各两环混凝土管片 共计1.2×4=4.8万元
4		泵房设备	365000	项	泵房土建及国产水泵设备费用
5		钢圈加固费用	400000	项	联络通道位置管片补强
6		设计费	150000	项	冷冻法设计为专业分包，分包费用15万元/座
7		合计			5173000元

采用冷冻法施工，联络通道单价总造价为5173000元。

由图13.1可知，冷冻法造价中，土建费用占比高达65%以上。

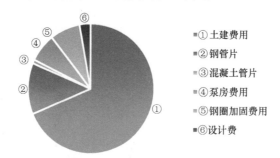

图13.1　冷冻法联络通道项目造价分析图（单位：元）

13.2 机械法施工造价分析

采用机械法开展项目施工，造价包含以下4部分：(1) 土建施工费用（掘进+通道管片费用）；(2) 联络通道位置特殊钢管片费用；(3) 内置式泵房土建及设备费用；(4) 装备制造费用；此外，设计费按照定额套取计。常规长度（线间距 12m 通道）其费用组成明细如表 13.2 所示。

盾构法项目造价分析表 表 13.2

序号	工法	项目	单价（元）	计量单位	数量	总价（元）	备注
		1	机械法土建费用	3000000	项	1	3000000	包含机械法进出洞、掘进及通道管片费用
机械法联络通道	2	1.5m 宽钢特殊管片	123000	环	6	738000	联络通道位置特殊钢管片费用
	3	内置泵房	210000	项	2	42000	内置式泵房管片＋进口水泵及控制系统装备费用
	4	装备费用	1300000	项	1	1300000	设备租赁、折旧、维保等费用
	5	设计费	150000	项	1	150000	设计费总价办法
		合计				5230000	

注：以 12m 常规联络通道为例，未考虑特殊地层、线形等需要采用的特殊工艺和方法。

由表 13.2 可知，机械法通道单个造价为 5230000 元。

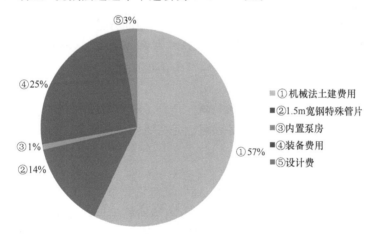

图 13.2 盾构法联络通道项目造价分析图

由图 13.2 可知，采用机械法施工，总体造价较冷冻法基本持平，略高。其中机械使用费占比较高，设计费及土建费用基本持平。

13.3 造价对比

（1）本项目经济性对比

根据表 13.1、表 13.2 中数据可知，采用机械法联络通道造价高于采用冷冻法施工的工程造价。

两者造价分别为 5173000 元和 5230000 元，偏差率为 1.1%，经济性无明显差异。

（2）远期经济性对比

冷冻法作为一项应用较为广泛的工艺，其造价比较稳定，近期如无重大技术变更，造价不会出现较大波动。

同时本次对比常规的 12m 联络通道为例，在较长的联络通道施工中，冷冻法由于冻结范围和技术难度的加大，造价会有一定幅度的增加，且超过 20m 后，造价增幅较大。

而机械法联络通道的工艺，在短距离施工中，由于设备的使用率和周转率较低，目前的施工费用中机械费比重较大，占总体造价的 25% 以上。随着技术的完善和进步，设备的大量生产，设备的租赁费和使用率会有所增加，造价有进一步压缩的空间。预计设备费压缩空间在 15% 以上。

在较长、大或复杂线形中，机械法同时具备较强的技术适应性，可以承担高难度的工程施工，且造价并无明显增加的趋势。

因此，在远期经济性方面，机械法联络通道技术具有极强的经济价值。

13.4 其他效益对比

（1）安全性

安全对于工程建设的重要性不言而喻，冷冻法联络通道作为地铁盾构隧道工程中的重要工序，也是安全管理中的重大风险源。

冷冻法的施工风险主要集中在开挖冷冻质量控制和开挖阶段，尤其是开挖过程中的开挖掌子面安全受冷冻质量、开挖效率、管理水平和作业人员经验等不可控因素影响较多。其中任意一个环节出现问题都会影响整个工序的施工安全，甚至造成严重的安全事故。

相比之下，机械法通过先进的机械装备，达到了施工全过程中的掌子面封闭，极大地提高了施工安全性，工艺上的安全优势明显。是在盾构法通道工艺经济优势之外的另外一大特点。

（2）工期效益

在工期方面，"轨通"是整个线路"三通"工程重要节点，而联络通道是铺轨施工的紧前工序，联络通道的施工工期往往会严重影响铺轨的工期，并对潜在的施工质量造成影响。

由图 13.3 可看出，目前冷冻法联络通道（不含泵房）的工期正常约为 150d，冗长的工期严重制约轨道交通的快速建设。

图 13.3 冷冻法工期示意图

对盾构法的工期进行分析并与冷冻法进行对比如图 13.4 所示。

盾构法取消了原冷冻法工艺影响工期的冷冻工序，并避免了后续影响质量的融沉注浆阶段。因此在工效上也具备无可比拟的优势。

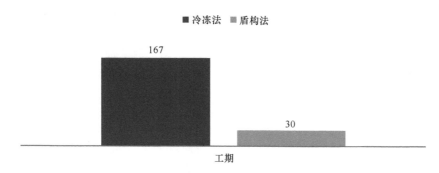

图 13.4 工效对比分析图

13.5 本章小结

基于上述传统冷冻法与新型机械法经济效益指标的简要分析，可以看出机械法比传统冷冻法工期效率方面具有明显优势。随着机械法施工设备制造、工法技术等的成熟度不断提高，在造价方面，前者也具有一定的比较优势。因此新型机械法发展潜力和前景良好。

第14章 工程示范案例

14.1 概述

本章结合宁波、无锡、杭州等地的地铁联络通道施工工程,介绍各施工工程特点与实施情况,其中宁波地铁联络通道工程为国内首次采用盾构施工技术,无锡地铁联络通道工程为首次采用顶管法施工,具体包括各工程概况、设计与施工、监测与计算评估工程安全性等。

14.2 工程案例之盾构法施工

14.2.1 工程概况

本次施工的联络通道为宁波地铁3号线一期工程儿童公园站—樱花公园站区间联络通道,儿童公园站—樱花公园站起点里程 ZDK14+521.0,终点里程为 ZDK15+402.266,隧道长度约881.266m。联络通道里程左线为 YDK15+043.000,右线为 YDK15+043.000,隧道中心埋深为18.7m、线间距为17m。该联络通道位于中兴路下方,东侧为

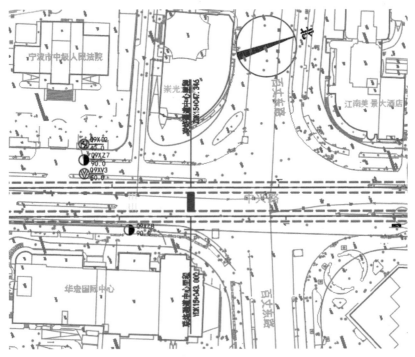

图 14.1 联络通道位置平面图

华宏国际中心（6层混凝土房、30层混凝土房等），水平最小距离25.02m；西侧为崇光大厦（3层混凝土房），水平距离49.24m，采用盾构法施工。

松散岩类孔隙潜水主要赋存于场区表部填土和浅部黏土、淤泥质土层中。无承压水出现在本联络通道所处地层。地层情况如图14.2所示。

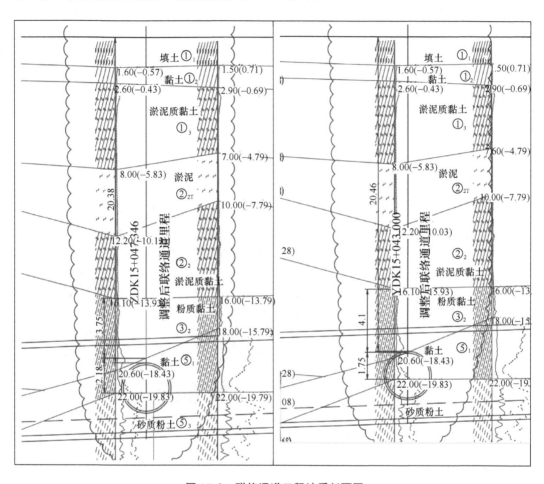

图14.2 联络通道工程地质剖面图

土体工程特性参数　　　　表14.1

层号	名称	厚度 h (m)	含水率 w (%)	孔隙比 e	塑性指数 w_P (%)	液性指数 w_L	天然重度 γ (kN/m³)	固结快剪 c (kPa)	φ (°)	压缩模量 E_s (MPa)
①$_1$	杂填土	1.86	29.3	0.82	16.40	0.52	19.3	47.0	15.1	4.82
①$_2$	黏土	1.05	32.7	0.92	18.72	1.27	18.2	15.1	12.1	3.63
①$_3$	淤泥质黏土	5.22	37.5	0.97	19.43	1.49	17.0	10.7	10.1	2.35
②$_{2T}$	淤泥	4.04	39.6	1.04	19.95	1.60	16.4	7.6	8.6	1.99
②$_2$	淤泥质黏土	4.18	37.0	0.97	18.42	1.39	17.1	11.6	11.2	2.34
③$_2$	粉质黏土	4.16	34.6	0.89	16.63	0.87	18.3	16.8	18.8	4.47
⑤$_1$	黏土	1.51	25.2	0.64	14.21	0.42	18.9	33.2	13.8	6.24

14.2.2 结构设计

1. 主隧道结构（洞门处）设计

联络通道处主隧道管片考虑采用钢混结合特制管片，联络通道掘进机掘进位置采用混凝土管片，其他部位采用钢管片，钢管片预留注浆孔，通过注浆对进出洞门处地层进行加固。

联络通道处采用6块（3环）钢混特殊管片，环宽均为1500mm，不设楔形量，采用通缝拼装，封顶块均放置于开洞处另一侧45°及112.5°位置，拼装前应采用1.5m调节环调整隧道里程。

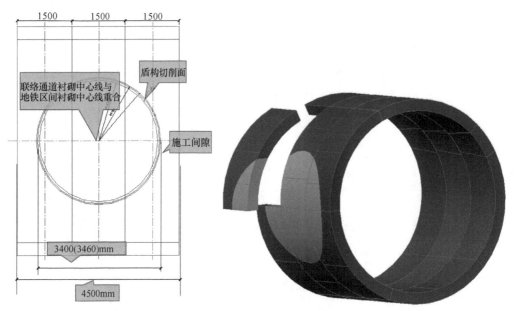

图14.3 主隧道复合管环结构图

2. 联络通道管片设计

（1）管片内径为2650mm，厚度为250mm，外径3150mm，满足防火通道要求；

（2）衬砌环间采用错缝拼装，环宽为0.55m，楔形量8.7mm；

（3）衬砌环共分为5块，分别由1块封顶块F，2块邻接块L1、L2，2块标准块B1、B2组成；

（4）拼装时封顶块搭接450mm，径向推上后纵向插入；

（5）管片块与块间、环间均采用M24普通螺栓相连；

（6）进出洞处钢环为增设注浆孔管片。

14.2.3 施工方案与实施过程

本联络通道施工前完成材料、设备以及现场场地布置准备，采用一台土压平衡掘进机，于儿童公园站北端头下井，在井下完成组装工作，运输至联络通道处，始发并完成掘进任务后由左线吊出，从设备吊装、始发到接收共20d时间。

1. 施工前准备

（1）根据地质、隧道埋深等确定地表沉降槽宽度及隧道施工的影响范围，对联络通道施工影响范围内的地面建筑物进行调查。

（2）由于隧道内空间有限，水管及走道板布置在轨行区，走道板不设扶手支架，照明采用 LED 灯带，隧道内高压电缆待掘进机运输至指定位置后用电缆挂钩悬挂。

（3）区间隧道移交前后，对拟建联络通道左、右线前后 20 环范围内进行二次注浆。区间移交后，实施对联络通道左右线前后 10 环再次进行注浆，确保注浆效果。

（4）完成隧道内特制轨枕铺设。

（5）将主隧道管片始发及接收洞门处 6 块复合管片的钢结构部分焊接连为整体，采用跳焊法减少变形，分多层焊接，焊接厚度每层 3～5mm。施工时需要搭设脚手架作为施工平台。

（6）采用钢套法始发，掘进机主机与始发套筒间存在 65mm 间隙，主机进洞后联络通道管片与始发套筒间存在 135mm 间隙，采用三道钢丝刷＋盾尾油脂进行密封保证始发过程中接口临时密封。

2. 始发及掘进

联络通道掘进机采用半套筒密封，切削洞门混凝土始发，始发过程中按表 14.2 参数控制。

切削过程施工参数　　　　　　　　　　　　　　　　　　表 14.2

推力 (kN)	扭矩 (kN·m)	推进速度 (mm/min)	土仓压力 (bar)	渣土改良
<4000	<800	1～3	1.9	膨润土＋聚合物

切削混凝土过程中注入膨润土＋聚合物进行渣土改良，同时建立土仓压力，膨润土浆液配合比 6∶1，聚合物掺量 0.1‰。

联络通道掘进过程中按表 14.3 参数控制。

掘进过程施工参数　　　　　　　　　　　　　　　　　　表 14.3

推力 (kN)	扭矩 (kN·m)	推进速度 (mm/min)	土仓压力 (bar)	渣土改良
<4000	<300	20	1.9	无

3. 渣土外运

由于机械法联络通道施工的特殊性，无法使用常规出土方式出土，在施工时，需使用人力推车将渣土推至主隧道内，再由主隧道渣土车外运，为此特制作了方便人力推行的推车，推进一环约产生 4.68m³ 渣土。

4. 管片运输拼装及质量控制

管片从正线隧道运至联络通道，其运送路线呈 L 形结构，因此常规的管片运输设计很难达到施工要求。考虑到联络通道管片直径较小，内部空间有限，很难在联络通道内安装双梁，但也正因管片直径小、厚度较低，使得单块管片的质量较轻，因此将管片运输分为两个部分，正线隧道内管片采用单梁运输，而联络通道内采用人工运输。单梁设置在台车上，如图14.4所示。而人工运输则是在隧道内用角铁焊制一条轨道，轨道上放置一个平板车，运输中将管片吊运至平板车上，由人工推至拼装机处。

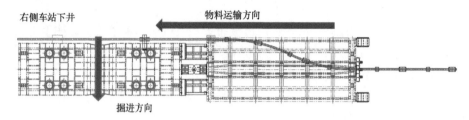

图14.4 管片运输路线图

由于隧道长度一般不是联络通道管片的倍数，采用同一宽度管片拼装无法保证洞门钢管片位置合适，因此需增加不同厚度调节环，使得联络通道的管片洞门钢环处管片位置正好合适。考虑管片错缝拼装的优点，如止水性能好、整体受力性能好、圆环整体刚度大等，本工程采用通用管片错缝拼装的方式。但考虑到错缝拼装的内力大，而通缝拼装的内力较小，可拼装自由度相对较多，有利于管片的安装。因此，在受力允许的状态下，可采用小通缝进行拼装，即两管片环之间允许有1~2条通缝。

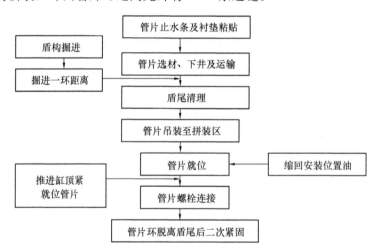

图14.5 管片安装工艺流程图

质量控制参数如表14.4所示。

土体工程特性参数　　　　　　　　　表14.4

项目	允许偏差（mm）	备注
环间间隙	≤2.0	
纵缝相邻块间隙	≤2.0	
对应的环向螺栓孔的不同轴度	≤1.0	
成环后内径	±2	
成环后外径	−2~+6	

5. 壁后注浆

因盾尾未设置同步注浆管路，为填充管片壁后的减阻间隙，在台车上设置1台双液注浆泵。通过管片预留的注浆孔，人工注入水泥-水玻璃浆液，注入点位为4个点，压力控制小于 0.35MPa，注入位置为当前环后 4 环。

在盾构接收且完成洞门接口安装后，为填充浆液收缩产生的空隙及封堵渗漏点在完成掘进后应进行二次注浆，浆液采用水泥－水玻璃双液浆。双液浆（按体积配比）水泥浆：玻璃液＝1∶1。以注浆压力与注浆量进行双重控制，正常情况下要求每环注浆量为 $1m^3$，每孔每次控制在 $0.50m^3$ 左右。

6. 到达与接收

到达前对掘进机的位置进行准确的测量，明确成洞隧道中心轴线与隧道设计中心轴线的关系，同时应对接收洞门位置钢管片进行复核测量，确定掘进机的贯通姿态及掘进纠偏计划。

联络通道掘进机采用套箱密封，套箱内填充厚浆，切削洞门混凝土接收，接收过程中按表 14.5 中参数控制。

接收过程施工参数　　　　　　　　　　　　　　表 14.5

推力（kN）	扭矩（kN·m）	推进速度（mm/min）	土仓压力（bar）	渣土改良
＜4000	＜800	2～3	1.9	加膨润土、聚合物

切削混凝土过程中注入膨润土＋聚合物进行渣土改良，同时建立土仓压力，膨润土浆液配合比为 6∶1，聚合物掺量 0.1‰。

14.2.4 安全监测评估分析

1. 监测方案

主要监测内容：

① 隧道结构监测（沉降、收敛）；
② 地表沉降监测；
③ 管线沉降监测；
④ 周边建筑物沉降监测。

监测范围为联络通道两侧隧道管片各 50m，联络通道正上方地面投影外侧 20m 范围以内。

本次监测主要为地表监测与结构监测，具体安排如下：

（1）地表沉降监测点

以联络通道为中心，正上方地面投影外侧两边 20m 内布置 4 条沉降断面，断面间距为 6m（5 环），测点间距为 2.4m、4.8m、6m、7.2m（2 环、4 环、5 环、6 环）。编号按 XD（SD）＋环号＋测点号编制，如图 14.6 所示。

（2）隧道结构内监测点

对隧道局部进行较密集的沉降监测，即在联络通道两侧各 50m（42 环）范围内布设 25 个监测点，按每 6m（5 环）布置一个拱底沉降监测点，联络通道中心两侧各 10 环内按每 3m 加密一个拱底沉降监测点，点号按 GDL/GDR＋环号编制。

分别在联络通道两侧各 50m（42 环）范围内布设 11 个水平收敛监测断面，按每 12m（10 环）布置一个监测断面，点号按 SL＋环号编制。在联络通道泵站结构完成后中间布设一组收敛监测断面，点号为 Lo1。

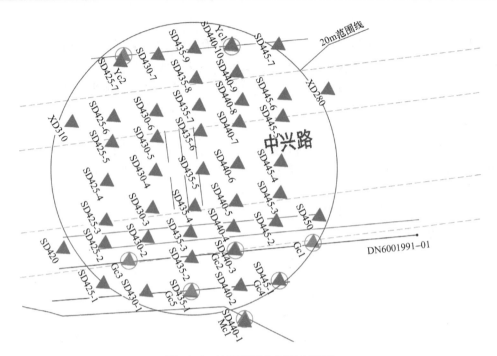

图 14.6 地面监测点平面布置图

区间联络通道及泵站结构完成后,在联络通道内布设一组沉降监测断面,共 3 个点,点号为 Ltt1～Ltt3,以及时了解区间联络通道及泵站结构的沉降量和区间联络通道及泵站结构与区间隧道的差异沉降量。如图 14.7 所示。

盾构法隧道施工监测报警值见表 12.3 和表 12.4。

现场试验施工步骤为:S-1 阶段,盾构机和钢套筒下井至初始位置,内支撑系统运送至始发位置并张开油顶施加预顶力,调整盾构机姿态进入始发状态,各部位准备就绪;S-2 阶段,始发掘进姿态,盾构机前端刀盘开始切削管片,同时采取封堵措施防止刀尖磨穿管片时外部水土荷载引起的侧漏;S-3 阶段,盾构机刀盘磨穿管片进入土层,并继续向前推进;S-4 阶段,掘进隧道前阶段,刀盘进入土层,开始掘进,同时通过管片预留的注浆孔,注入水泥-水玻璃浆液;S-5 阶段,盾构机掘进至联络通道中段;S-6 阶段,盾构机掘进至联络通道后半段,同时进行壁后注浆;S-7 阶段,接收端各部位准备就绪,接收套筒安装完成,内支撑体系施加预顶力,盾构机达到预定位置进行接收;S-8 阶段,联络通道完成施工,进行清理收尾。

2. 监测结果分析

(1)联络通道纵向与横向地表沉降

分析联络通道施工推进过程中纵向地表沉降,以联络通道正上方的一组测点(SD435-1～SD435-9)和联络通道左上方的一组测点(SD430-1～SD430-7)为纵向地表沉降的 2 条监测断面,地表沉降监测结果如图 14.8 和图 14.9 所示,从图中可知,靠近主隧道右行线的沉降相对靠近主隧道左行线的沉降小,反映了小盾构机顶推过程对前方土体有一定程度的隆起影响,但总体影响不大,在联络通道 S-2 阶段,地层有少量沉降,在 S-3 阶段地层有较明显的下沉。但随后的注浆能明显抑制这种较大幅度的沉降,使沉降趋于稳

14.2 工程案例之盾构法施工

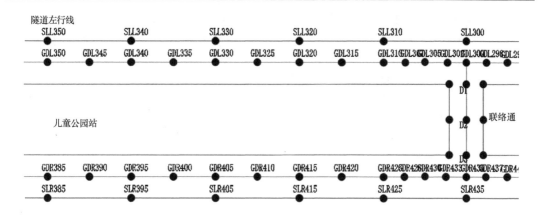

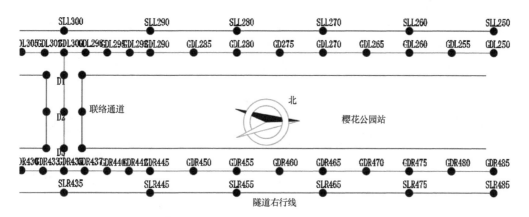

图 14.7 隧道内监测点平面布置图

定,中间的突起可能是因为两边主隧道经开挖扰动后土体的二次沉降大于中间的沉降量。在 S-7 和 S-8 阶段,开挖完成后浆液固结,压力消散,因此地层又会有少许沉降,其沉降量在 2mm 以内。总体上,纵向地表沉降在 4mm 以内。

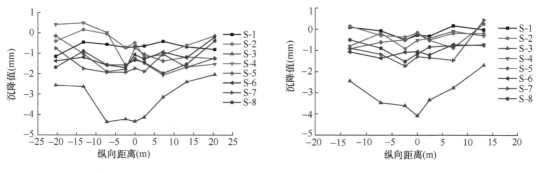

图 14.8 联络通道正上方地表沉降　　图 14.9 联络通道上方靠左地表沉降

为分析联络通道施工推进过程中横向地表沉降,以垂直联络通道方向的一组测点(SD425-4、SD430-4、SD435-5、SD440-6、SD445-4)为横向中心线的地表沉降监测断面 H-2,以右行线主隧道方向的一组测点(SD420、SD425-2、SD430-2、SD435-3、SD440-4、

SD445-2、SD450)为下侧横向地表沉降的监测断面 H-1；以左行线主隧道方向的一组测点(XD310、SD425-6、SD430-6、SD435-7、SD440-8、SD445-6、XD380)为上侧横向地表沉降的监测断面 H-3，3 个断面地表沉降的监测结果如图 14.10～图 14.12 所示。

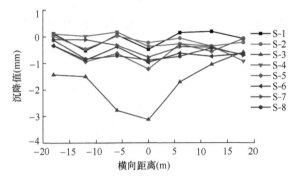

图 14.10　横向断面 H-1 沉降

从图 14.10～图 14.12 可知，3 个监测断面的沉降曲线存在相似规律，随着联络通道的开挖，沉降不断增大，在 S-3 阶段切削土体时有明显的沉降，但随后的注浆又能在一定程度上阻止沉降，其中联络通道正上方的 SD435-5 测点沉降最为明显，在 S-7、S-8 施工阶段，开挖完成后浆液固结，压力消散地层又会有少量的沉降，沉降量在 1mm 以内，横向地表总体沉降在 1.5mm 以内。图 14.10～图 14.12 沉降曲线表明，联络通道施工对其正上方影响最大，影响幅度随着与联络通道距离增大而减小。

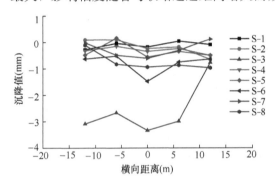

图 14.11　横向断面 H-2 沉降

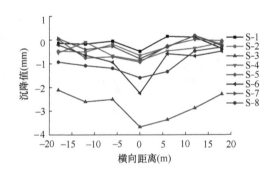

图 14.12　横向断面 H-3 沉降

(2) 周围土体水平位移

联络通道周围土体横向水平位移如图 14.13、图 14.14 所示，由两图可看出，在联络通道施工过程中，土体受盾构机挤压向两边移动，在盾构机附近土体的横向移动幅度最大可达到 23mm，总体横向移动幅度不超过 25mm。

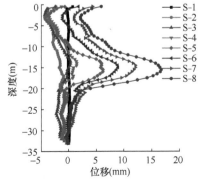

图 14.13　右侧土体水平位移

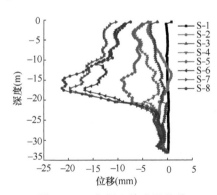

图 14.14　左侧土体水平位移

图 14.15 为联络通道周围土体的纵向水平位移。从图 14.15 可知,在联络通道施工中,土体沿着盾构推进方向移动,在盾构机附近土体的纵向位移最大幅度可达到 25mm,总体位移不超过 25mm。且可知,在机械法联络通道的施工中对深度超过 25m 以下土体的扰动不明显。

(3) 主隧道拱底沉降变化

以左行线主隧道为例,测得拱底沉降情况如图 14.16 所示。联络通道开挖环主隧道附近出现明显沉降,而远离联络通道开挖段靠近樱花公园站,主隧道有隆升趋势,隆升幅度在 2.5mm 以内。总体上,主隧道沉降幅度不超过 2mm,其原因可能为盾构掘进过程中推力过大,也可能是一次衬砌时注浆压力过大。

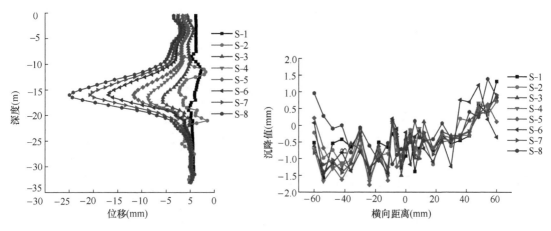

图 14.15 土体纵向水平位移　　图 14.16 主隧道左行线拱底沉降

(4) 主隧道结构收敛变形

主隧道左行线的净空收敛曲线如上图所示:离联络通道 T 接位置越近,主隧道净空收敛值相对越大,受影响越明显,但总体上联络通道开挖贯通对已有主隧道收敛变形影响较小,一般在 -1.5~2.5mm,右行线结果类似。

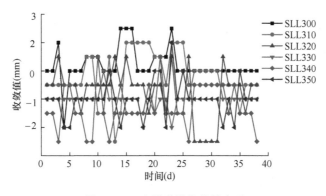

图 14.17 主隧道结构收敛变形

14.3 工程案例之顶管法施工

14.3.1 工程概况

无锡地铁 3 号线一期工程高浪路东站—周泾巷站区间联络通道机械法修建工程位于无锡市新吴区，其中高浪路东站—周泾巷站起点里程 YDK34+492.250，终点里程为 YDK35+690.720，隧道长度约 1198m。联络通道里程为 YDK35+091.500，联络通道结构覆土 17.50m，线间距为 14m，采用机械法（顶管法）施工。该工程勘察揭示 44.0m 以上各土层由第四系冲湖积相沉积物组成，各土层工程性质，自上而下分别为：①$_1$ 杂填土层；①$_2$ 素填土层；③$_1$ 黏土：褐黄色，可塑；③$_2$ 粉质黏土，灰黄—青灰色，可塑为主，局部软塑，夹薄层粉土；④$_1$ 黏质粉土，软塑，夹薄层粉土；④$_2$ 粉砂夹粉土；⑤$_1$ 粉质黏土；⑥~⑦黏土、粉质黏土、黏质粉土。具体土层物理特性参数如表 14.6 所示。

土层物理特性表　　表 14.6

层号	土层名称	含水率（%）	重度（kN/m³）	孔隙比	塑性指数（%）	液性指数	剪切强度（直快） 黏聚力（kPa）	剪切强度（直快） 摩擦角（°）	压缩模量（MPa）	地基承载力特征值（kPa）	土层厚度（m）
①	杂填土	27.5	19.21	0.78	16.7	0.35	45	14.3	5.07	—	4.0
③$_1$	黏土	26.0	19.5	0.74	19.2	0.28	56.83	12.82	6.6	190	1.6
③$_2$	粉质黏土	30.4	18.72	0.85	12.6	0.72	25.14	14.96	6.21	220	1.8
④	黏质粉土	28.5	19.11	0.77	8.7	0.73	10.5	30.4	11.5	140	9.1
⑥$_1$	黏土	24.1	19.89	0.68	18.2	0.22	63.45	14.47	8.29	230	8.7
⑥$_2$	粉质黏土夹黏质粉土	26.8	19.4	0.75	17.9	0.28	48.14	13.36	6.92	140	7.8

14.3.2 设计与施工

主隧道拱顶距地表 17.5m，中心间距 14m，主要结构设计参数：管片厚度 350mm，外径 6200mm/内径 5500mm，幅宽为 1500mm，刀盘直径（切削洞）3400mm，联络通道外径 3260mm/内径 2760mm，管片厚度 250mm，幅宽为 900mm，共 10 环 9.0m。施工方案流程可参照第 11 章以及本章上一节介绍。

14.3.3 安全监测分析

1. 监测项目

综合本工程周围环境特点，确定本监测工程涉及以下几方面监测内容：
（1）区间隧道左、右行线轴线地表点沉降监测，剖面地表点沉降监测。
（2）盾构推进隧道收敛、隧道拱底沉降、拱顶沉降监测。
（3）区间隧道两侧 2 倍埋深内建（构）筑物沉降、倾斜监测、裂缝观测，地下管线监测。

14.3 工程案例之顶管法施工

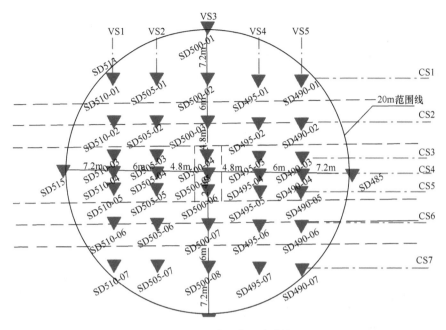

图 14.18 地面监测点布置

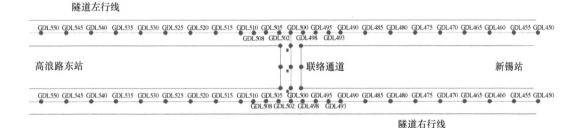

图 14.19 隧道拱顶沉降及隧道收敛变形布置图

2. 监测频率

(1) 掘进期间，地表 2 次/天，隧道内 1 次/天，并视沉降大小调整频率。

(2) 注浆期间，监测频率 1 次/3 天。

(3) 结束后，监测频率 1 次/周，视变化量适当调整，变化量小可 1 次/2 周，最后速率达到稳定标准停止监测。

以上监测频率可根据监测数据适当调整，以满足工程需要为原则。

3. 测点埋设要求

(1) 地表沉降监测点

以联络通道为中心，正上方地面投影外侧两边 20m 内布置 4 条沉降断面，断面间距为 6m（5 环），测点间距为 2.4m、4.8m、6m、7.2m（2 环、4 环、5 环、6 环）；以联络通道为中心，正上方地面投影外侧两边 20m 内布置 4 条纵向沉降断面，包括纵向上中心线共 5 条（VS1～VS5），断面间距分别为 4.8m（4 环）、6m（5 环），测点间距为 2.4m、4.8m、6m、7.2m（2 环、4 环、5 环、6 环），这样形成 7 个横向沉降监测断面（CS1～

247

CS7)。

(2) 隧道结构内监测点

隧道局部进行较密集的沉降监测,即在联络通道两侧各 50m(42 环)范围内布设 25 个监测点,按每 6m(5 环)布置一个拱底沉降监测点,联络通道中心两侧各 10 环内按每 3m 加密一个拱底沉降监测点。

分别在联络通道两侧各 50m(42 环)范围内布设 11 个水平收敛监测断面,按每 12m(10 环)布置一个监测断面,在联络通道泵站结构完成后中间布设一组收敛监测断面。

4. 监测控制

地表沉降控制要点:

(1) 地表沉降观测在施工过程中每天进行,沉降量控制在 +10~-30mm 之间;

(2) 在区间隧道中心轴线上,每 50m 横断面处两侧各 20m 范围内,以及沿隧道中心线布设沉降观测点,曲线段和直线段均每 5m 布一点;

(3) 地面沉降观测点在路面用道钉埋设,特殊要求的构筑物用红三角标记;

(4) 施工时必须严格控制注浆压力并保证足够的注浆量,以减少对周围环境的影响。

监测报警值确定的原则见第 12.3.6 节。

5. 监测结果分析

主要施工进度情况说明如表 14.7 所示。

施工进度部分说明　　　　　　　　　　　　表 14.7

阶段编号	日期(月/日/年)	施工内容
A	12/10/18	上午 10 点始发;下午 6 点油缸伸长量为 285mm
B	12/13/18	正 1 环推进、拼装完成
C	12/17/18	正 5 环开始推进,下午 6 点油缸伸长至 560mm
D	12/20/18	正 7 环拼装完成,正 8 环掘进至 666mm
E	12/26/18	推进正 10 环、拼装管节
F	12/27/18	负 2 环拼装完成后继续推进到达指定位置
G	12/29/18	注浆正 10 环、1 环、9 环、11 环,完成主要施工作业
H	01/6/19	清理收尾工作全部完成

由表 14.7 可知,A~F 为推进阶段,G 为注浆阶段,H 为扫尾阶段。

在施工工况 A~H 中沿联络通道横向的地表沉降,分析如图 14.20 所示以 CS1~CS5 断面为例,可以看出,各横断面的竖向沉降总体上不断累加变大,最大位移在 2.0~2.8mm。CS1 在主区间和联络通道外侧,受施工影响相对较小;CS2 在主区间上方,在联络通道中心线位置位移大、两侧小,对称性比较明显;CS3~CS5 在联络通道上方,随着施工推进,沉降位移相对比较大,而且不对称,反映为右侧沉降更为明显。上述数据说明联络通道施工开挖会造成上方一定范围的地层损失,但对前后方较远范围地层的影响小;地表沉降变化则相对比较杂乱,没有体现类似 Peck 曲线等的规律性,可归因于周边环境因素如地层不均匀性以及主区间施工扰动的工后影响等复杂因素。

沿联络通道中心线方向地表沉降如图 14.21 所示,可以看出:区间隧道外侧地面沉降量少甚至有上升,沿区间隧道横向(联络通道纵向方向)朝内,地面沉降量逐渐变大,但

14.3 工程案例之顶管法施工

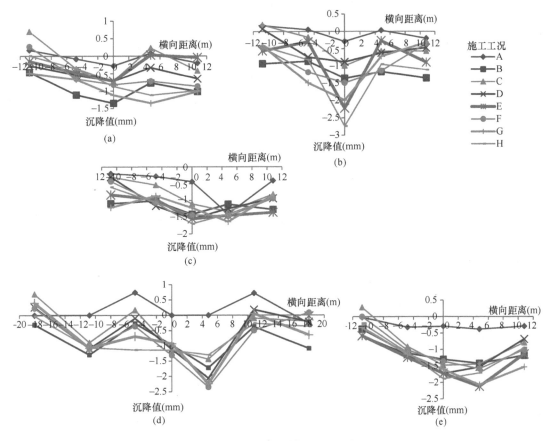

图 14.20　联络通道各横向断面地表沉降
(a) CS1 横断面；(b) CS2 横断面；(c) CS3 横断面；(d) CS4 横断面；(e) CS5 横断面

靠近联络通道中心位置，沉降量逐渐变小；随着施工的推进，总体沉降量有一定增大。出现图 14.21 所示变化是因为总体上联络通道施工对周围土层产生卸载扰动影响，加上地面上道路交通量大，地层沉降明显，最大接近 3mm，联络通道中心位置因地面上为道路中间绿化带，沉降影响相对要少，相应曲线形状上有上凸现象。

另外，以区间隧道左行线为例，测得拱底沉降位移如图 14.22 所示，以联络通道为中心，往新锡站方向，区间隧道拱底有上升现象，总的来说，离联络通道越远上浮值越大；反

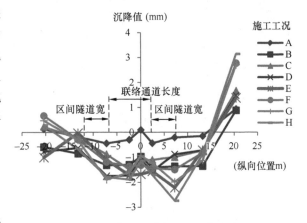

图 14.21　沿联络通道中心线方向地表沉降

之，沿高浪路东站方向区间隧道拱底下沉，离联络通道越远，累计沉降越小。通过考察地质条件和结构的纵向布置，可解释为，区间隧道整体纵向呈凹形，在联络通道处基本上为

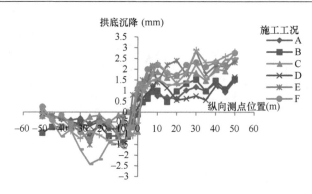

图 14.22　区间隧道左行线拱底沉降

海拔最低点，往两侧方向，区间隧道上侧为偏松软的粉土层，施工扰动会导致结构整体略微上翘，监测范围内整体变形量小，最大不到 3.0mm。右行线沉降趋势总体上与左行线类似，但沿联络通道两侧上浮没有左行线的明显，整体变形量小，最大不到 2.0mm。

综上所述，在示范工程现场典型冲积平原软土地层条件下，机械（顶管）法联络通道施工对环境影响还是很小，主区间隧道沉降变化受联络通道施工影响可以忽略，但根据监测结果显示隧道整体有一定倾斜趋势，不过倾斜位移量很小，能满足设计施工对位移控制的要求。实际施工过程中应对联络通道与主隧道相接位置加强支护措施，以减小施工风险。

14.3.4　数值计算评估分析

采用 Midas GTS-NX 软件建立有限元计算模型，模型大小为 50m×80m×40m。数值模型的土体本构关系采用莫尔-库仑模型，隧道管片等结构采用弹性模型。土体和隧道管片均采用实体单元模拟。具体分为两种工况，即区间段并行主隧道开挖施工过程，以及顶管法联络通道施工过程。地层-结构法整体计算网格模型如图 14.23 所示，共计节点数目约 8.6 万个，单元数目约 8.5 万个，自由度数目约 27 万个。

主区间与联络通道结构及接触分析模型如图 14.24 所示。主区间隧道部分沉降变化如图 14.25 所示。联络通道施工时纵向横向地面沉降变化如图 14.26 所示。

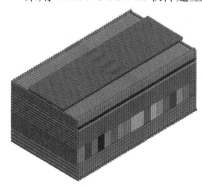

图 14.23　整体计算网格模型图

图 14.24　隧道结构模型及接触界面模型图

14.3 工程案例之顶管法施工

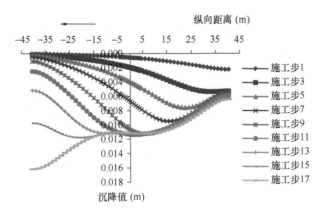

图 14.25 主区间隧道施工纵向地面沉降变化

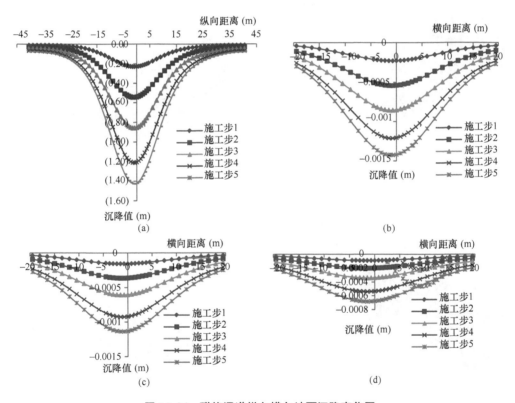

图 14.26 联络通道纵向横向地面沉降变化图

土体分层沉降位移云图如图 14.27 所示。

联络通道结构位移变形与应力分布如图 14.28 所示。

计算得到的整体及整体结构应力云图如图 14.29 所示。

综上可知，主隧道同时施工过程纵横向位移变形分析结果符合一般规律，位移相对较大，而二次施工联络通道施工过程中的通道位置及周边位移变形较小，应对通道与主隧道相接位置加强支护措施，以减小施工风险。

第14章 工程示范案例

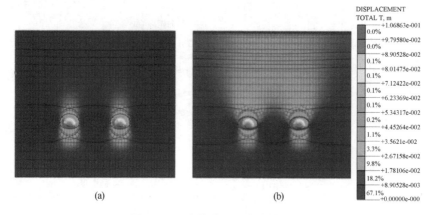

图 14.27 土体分层沉降位移云图

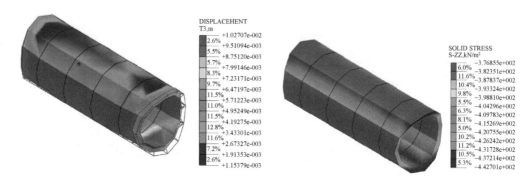

图 14.28 联络通道结构位移与应力分布图

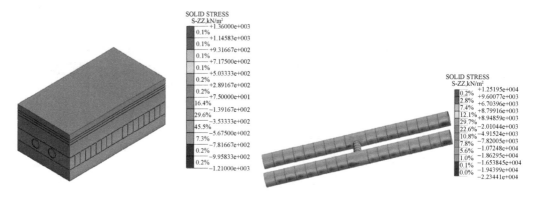

图 14.29 整体及结构部分应力分布图

14.4 本章小结

本章列举了盾构法和顶管法这两类机械法联络通道施工典型案例，介绍了工程设计与施工概要，重点对工程案例施工监测与计算分析评估进行详细探讨。对机械法地铁联络通道施工进行现场监测与数值模拟分析的结果表明：

14.4 本章小结

（1）T接联络通道顶管法施工实际上是对周围土体的二次扰动影响，但对环境影响总体较小，仅 3.0mm 左右，满足设计施工要求；

（2）联络通道开挖过程中，受应力集中影响，盾构隧道与联络通道相接部位沉降最为显著，其次是通道顶部中心点的位移，此两处是控制沉降的关键部位，也是施工中的重点监控对象；

（3）联络通道中心线约 15m 范围内，地表沉降量较大；通道与主隧道相接位置沉降最为明显，是施工中的重点监测对象，实际施工过程中应对通道与主隧道相接位置加强加固措施，以减小施工风险。

第 15 章 结 语 与 展 望

目前，在国内外铁路、公路、地铁工程领域中，隧道工程建设数量巨大，按照行业标准，主线隧道之间的联络通道建设工程量相当可观。传统上，地铁联络通道工程采用矿山法半人工的施工掘进，对于软土地层需要采用冻结法或注浆措施来加固地层，便于在地层相对稳定的条件下施工开挖通道，施工效率不高、施工安全保障待提高。机械法地铁联络通道施工技术是一种基于传统机械顶管法或盾构法的面向短通道的新型施工方法，其主要技术特点体现如下：

（1）为了方便机械法施工，同时兼顾后期使用要求，联络通道结构断面选型采用圆形断面，隧道结构形式为顶管管节或多管片拼装成环的方式，以适应机械顶管法或盾构法施工；

（2）主隧道连接联络通道的位置设计采用钢-混凝土-玻璃纤维筋复合管环结构形式，锥形刀盘可以直接切削主隧道管片预留切削区，通过关于混凝土试件、弱化设计的凹凸管片弧面的切削试验，甚至多至足尺整 7 环切削顶推加载的全环境物理模拟试验，研究确定了切削施工参数，以及研究表明施工对原有主隧道结构的影响可控；

（3）盾构法施工地铁联络通道需要研发采用小盾构设备及辅助系统，以满足主隧道内施工小直径通道的特殊环境要求，在吊运、掘进、拼装、姿态控制、密封防水、渣土外运、注浆等环节进行系列关键技术研究创新；

（4）将传统上联络通道地下泵房排水这一附属功能移位到主隧道位置较低的区间段，形成的集水池和内置式泵房可以满足区间隧道排水的规范要求，同时为机械法施工联络通道减少了限制条件；

（5）依托典型工程案例的现场监测与计算分析表明，即便在软土地层条件下，机械法施工地铁联络通道对周围环境的影响可控，对隧道结构沉降影响很小，施工安全可靠，且后期无类似冻结法冻融沉陷的不利影响。

机械法地铁联络通道施工技术可以解决传统矿山法联络通道施工上的不足，在安全性、建设工期以及造价方面有较大的优势。随着盾构法施工技术的成熟、机械设备制造能力的提高、装配式结构的发展，机械法施工安全性得到进一步保障，建设成本有望进一步降低，机械法施工成为未来地铁联络通道施工的发展趋势，同时该施工工法也可以广泛应用于其他各类地下空间横向短通道工程建设，为市政与交通工程建设生产创造良好的效益，促进经济、社会进一步发展。

参 考 文 献

[1] 中华人民共和国住房和城乡建设部. 地铁设计规范: GB 50157—2013[S]. 北京: 中国建筑工业出版社, 2013.
[2] 朱瑶宏. 地铁盾构通用管片结构理论与实践[M]. 北京: 中国建筑工业出版社, 2017.
[3] 孔祥莉. 冻结法施工在地铁联络通道中的应用[J]. 土木建筑工程信息技术, 2018, 33(4): 146-148.
[4] 邵国鑫. 宁波软土层地铁盾构隧道联络通道的冻结法设计与施工[J]. 工业建筑, 2013(11): 148-152.
[5] 朱瑶宏. 宁波市轨道交通建设创新成果与展望[J]. 城市轨道交通研究, 2018, 21(5): 51-58.
[6] 朱瑶宏, 王靖禹, 董子博, 等. 盾构法联络通道密封垫设计及防水试验研究[J], 隧道建设, 2019, 39(1): 110-118.
[7] 朱瑶宏, 董子博, 尹铁锋, 等. 地下空间联络通道微加固机械法 T 接技术探索[C]//中国土木工程学会 2017 年学术年会论文集. 2017.
[8] 丁修恒. 地铁区间联络通道盾构法修建关键技术[J]. 市政工程, 2018, 41(4): 667-671.
[9] 村上博智, 小泉淳. シールドセグメントリンゲの耐荷機構について[C]//土木学会論文報告集. 1978.
[10] 朱合华, 陶履彬. 盾构隧道衬砌结构受力分析的梁—弹簧系统模型[J]. 岩土力学, 1998, 19(2): 26-32.
[11] 朱合华, 崔茂玉, 杨金松. 盾构衬砌管片的设计模型与荷载分布的研究[J]. 岩土工程学报, 2000, 22(2): 190-194.
[12] 张厚美, 过迟, 付德明. 圆形隧道装配式衬砌接头刚度模型研究[J]. 岩土工程学报, 2000, 22(3): 309-313.
[13] 刘学山. 盾构隧道管片横向接头刚度对内力影响的研究[J]. 现代隧道技术, 2003, 40(4): 14-19.
[14] 朱伟, 钟小春, 秦建设. 盾构衬砌管片接头力学分析及双直线刚度模型研究[J]. 岩土力学, 2006, 27(12): 2154-2158.
[15] 苏宗贤, 何川. 盾构隧道管片衬砌内力分析的壳-弹簧-接触模型及其应用[J]. 工程力学, 2007, 24(10): 0-136.
[16] 張穏軍, 小泉淳. 合成セグメントの曲げ挙動に関する研究[J]. 土木学会論文集F, 2009, 65(2): 246-263.
[17] 张冬梅, 樊振宇, 黄宏伟. 考虑接头力学特性的盾构隧道衬砌结构计算方法研究[J]. 岩土力学, 2010, 31(8): 2546-2552.
[18] 李翔宇, 刘国彬, 杨潇, 等. 基于修正纵向等效连续化模型的隧道变形受力研究[J]. 岩土工程学报, 2014, 36(4): 662 670.
[19] 杨春山, 魏立新, 莫海鸿, 等. 考虑衬砌变形与接头特征的盾构隧道纵向刚度[J]. 浙江大学学报(工学版), 2018, 52(2): 358-366.
[20] 胡志平, 罗丽娟, 蔡志勇. 盾构隧道管片衬砌的平板壳-弹性铰-地基系统模型[J]. 岩土力学, 2005, 26(9): 1403-1408.

参考文献

[21] 朱伟,黄正荣,梁精华. 盾构衬砌管片的壳-弹簧设计模型研究[J]. 岩土工程学报,2006,28(8):940-947.

[22] 周海鹰,布春磊,江明. 壳-矩阵-弹簧模型衬砌结构受力性能研究[J]. 地下空间与工程学报,2016,12(3):640-645.

[23] 陈俊生,莫海鸿. 盾构隧道管片接头抗弯刚度的三维数值计算[J]. 铁道学报,2009,31(4):87-91.

[24] 张雪健,庄晓莹,朱合华. 盾构隧道管片接头三维数值模型边界条件研究[J]. 隧道建设,2014,34(9):153+158.

[25] 李守巨,张健,王志云. 盾构隧道管片接头接触特性的模拟分析[J]. 辽宁工程技术大学学报(自然科学版),2018,37(6):899-904.

[26] 朱瑶宏,柳献,张晨光,等. 地铁盾构隧道纵缝接头螺栓形式对比试验研究[J]. 铁道科学与工程学报,2015,12(6):1427-1435.

[27] 朱瑶宏,张雨蒙,夏杨于雨,等. 通用环错缝拼装隧道极限承载能力足尺试验研究[J]. 现代隧道技术,2018,55(6):152-162.

[28] 朱瑶宏,张宸,柳献,等. 错缝拼装通用环管片环缝抗剪性能试验研究[J]. 铁道科学与工程学报,2017,14(2):315-324.

[29] 于宁,白廷辉,朱合华. 盾构隧道预应力管片接头的模型试验研究[J]. 地下空间与工程学报,2009,5(3):439-449.

[30] Liao L, Fuente A, Sergio C, et al. Design of FRC tunnel segments considering the ductility requirements of the Model Code 2010[J]. Tunnelling and Underground Space Technology, 2015, 47: 200-210.

[31] Meng G W, Gao B, Zhou J M, et al. Experimental investigation of the mechanical behavior of the steel fiber reinforced concrete tunnel segment [J]. Construction and Building Materials, 2016, 126: 98-107.

[32] 闫治国,朱合华,廖少明,等. 地铁隧道钢纤维混凝土管片力学性能研究[J]. 岩石力学与工程学报,2006,25(S1):2887-2893.

[33] 白土正美,古市耕輔,滝本邦彦,等. 新型合成セグメントの開発と実工事での検証[J]. トンネル工学研究論文,2003,728:157-174.

[34] 野口貴文,丸屋剛,神田亨,等. コンクリートの高温特性とコンクリート構造物の耐火性能[J]. コンクリート工学年次論文集,2012,34(1):1-8.

[35] Zhang W J, Jin M M, Su R, et al. Experiment on mechanical properties steel and concrete composite segment for shield tunnel [J], China Journal of Highway and Transport, 2016, 29(5): 84-94.

[36] 金明明. 盾构隧道复合管片的等效力学模型及应用研究[D]. 天津:天津大学,2016.

[37] UCHIDA K. Design and engineering of large bore slurry shield tunnel lining system for Trans-Tokyo Bay Highway[J]. Civil engineering in Japan, 1992(30):54-67.

[38] 何川,张建刚,苏宗贤. 大断面水下盾构隧道结构力学特性[M]. 北京:科学出版社,2009.

[39] 封坤,何川,夏松林. 大断面盾构隧道结构横向刚度有效率的原形试验研究[J]. 岩土工程学报,2011,33(11):1750-1758.

[40] 王彪. 上海长江隧道衬砌结构整环试验与研究[D]. 上海:同济大学,2007.

[41] 蒋宏亮. 下沉式管片试验平台研制与应用[J]. 城市道桥与防洪,2013(10):160-161.

[42] 徐天明,庄欠伟,杨正. 超浅覆土盾构隧道管片整环结构试验研究[J]. 城市道桥与防洪,2013(10):135-138.

[43] 韩兵. 盾构管片力学性能试验平台研究[J]. 施工技术,2017,46(12):67-70.

[44] 鲁亮, 孙越峰, 柳献, 等. 地铁盾构隧道足尺整环结构极限承载能力试验研究[J]. 结构工程师, 2012, 28(6): 134-139.

[45] 柳献, 张浩立, 鲁亮, 等. 超载工况下盾构隧道结构承载能力的试验研究[J]. 地下工程与隧道, 2013, 4: 10-15.

[46] 毕湘利, 柳献, 王秀志, 等. 内张钢圈加固盾构隧道结构极限承载力的足尺试验研究[J]. 土木工程学报, 2014(11): 128-137.

[47] 朱叶艇. 站立式大断面异形盾构管片原型加载试验框架及拼装方法[J]. 施工技术, 2018, 47(24): 14-17.

[48] 柳献, 蒋首超, 梁霄. 用于整环隧道结构的竖直加载试验装置106501014A[P]. 2017-03-15.

[49] 朱瑶宏, 高一民, 董子博, 柳献. 顶管法T接隧道结构受力足尺试验研究[J]. 隧道建设, 2019, 39(9): 1392-1401.

[50] 徐淼. 机械法联络通道复合管片衬砌结构受力与变形规律研究[D]. 宁波: 宁波大学, 2019.

[51] 谭军, 王锦森, 翟传明, 等. 深埋盾构隧道受力特性有限元研究与分析[J]. 建筑结构, 2013, 43(S2): 92-95.

[52] 徐明, 谢永宁. 盾构隧道开挖三维数值模拟方法研究[J]. 武汉理工大学学报, 2012, 34(2): 65-68.

[53] 郑刚, 路平, 曹剑然. 基于盾构机掘进参数对地表沉降影响敏感度的风险分析[J]. 岩石力学与工程学报, 2015(S1): 3604-3612.

[54] 丁智, 吴云双, 张霄, 等. 软土盾构隧道近距离穿越既有地铁影响数值分析[J]. 中南大学学报(自然科学版), 2018, 49(3): 663-671.

[55] 杨春山, 吴增伟, 张雅宁. 盾构施工盾尾注浆硬化过程数值分析研究[J]. 广东工业大学学报, 2011, 28(4): 90-94.

[56] 金丰年, 钱七虎. 隧洞开挖的三维有限元计算[J]. 岩石力学与工程学报, 1996, 15(3): 193-200.

[57] LIU J, CARTER P, MARTIN D. Review of the structured cam clay model[J]. Evaluation, Selection, and Calibration, 2005, 128(128): 99-132.

[58] 刘帅帅, 柳艳华, 李丹梅. 土结构性本构模型研究综述[J]. 河南城建学院学报, 2017, 26(6): 1-6.

[59] Desai C S, Chen J Y. Parameter optimization and sensitivity analysis for disturbed state constitutive model [J]. International Journal of Geomechanics, 2006, 6(2): 75-88.

[60] 金旭, 赵成刚, 蔡国庆, 等. 基于扰动变量的非饱和原状土本构模型[J]. 工程力学, 2011, 28(9): 149-156.

[61] CHEN R P, MENG F Y, LI Z C, et al. Investigation of response of metro tunnels due to adjacent large excavation and protective measures in soft soils[J]. Tunnelling and Underground Space Technology, 2016, 58: 224-235.

[62] 翟庆生, 黄明利, 吴彪, 等. 基于光纤监测的盾构管片接缝受力研究[J]. 土木工程学报, 2017, 50(S2): 81-85.

[63] 何涛, 赵鸣, 谢强, 等. 光纤光栅传感器用于盾构隧道施工的监测[J]. 地下空间与工程学报, 2008, 4(1): 157-161.

[64] 吴彪. 深圳地铁盾构管片及螺栓受力现场测试及分析[J]. 土木工程学报, 2015, 50(S2): 81-85.

[65] 贺美德, 乐贵平, 刘军. 盾构隧道联络通道施工中管片纵向应力变化[J]. 都市快轨交通, 2007, 20(3): 56-59.

[66] 张志强, 何川. 双线盾构隧道与联络通道复杂结构受力分析[J]. 铁道学报, 2002, 24(6): 89-92.

参考文献

[67] 刘军,贺美德,宋旱云. 联络通道施工盾构管片力学行为研究[J]. 岩土工程学报,2013,35(S2):271-275.

[68] 吴文涛,张恒,李海清. 地铁联络通道施工力学特性分析[J]. 铁道建筑,2011(11):65-68.

[69] 光辉,高燕,胡俊. 软土地区某隧道联络通道施工地表沉降监测分析[J]. 公路工程,2017,42(3):95-179.

[70] 郑彭生. 广州地铁联络通道冻结施工监测分析[J]. 中国市政工程,2010,5:69-71.

[71] 孙福明. 盾构隧道联络通道施工技术探讨[J]. 市政技术,2011,29(3):75-78.

[72] 高波,陈裕康. 顶管法在地铁盾构区间隧道联络通道中的应用[J]. 施工技术,2005,34(6):19-23.

[73] 陈裕康,何立军. 地铁联络通道顶管法施工技术及分析[J]. 矿产勘查,2007,10(12):48-51.

[74] 陈培新,黄德中,宿文德,等. 用于机械法联络通道开洞中心错位的管片可切削部分结构. 109026060A[P]. 2018-08.